辽宁省社会科学规划基金重点委托项目"坚持以社会主义核心价值观引领中国道路的文化方向"(L19WTA034)研究成果

思想政治教育研究文库

新时代大学生社会主义核心价值观认同研究

何美子 著

光明日报出版社

图书在版编目（CIP）数据

新时代大学生社会主义核心价值观认同研究 / 何美子著 . -- 北京：光明日报出版社，2022.9

ISBN 978-7-5194-6807-1

Ⅰ.①新… Ⅱ.①何… Ⅲ.①大学生—社会主义核心价值观—研究—中国 Ⅳ.① G641

中国版本图书馆 CIP 数据核字（2022）第 172093 号

新时代大学生社会主义核心价值观认同研究
XINSHIDAI DAXUESHENG SHEHUI ZHUYI HEXIN JIAZHIGUAN RENTONG YANJIU

著　　者：何美子	
责任编辑：杨　茹	责任校对：张月月
封面设计：中联华文	责任印制：曹　诤

出版发行：光明日报出版社
地　　址：北京市西城区永安路 106 号，100050
电　　话：010-63169890（咨询），010-63131930（邮购）
传　　真：010-63131930
网　　址：http://book.gmw.cn
E － mail：gmrbcbs@gmw.cn
法律顾问：北京市兰台律师事务所龚柳方律师
印　　刷：三河市华东印刷有限公司
装　　订：三河市华东印刷有限公司
本书如有破损、缺页、装订错误，请与本社联系调换，电话：010-63131930

开　　本：170mm×240mm	
字　　数：221 千字	印　　张：15.5
版　　次：2022 年 9 月第 1 版	印　　次：2022 年 9 月第 1 次印刷
书　　号：ISBN 978-7-5194-6807-1	

定　　价：95.00 元

版权所有　　翻印必究

序

文化自信是建设社会主义文化强国的"精神引擎",从文化自信到文化强国是从主体能动性迈向文化发展理想的实践之路。其间主要形成五种文化力,社会主义核心价值观的凝聚力是马克思主义综合创新观在开放语境下凸显出的文化向心力,全民素质的能动力是在道德教化、道德物化、道德内化三个维度中实现的,文化对发展方式转型的带动力表现为"经济的文化化",文化产业的创新力表现为对"文化经济化"的再探索,中国文化在世界上的吸引力和影响力是国家文化硬实力、软实力、巧实力与和实力共同作用的结果。五种文化力彼此滋养、相互作用,形成"五力互动"的文化实践景观,其中社会主义核心价值观的凝聚力首当其冲。

社会主义核心价值观是中国特色社会主义文化的核心,发挥着价值支撑、引领导向与凝聚激励的功能。党的十八大提出24字的社会主义核心价值观基本内容以来,我们对社会主义核心价值观的重视也达到一个空前的程度,经历了凝练、提出、培育与践行的发展历程。党的十九届四中全会在文化治理层面创造性提出"坚持以社会主义核心价值观引领文化建设制度"[1],是我们党高度的文化自信与价值观自信的表征,标志着中国共产党对社会主义文化建设规律的认识达到了一个崭新的高度。

青年是祖国的未来,"未来属于青年,希望寄予青年"[2]。党的十九届六中

---

[1] 中国共产党第十九届中央委员会第四次全体会议公报[EB/OL].人民网,2019-10-31.

[2] 习近平:在庆祝中国共产党成立100周年大会上的讲话[EB/OL].人民网,2021-07-01.

全会通过的《中共中央关于党的百年奋斗重大成就和历史经验的决议》从历史与全局的高度提出抓好后继有人的根本大计，指出"党和人民事业发展需要一代代中国共产党人接续奋斗，必须抓好后继有人这个根本大计。要坚持用习近平新时代中国特色社会主义思想教育人，用党的理想信念凝聚人，用社会主义核心价值观培育人，用中华民族伟大复兴历史使命激励人，培养造就大批堪当时代重任的接班人"[①]。这充分印证了"以文化认同视域研究新时代大学生社会主义核心价值观认同"选题的科学性、现实性与迫切性。

2019年3月18日，习近平总书记在北京主持召开学校思想政治理论课教师座谈会并发表重要讲话。作为一名思政课教师代表，我很荣幸地参加了此次座谈会，聆听了习近平总书记在会上发表的重要讲话，感到使命光荣而又责任重大。习近平总书记强调，"必须培养一代又一代拥护中国共产党领导和我国社会主义制度、立志为中国特色社会主义事业奋斗终身的有用人才"[②]。在这个根本问题上，必须旗帜鲜明、毫不含糊。这就要求我们要全面贯彻党的教育方针，努力解决好"培养什么人、怎样培养人、为谁培养人"[③]这一根本性问题，讲好思政课，担好育人使命，守好高校意识形态"责任田"。作者是我的学生，同时也是一名思政课教师，从教十五年，她有志于把理论研究与现实实践结合起来，开展"有意义"的工作。自党的十八大明确提出社会主义核心价值观基本内容以来，作者一直致力于探究"如何增强新时代大学生社会主义核心价值观认同"的问题，做了大量工作，于2020年顺利毕业。而今，她在毕业论文的基础上经过修改完成的《新时代大学生社会主义核心价值观认同研究》一书即将出版，我由衷地感到高兴。

新时代大学生处于世界百年未有之大变局与实现中华民族伟大复兴的战略全局中，伴随着"世界怎么了，我们应该怎么办"的时代之问，新时代的

---

① 中共中央关于党的百年奋斗重大成就和历史经验的决议[M].北京：人民出版社，2021：74.

② 习近平.思政课是落实立德树人根本任务的关键课程[M].北京：人民出版社，2020：5-6.

③ 习近平.思政课是落实立德树人根本任务的关键课程[M].北京：人民出版社，2020：9.

大学生也面对着"我是谁？我究竟处于一个怎样的世界，怎样的时代，我该怎么办"的问题。可以说，全球化时代的到来、多元文化的侵袭、个体自我意识的萌发，使得人们处于"一"与"多"的嬗变中，才使得"认同"成为问题。如何使社会主义核心价值观被大学生所认同并外化为实践行为，坚定价值观自信与文化自信，是当前大学生思想政治教育理论与实践中技术性很强的前沿问题。既是贯彻落实党的十八大、十九大、中共中央《关于培育和践行社会主义核心价值观的意见》、习近平总书记在学校思政课教师座谈会上的重要讲话、习近平总书记在纪念五四运动100周年大会上的讲话、习近平总书记关于教育的重要论述等的客观要求，也是进一步贯彻落实中共中央16号文件《关于进一步加强和改进大学生思想政治教育的意见》、31号文件《关于加强和改进新形势下高校思想政治工作的意见》以及中共中央国务院印发的《关于新时代加强和改进思想政治工作的意见》的迫切需要。

《新时代大学生社会主义核心价值观认同研究》一书的主体内容为三大部分。第一部分，作者在文化认同的视域下对"新时代大学生社会主义核心价值观认同"进行了概念界定，并进行了主要维度划分。文化是受价值引导的体系，文化认同并不是一个中性的问题，它是带有价值观选择和好恶倾向的活动；文化是认同的基础；人是具有文化意义的社会人，任何人都是生活于某种文化中的人，谁也逃不脱这样或那样的文化印记。作者在充分研读相关文献基础上考察并阐释了"文化认同"视域下研究"新时代大学生社会主义核心价值观认同"的可能性与必要性，厘清了"文化认同"与"核心价值观认同"的辩证关系，进而明确界定了"新时代大学生社会主义核心价值观认同"的概念——"新时代大学生社会主义核心价值观认同是指处在新时代的大学生对于社会主义核心价值观在观念上的自觉接受、理性认知中的充分肯定、情感上的高度依恋以及行动中的认真践行，最终形成与社会主义核心价值观相契合的思维模式、价值信仰与行为范式"。在此基础上，作者探索划分了新时代大学生社会主义核心价值观认同的三个维度——"认知认同""情感认同"和"行为认同"，并分别进行内涵梳理，进一步揭开了社会主义核心价值观认同形成的内部机理，为推进新时代大学生社会主义核心价值观认同工作提供了理论依据与有益的思路借鉴。

第二部分，作者花大力气进行了问卷编制并展开调研，探明了社会主义核心价值观认同形成的显著影响因素，并剖析了新时代大学生社会主义核心价值观认同的现状、问题及其成因。在这一部分，作者在研究与分析新时代大学生社会主义核心价值观认同的理论框架下，从影响大学生价值冲突行为选择的主要内外部成因中，剥离出主要涉及的三大维度11个维度指标，提出研究假设，自主编制了"新时代大学生社会主义核心价值观认同的调查问卷"，以我国东、中、西部地区以及东北地区四个代表性城市不同层次高校大学生为样本展开调研，通过SPSS22.0数据分析验证假设，最终找到显著影响大学生社会主义核心价值观认同的影响因素。同时，调研表明：一方面，新时代大学生社会主义核心价值观认同的培育工作取得了显著成效；另一方面，认知认同与行为认同之间存在错位、内涵认同与现状认同存在不平衡性、大学生群体内部存在差异性认同、大学生在多元文化的碰撞中存在价值认同的危机。对此，作者对问题背后的根源进行了探究，发现大学生的价值选择与主体自觉之间、高校"三全育人"的实效性与思想文化主阵地之间、国家发展的现实性与大学生的理想性之间、世界大变局与意识形态安全之间均存在内在张力。这部分对新时代大学生社会主义核心价值观认同的问卷编制、实地调查与深度的数据分析是此研究展开的重要的工具性手段，旨在为有效性对策的提出提供可靠而翔实的方向性指引。

第三部分，作者建立了大学生社会主义核心价值观认知认同、情感认同以及行为认同的"三位一体"立体化教育模式，完成了对策体系的最终构建。作者聚焦社会主义核心价值观认同的内在维度，以"影响新时代大学生社会主义核心价值观认同的多维因素"为总抓手，增强大学生的主体认同；同时着眼于大学生主体以及外在因素，以"新时代大学生社会主义核心价值观认同存在的问题"为突破口，对症下药。内外发力，最终探索建立了面向新时代大学生社会主义核心价值观认同的"三位一体"的立体化教育模式。该对策体系聚焦整体性的协同发力,既遵循认同机理,又顺应思想政治教育的基本原理,将高校视为"大思政"的育人整体,将文化育人视为内含价值观认同的场域整体,将社会主义核心价值观认同视为知行合一的整体。"三位一体"的立体化教育模式构建中,认知认同、情感认同、行为认同是支撑该立体化教育模式的三根"立柱","讲透理论""关注需要""注重实践"是高校进行大学生社会主义核心价值观认同教育的三大落脚点,突出强调"三力"的提升:一是以认知认同的"三性"为主线增强认同的引导力,二是以情感认同的"五融合"为着力点增强认同的驱动力,三是以行为认同的"两个实践"为依托增强认同的践行力。

综上所述,该书试图为"增强新时代大学生社会主义核心价值观认同"这一紧迫性时代课题做出一些努力,我既为作者所取得的成果而高兴,也希望这一成果能够为国家相关部门、高校与教师提供具有现实针对性的工作参考,从而真正发挥其应有的作用。

是为序。

目录
CONTENTS

导　言 …………………………………………………………………… 1

第一章　绪　论 ………………………………………………………… 4

　第一节　研究背景与意义 …………………………………………… 4
　　一、问题提出 ……………………………………………………… 4
　　二、研究意义 ……………………………………………………… 7
　第二节　国内外相关研究进展 ……………………………………… 10
　　一、国内相关研究述评 …………………………………………… 10
　　二、国外相关研究述评 …………………………………………… 23
　第三节　主要研究内容与研究方法 ………………………………… 27
　　一、研究内容与思路 ……………………………………………… 27
　　二、研究方法与技术路线图 ……………………………………… 28

第二章　新时代大学生社会主义核心价值观认同的基本理论阐释 …… 32

　第一节　基本概念界定 ……………………………………………… 32
　　一、新时代大学生 ………………………………………………… 32

二、社会主义核心价值观 ·· 33
　　三、文化认同与价值观认同 ·· 37
第二节　文化认同与核心价值观认同的辩证关系 ······················· 40
　　一、文化认同是核心价值观认同的基础 ···························· 40
　　二、核心价值观决定文化的根本性质与深层意义 ··············· 41
　　三、文化认同与核心价值观认同的进程具有内在统一性 ······ 42
第三节　文化认同视域下新时代大学生社会主义核心价值观认同的
　　　　必要性 ·· 44
　　一、培养社会主义时代新人的迫切需要 ···························· 44
　　二、实现中华民族伟大复兴的现实需要 ···························· 46
　　三、提高国家文化软实力的客观需要 ······························· 48
　　四、坚定中国文化自信的内在需要 ··································· 50
第四节　新时代大学生社会主义核心价值观认同的基本内涵与
　　　　主要维度 ··· 53
　　一、新时代大学生社会主义核心价值观认同的基本内涵 ····· 53
　　二、新时代大学生社会主义核心价值观认同的主要维度 ····· 56

第三章　新时代大学生社会主义核心价值观认同的调查设计 ········· 59

第一节　研究框架的构建 ·· 60
　　一、维度指标设计与操作化定义 ······································ 60
　　二、研究假设的提出 ·· 61
　　三、理论模型的构建 ·· 65
　　四、主体维度的全面分析 ·· 66
第二节　预调查问卷的形成与修正 ·· 67
　　一、预调查问卷的设计 ··· 67
　　二、预调查样本的构成 ··· 69
　　三、统计分析工具 ··· 70

四、预调查问卷的信度与效度检验 …………………………… 70
　第三节　正式调查问卷的构成 ………………………………………… 73
　　一、新时代大学生社会主义核心价值观认同总量表编制 ……… 73
　　二、新时代大学生社会主义核心价值观认知认同量表编制 …… 76
　　三、新时代大学生社会主义核心价值观情感认同量表编制 …… 79
　　四、新时代大学生社会主义核心价值观行为认同量表编制 …… 80

第四章　新时代大学生社会主义核心价值观认同的实证研究结果 …… 82
　第一节　正式调研样本的基本情况描述 ……………………………… 82
　　一、学校因素描述性统计分析 …………………………………… 84
　　二、家庭因素描述性统计分析 …………………………………… 85
　　三、个人因素描述性统计分析 …………………………………… 86
　第二节　正式调研问卷的信度和效度检验 …………………………… 90
　　一、信度分析 ……………………………………………………… 90
　　二、效度分析 ……………………………………………………… 91
　第三节　假设检验 ……………………………………………………… 95
　　一、量表的相关分析 ……………………………………………… 95
　　二、量表的回归分析 ……………………………………………… 97
　　三、假设检验结果 ………………………………………………… 99
　第四节　理论模型的修正与解释 ……………………………………… 100
　　一、理论模型的修正 ……………………………………………… 100
　　二、理论模型的解释 ……………………………………………… 102
　　三、实证研究小结 ………………………………………………… 104

第五章　新时代大学生社会主义核心价值观认同的现状与问题分析 …… 106
　第一节　新时代大学生社会主义核心价值观认同的成效 …………… 106

一、社会主义核心价值观较高的知晓度与情感认同度 …………… 107

二、社会主义核心价值观国家、社会、个人层面的较高认同度 …… 108

三、社会主义核心价值观十二个词内涵的较高认同度 …………… 108

四、"四个自信"的较高认同度 ………………………………………… 110

第二节 新时代大学生社会主义核心价值观认同存在的问题 …………… 112

一、认知认同与行为认同之间存在错位 ……………………………… 112

二、内涵认同与现状认同存在不平衡性 ……………………………… 113

三、大学生群体内部存在差异性认同 ………………………………… 115

第三节 新时代大学生社会主义核心价值观认同存在问题的原因分析 …… 118

一、大学生的价值选择与主体自觉之间存在内在张力 ……………… 119

二、高校"三全育人"的实效性与思想文化主阵地之间存在
内在张力 ……………………………………………………………… 122

三、国家发展的现实性与大学生的理想性之间存在内在张力 ……… 125

四、世界大变局与意识形态安全之间存在内在张力 ………………… 129

第六章 增强新时代大学生社会主义核心价值观认同的对策 ……… 133

第一节 紧扣新时代大学生社会主义核心价值观认同的核心目标 …… 134

一、抓牢价值性目标 …………………………………………………… 134

二、实践结构性目标 …………………………………………………… 135

三、发展群体性目标 …………………………………………………… 136

四、夯实阶段性目标 …………………………………………………… 137

第二节 遵循新时代大学生社会主义核心价值观认同的基本原则 …… 138

一、全面坚持"大思政"的原则 ……………………………………… 138

二、全域落实文化育人的原则 ………………………………………… 141

三、全程贯彻知行合一的原则 ………………………………………… 146

第三节 优化新时代大学生社会主义核心价值观认同的实施路径 …… 150

一、以认知认同"三性"为主线增强认同的引导力 ………………… 151

二、以情感认同"五融合"为着力点增强认同的驱动力 ………… 159
三、以行为认同"两个实践"为依托增强认同的践行力 ………… 174

结论与展望 …………………………………………………… 181
一、研究结论 ……………………………………………………… 181
二、主要创新点 …………………………………………………… 185
三、展望 …………………………………………………………… 189

参考文献 ……………………………………………………… 191

附　录 ………………………………………………………… 213
附录A　新时代大学生社会主义核心价值观认同的调查问卷 …… 213
附录B　新时代大学生社会主义核心价值观认同的访谈提纲 …… 226

后　记 ………………………………………………………… 228

导　言

　　全球化时代的到来，多元文化的侵袭，个体自我意识的萌发，使得人们遭遇前所未有的认同危机，面对价值的碎片化、多元价值冲突以及价值传播文化模式的转变，个体开始思索"我是谁？""我在哪里？""我有什么用处？"等问题。以往传统社会同质性程度比较高，个体容易建立自我认同，而今多元文化刺激了人们对于认同的思索，同时良莠不齐的各类文化的涌入，也给文化认同带来了危机与挑战。在文化价值观念日益多样化的背景之下，如何倡导和确立社会主义核心价值观，进而增进大学生对中国特色社会主义文化的认同感，成为摆在我们面前的一个现实而紧迫的任务。

　　习近平总书记曾提出"中国特色社会主义事业接班人之问"——如果我们的后人不能坚定理想信念，不能坚持中国特色社会主义，不能坚持党的领导，不能接好我们的班，导致国家改旗易帜，那我们今天这么拼搏奋斗还有什么意义？青年是国家的未来，重视培育青年学生的价值观，是世界各国执政党的普遍共识，也是中国共产党的优良传统，贯穿于中国共产党和近现代中国发展的整个过程。进入新时代以来，习近平总书记在多个场合发表重要讲话，中共中央先后出台多个文件，聚焦青年，聚焦社会主义核心价值观。"如何培育新时代大学生的社会主义核心价值观"已然成为新时代的重要课题，而破解的关键就在于新时代大学生对于社会主义核心价值观能否形成高度的认同，这也正是本研究的着眼点与落脚点。《习近平新时代中国特色社会主义思想三十讲》一书高度聚焦"认同"问题，全书22处提到"认同"，频次由高到低依次为：认同、情感认同、思想认同、政治认同、理论认同、价值认同、理性认同、民族认同、文化认同、国家认同。其中突出强调"坚持用社会主义核心价值观凝心聚力"培育和践行社会主义核心价值观",继党的十九大之后再次强调"发挥社会主义核心价值观的引领作用……转化为人们的情感认同和行为习惯",这都为本研究指明了方向。作为文化内核的核心价值观认同的培育问题,应该放在文化认同的视域中,遵循文化认同的机理,这也正成为本研究的理论视角与分析框架。2019年10月31日,党的十九届四中全会突出强调以中国之"制"推进中国之"治",文化治理层面创造性提出"坚持以社会主义核心价值观引领文化建设制度",并做出一系列战略部署,充分体现了中国道路高度的文化自信与价值观自信,标志着中国共产党对社会主义文化建设规律的认识达到了一个崭新的高度,也再一次印证了以文化认同视域研究新时代大学生社会主义核心价值观认同选题的科学性与现实性。

价值观乃文化之核心。价值观和价值观教育始终存在于一定的文化之中,核心价值观教育同时也是一种文化认同教育。本研究着眼于大学生群体,使用逻辑与历史相统一、系统分析、社会调查与统计分析等方法,以文化认同为研究视域,探究新时代大学生社会主义核心价值观认同的课题,既拓展了研究思路,又为其提供了学理性依据。通过对新时代大学生社会主义核心价值观认同概念的界定与梳理,对其进行了认知认同、情感认同、行为认同三个维度的划分,制定了"新时代大学生社会主义核心价值观认同的调查问卷"。通过对上海、武汉、成都、大连地区不同层次的12所高校1427名大学生进行问卷调查,使用SPSS22.0进行数据分析,得出结论:影响大学生社会主义核心价值观认同的三个维度的11个指标,除"行为体验"之外10个指标均显著影响大学生社会主义核心价值观认同;社会主义核心价值观认同的三个维度、"四个自信"的认同度以及样本基本情况变量中的7个变量均显著影响大学生社会主义核心价值观认同。在此基础上,构建了新时代大学生社会主义核心价值观认同的多因素影响综合模型,并对新时代大学生社会主义核心价值观认同的现状与原因进行了综合分析。研究表明,当前认同的总体状况较好,但仍存在认知认同与行为认同的错位、内涵认同与现状认同的不平衡、主体内部差异等问题,究其原因,涉及国家、社会、高校以及大学生自身等诸多因素的影响。

　　本研究立足高校，基于价值性、结构性、群体性、阶段性的目标导向，以"分别提高，协同整合"为基本思路，在"大思政"、文化育人以及知行合一的原则下，建立了大学生社会主义核心价值观认知认同、情感认同以及行为认同的"三位一体"立体化教育模式。一是以认知认同的"三性"为主线增强认同的引导力，包括认知认同的科学性、全面性以及连续性三个方面；二是以情感认同的"五融合"为着力点增强认同的驱动力，包括主体融合、情感融合、视域融合、话语融合以及场域融合五个维度；三是以行为认同的"两个实践"为依托增强认同的践行力，包括生活化的实践与社会化的实践两个层面。

第一章

绪　论

第一节　研究背景与意义

一、问题提出

大学时期是大学生世界观、人生观、价值观形成的"拔节孕穗期"[①]。当前，世界处于百年未有之大变局，我国社会政治、经济、文化、生活领域亦发生巨大变化，"变"成为这个时代的主旋律，加之西方价值观的影响与冲击，我国大学生的价值观也出现了一些新的变化。同时，大学生作为国家的未来、民族的希望，是中国特色社会主义事业的建设者和接班人，是未来担当民族复兴大任的时代新人，更是实现中国梦的主体力量。2021年，我们已经实现了第一个百年奋斗目标，全面建成小康社会，新时代的大学生与已经开启的第二个百年征程同生共长，在接下来的30年里，我们的国家即将实现中华民族伟大复兴，也正是当代大学生们年富力强的人生黄金期，他们将成长为中国各行各业的主力军，成为中国社会实现全面发展的强大智力支持和人才保障。因此，如何正确把握新时代大学生对社会主义核心价值观的认同过程，直面大学生价值观培育中存在的问题，客观地分析其原因，积极探索大学生价值观培育行之有效的对策，已然成为摆在中国高等教育事业面前的根本任务。作为社会主义核心价值观培育的主阵地，如何保证大学生们成为"培养德智体美劳全面发展的社会主义建设者和接班人"[②]，中国高等教育承担着首当其冲的作用与责任。

[①] 习近平谈治国理政（第三卷）[M]．北京：外文出版社，2020：329．
[②] 十九大以来重要文献选编（中）[M]．北京：中央文献出版社，2021：235．

党的十八大以"三个倡导"（倡导富强、民主、文明、和谐，倡导自由、平等、公正、法治，倡导爱国、敬业、诚信、友善）明确了社会主义核心价值观的基本内容，由此，形成了研究"社会主义核心价值观"的重要转折点。从中国知网的学术趋势检索分析来看，对于社会主义核心价值观的关注度呈抛物线型发展态势。学术界对于社会主义核心价值观的研究是以十六届六中全会为重要发端的，在此之前的研究没有构成大的趋势，只是偶有文章论及；在十六届六中全会提出了"社会主义核心价值体系"以后，学术界渐趋形成一股研究的学术潮流，党的十八大对社会主义核心价值观基本内容的明确，更是引导了更多的学者从各自的角度、学科去挖掘、探讨，至2015年已然形成了直线上升的研究态势。其中，中央办公厅印发的《关于培育和践行社会主义核心价值观的意见》（以下简称《意见》）以及紧随其后习近平总书记在北京大学师生座谈会上发表的题为《青年要自觉践行社会主义核心价值观》的重要讲话，再到2015年中宣部中央文明办印发《培育和践行社会主义核心价值观行动方案》（以下简称《方案》），更是把社会主义核心价值观的研究引向了深入。从中国知网总体趋势比较（如图1-1所示）中可以看到：关于"社会主义核心价值观""社会主义核心价值观认同""大学生社会主义核心价值观"的研究自2012年呈上扬态势，到2015年达到顶峰，发展至今天，研究热度虽有所下降，但仍是学术界研究的关注点。目前，博士论文以"社会主义核心价值观"为题目的有71篇，其中探讨大学生与社会主义核心价值观问题的仅有15篇，包含在党的十八大明确提出"三个倡导"的社会主义核心价值观基本内容之前的2篇，文中必然不会触及社会主义核心价值观基本内容的12个词，之后的十余篇更多地从宏观上进行单一视角的阐述，很多问题没有深入展开；在党的十八大以后，篇名含"社会主义核心价值观""认同"字段的博士论文3篇，题目为《社会主义核心价值观大众认同机理研究》《社会主义核心价值观大众认同研究》《高校青年教师社会主义核心价值观认同研究》，关注的是社会主义核心价值观的大众认同与高校青年教师认同问题，以"大学生社会主义核心价值观认同"为研究主题的博士论文研究尚不多见。

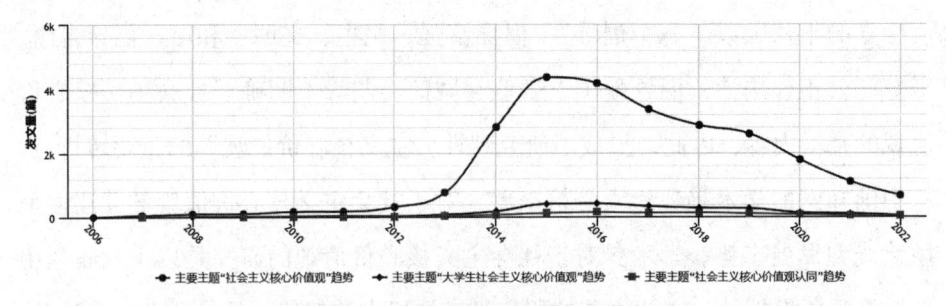

图1-1 中国知网总体趋势比较

国家社会科学基金项目中已有198项聚焦"社会主义核心价值观"研究，其中于党的十八大之后的2013年至2017年形成一个研究的高潮，5年累计达到130项，年均26项，2018年降为9项，也表明一种学术研究的趋向，对于"社会主义核心价值观"研究热度趋于平缓。198项中有17项聚焦大学生群体，18项关注社会主义核心价值观的认同问题研究，5项研究以"大学生的社会主义核心价值观认同"为研究视域，关注的侧重点分别为"'00后'大学生""少数民族大学生""西南地区少数民族大学生"以及"大学生群体"等。另外，截至2021年年底，在中国国家数字图书馆检索系统中，以"社会主义核心价值观"为题名进行检索，显示有1594部图书先后出版，2008年为最早出版年份。同时，以"大学生""价值观"为题名进行检索，显示有285部专著先后出版，1991年为最早出版年份，正说明学术界对于大学生价值观的关注由来已久，也是国家重视的重要课题。其中，研究"大学生"与"社会主义核心价值观"的专著有166部，最早出版于2010年；研究"大学生社会主义核心价值观"与"认同"的专著有10部，最早出版于2014年；研究"大学生社会主义核心价值观文化认同"的图书和著作数量为0，相关内容散见于相关书籍中。以上学术成果，一方面为我们进一步研究大学生社会主义核心价值观的认同问题提供了很好的学术基础，另一方面我们也看到当前关于大学生对社会主义核心价值观认同课题的研究仍有很大空间，一些问题并没有深层次触及，到目前为止依然处于发展阶段。在新时代的背景下，如何培育和践行社会主义核心价值观，增强在新时代大学生中培育社会主义核心价值观的使命感；如何把握新时代大学生社会主义核心价值观的认同问题，确立科学的培育方式和方法等一系列问题，均是高校思政工作乃至高等教育的重点所在。

基于以上的现实与学术背景，进行新时代中国大学生社会主义核心价值观的认同研究，既具有现实意义又具有重要的学术价值。

二、研究意义

本研究的理论意义在于为新时代大学生社会主义核心价值观认同提供学理性依据，进而为充实社会主义核心价值体系的理论框架提供有力支撑，丰富中国特色社会主义理论体系。党的十六届六中全会提出"建设社会主义核心价值体系"之后，掀起了学习与研究的热潮，学术界达成了"三个转换"的共识，分别是"体系"到"观"的转换、"学术"向"大众"的转换、"价值意识"向"价值实践"的转换。以"三个倡导"为基本内容的社会主义核心价值观应运而生，而其诞生的核心要义就在于引领与汇聚，关键在于广大社会成员对于社会主义核心价值观的认同。社会主义核心价值观被群体、个体所认同，这是一个接收、肯定到内化的发展过程，又是一个主体在形成个人内化的价值观后外化为个人行为的系统工程，这也正是社会主义核心价值观在全社会最终形成引导力、凝聚力的关键所在。本研究以文化认同为理论视域，探究新时代大学生社会主义核心价值观认同的机理，既拓展了研究思路，又为其提供了学理性依据。价值观和价值观教育始终存在于一定的文化之中，核心价值观教育同时也是一种文化认同教育。本研究在理论梳理与调查研究的基础上，构建了从新时代大学生主体维度考察社会主义核心价值观认同的多因素影响综合模型，为推进大学生对于社会主义核心价值观的认同提供了理论与现实的指引。

本研究的现实意义在于立足大学生成长成才的现实需要，找准对大学生进行社会主义核心价值观培育的关键与根本，从而为推进高校的思想政治教育工作、为国家的发展提供保证。培养德智体美劳全面发展的社会主义建设者和接班人，一直是我国教育事业的根本任务。进入21世纪，面对新机遇、新挑战，中共中央、国务院早在2004年就印发了16号文件，突出了大学生思想政治教育工作的重要意义；中共十六届六中全会第一次提出"建设社会主义核心价值体系"这一重大命题，并确定了四个方面的内容；随后，党的十七大以及十七届六中全会进一步强调了社会主义核心价值体系的地位；2012年党的十八大用"三个倡导"对社会主义核心价值观的基本内容进行了明确，尤其是2013年印发的《意见》以及习近平总书记在北京大学师生座谈会上的讲话，明确地将青年如何自觉践行社会主义核心价值观的问题提了出来，在提出要求的同时，也更突出了该项工作的紧迫性与重要意义；2015年1月，中共中央印发的《关于进一步加强和改进新形势下高校宣传思想工作的意见》，明确将社会主义核心价值观教育作为新形势下加强和改进高校宣传思想工作的主要任务之一提了出来，强调用社会主义核心价值观占领和巩固高校意识形态工作的阵地。2015年4月，中共中央印发《培育和践行社会主义核心价值观行动方案》，将工作重点具体化，突出对具体行动的要求与部署。2016年12月，习近平总书记在全国高校思想政治工作会议上发表了讲话，随后中共中央、国务院印发的31号文件指出："要强化思想理论教育和价值引领……要培育和践行社会主义核心价值观，把社会主义核心价值观体现到教书育人全过程。"[1]2017年召开的党的十九大指出，要"培育和践行社会主义核心价值观。……强化教育引导、实践养成、制度保障……转化为人们的情感认同和行为习惯"[2]。2018年3月11日，第十三届全国人民代表大会第一次会议将"倡导社会主义核心价值观"写入《中华人民共和国宪法（修正案）》；同年9月10日，习近平总书记在全国教育大会上再次给予强调。2019年，中共中央、国务院先后印发了《新时代公民道德建设实施纲要》以及《新时代爱国主义教育实施纲要》两份文件，聚焦新时代公民道德建设和爱国主义教育，分别强调"坚持以社会主义核心价值观为引领"以及"培育和践行社会主义

---

[1] 中共中央　国务院印发《关于加强和改进新形势下高校思想政治工作的意见》[EB/OL].中华人民共和国中央人民政府，2020-08-31.
[2] 党的十九大报告（2017年10月18日）[EB/OL].中华人民共和国中央人民政府，2018-10-31.

核心价值观"。到党的十九届四中全会创造性提出了"坚持以社会主义核心价值观引领文化建设制度",把高度的价值观自信推进到了国家治理层面。党的十九届五中全会首次明确了我国建成文化强国的具体时间表,十九届六中全会再次强调坚持以社会主义核心价值观引领文化建设。值得一提的是,2021年在中国共产党建党百年之际,中共中央、国务院印发了《关于新时代加强和改进思想政治工作的意见》,文件中指出:"培育和践行社会主义核心价值观,加强教育引导、实践养成、制度保障,推动社会主义核心价值观融入社会发展和百姓生活。"①

国家如此重视大学生的社会主义核心价值观建设,可见现实意义非同一般。宏观层面,研究大学生社会主义核心价值观的认同问题,找准了大学生培育与践行社会主义核心价值观的关键与根本,对于社会主义事业的健康发展与社会主义现代化强国的建设,对于建设中国特色社会主义、提升我国文化软实力、实现中华民族伟大复兴,具有重要的现实意义。中观层面,本研究推进了高校的思想政治教育工作。党的十八大提出"三个倡导"的社会主义核心价值观基本内容以来,经过举国上下的大力培育,当前大学生对此认同的状况如何?呈现怎样的特点?有哪些影响的关键因素?存在的问题有哪些?背后的原因是什么?如何进一步提升培育的效果?诸如此类的问题,已然成为摆在思想政治教育理论工作者面前的重要课题,这也正是本研究的初衷。微观层面,此项研究满足了大学生自身发展和成才的需要。为处在各种思潮包围中的大学生们提供了指引,也为其在中华民族伟大复兴的征程中放飞个人梦想、实现个人价值指明了方向。《中华人民共和国国民经济和社会发展第十三个五年规划纲要》中明确把"培育和践行社会主义核心价值观"作为提升国民素质的首要内容。从实证角度全面总结自2012年党的十八大明确提出"三个倡导"的社会主义核心价值观基本内容以来,我国大学生社会主义核心价值观的认同状况,在此基础上进行审视和反思,将对于今后相关工

---

① 中共中央 国务院印发《关于新时代加强和改进思想政治工作的意见》[EB/OL].中华人民共和国中央人民政府,2021-07-12.

作的深入具有典型的指导意义。

本研究基于价值多元化的社会背景、国家人才培养的需要以及大学生自身发展的需要等现实背景，在文化认同的视域下对新时代大学生社会主义核心价值观认同课题展开研究，有利于促进"三全育人"工作的实施，有利于创新教育的途径和方法。

第二节　国内外相关研究进展

一、国内相关研究述评

国内的相关研究从20世纪60年代开始，比较早的是李美枝和杨国枢用价值观研究量表对中国台湾大学生进行的调查研究。从20世纪80年代大陆地区开始展开对价值观的研究，鲜有成果，一直到党的十六届六中全会才引起了学术界更多的关注，"如何将这一体系转化为易于传播的社会主义核心价值观念"就是其中一个重要的维度，这种现实的需求在党的十八大召开之前形成了一个学术界的小波峰，到党的十八大提出"三个倡导"，此后若干年一直是学术界研究的热点。在中国知网进行学科学术热点检索，热点主题为"大学生"的检索记录为146条，可见对于大学生的关注还是非常之高，主要归属学科为心理学、高等教育学，其中对于大学生的价值观教育问题，党的十八大以后在当前社会科学中呈现一个明显的热点。在中国知网进行学科学术热点检索，热点主题为"价值观"的检索记录为3条，具体结果见表1.1，表明当前学术界对于价值观研究已然非常热门，尤其对大学生的价值观研究热度值更高，但关注点为大学生的社会主义核心价值观认同问题的研究仍旧不多，有待进一步展开与深化。

如图1-2所示，在中国知网进行学术关注度比较中发现，对于二者的研究总体上看基本一致，只是在2011—2012年出现了短暂的下滑趋势，而此时正是"社会主义核心价值观"研究热烈之时，主要集中于社会主义核心价值观的凝练。而后伴随着党的十八大的召开与社会主义核心价值观基本内容的明确，学术界对于"大学生的社会主义核心价值观认同"的研究又重新出现了迅速的增长，持续至今，其中以2013年中共中央办公厅印发的《关于培育和践行社会主义核心价值观的意见》及2014年习近平总书记在北京大学师生座谈会上的讲话——《青年要自觉践行社会主义核心价值观》为标志，进一步将大学生与社会主义核心价值观的研究推向了高潮，2015年达到高点。2016年开始，伴随着对于社会主义核心价值观研究的热度趋于平缓，对于大学生社会主义核心价值观认同的研究短暂告别了研究的峰值，但依然保持着较高的研究热度。

表1.1 中国知网学科学术热点检索相关热点主题分析

序号	热点主题	主要知识点	主题所属学科名称	热度值↑	主要文献数	相关国家课题数	主要研究人员数	主要研究机构数
1	价值观；青少年价值观；友伴	价值观；青少年价值观；友伴；大学生价值观；价值观教育；大学生；价值观研究；教育建议；高年级小学生；学生；学生价值观；青少年吸烟；编辑；走向；职业经理人；中学生；比较尺度；消费主义；价值取向；吸烟行为	心理学；政党及群众组织		81	9	91	52
2	价值观教育；价值观；咨询员	价值观教育；价值观；大学生；大学生价值观；价值取向；学生价值观；当代大学生；咨询员；情感态度；价值教育；心理咨询；公民教育；职业教育；危机干预；教育中的价值观；基础价值观；走向；主导价值观；价值观念；人生价值观	教育理论与教育管理；高等教育		126	8	119	86

续表

序号	热点主题	主要知识点	主题所属学科名称	热度值↑	主要文献数	相关国家课题数	主要研究人员数	主要研究机构数
3	大学生；价值观教育；价值观	大学生；价值观教育；价值观；教育；价值观念；人生价值观；价值取向；调查；当代大学生；价值观取向；对策；社会主义核心价值；青少年；和谐社会大学生价值观；现状；特点；新时期；社会主义核心价值体系；公民教育	高等教育	169	23	187	113	

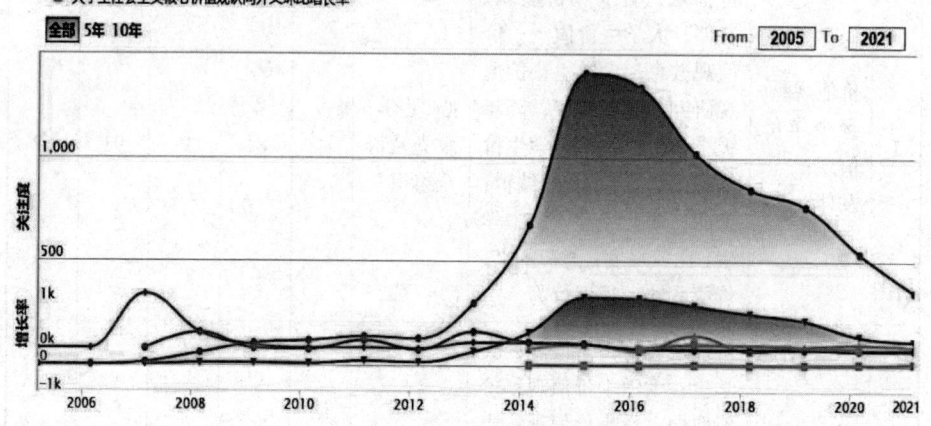

图1-2 中国知网知识元检索"大学生社会主义核心价值观"与"大学生社会主义核心价值观认同"的学术关注度比较

在中国知网以"大学生""社会主义核心价值观""认同"为主题进行高级检索，得到文献2245篇，其中核心期刊收入文献408篇，占到文献总量的18.17%；随后进行大学生社会主义核心价值观认同计量化可视分析（如图1-3所示），检索条件：发表时间截至2021-12-31并且（（（主题=大学生或者题名=大学生或者v_subject=中英文扩展（大学生）或者title=中英文扩展（大学生））并且（主题=社会主义核心价值观或者题名=社会主义核心价值观或者v_subject=中英文扩展（社会主义核心价值观）或者title=中英文扩展（社会主义核心价值观）））并且（主题=认同或者题名=认同或者v_subject=中英文扩展（认同）或者title=中英文扩展（认同）））（模糊匹配），专辑导航：全部；数据库：学术期刊跨库检索。

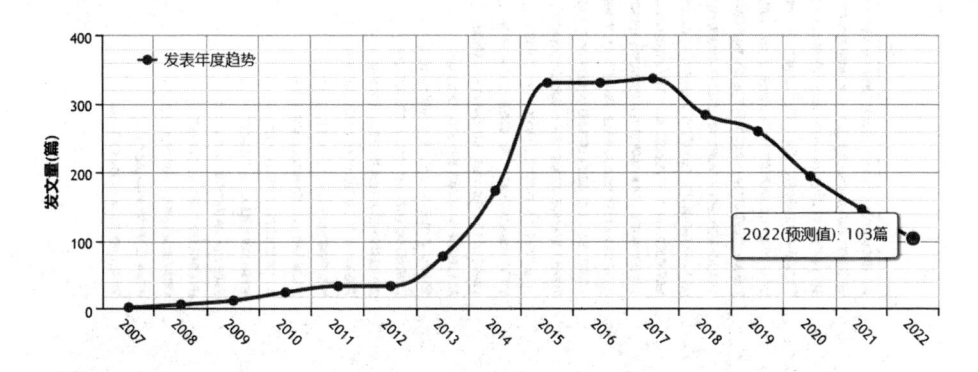

图1-3　中国知网大学生社会主义核心价值观认同计量化可视分析（总体趋势分析）

图1-4标识出了国内主要的研究机构和发文量；图1-5则直观地展现了研究的主要聚焦点，热度比较高的十个主题依次为：社会主义核心价值观、社会主义核心价值观认同、大学生社会主义核心价值观、社会主义核心价值观教育、核心价值观、培育和践行、当代大学生、社会主义核心价值体系、大学生社会主义核心价值观教育、社会主义核心价值观培育；图1-6呈现的是中国知网大学生社会主义核心价值观认同关键词共现网络图。以上搜索到的数据结果，都为我们迅速地梳理出研究思路，找到相关度高的重要文献，把握研究趋势提供了关键性的指引。

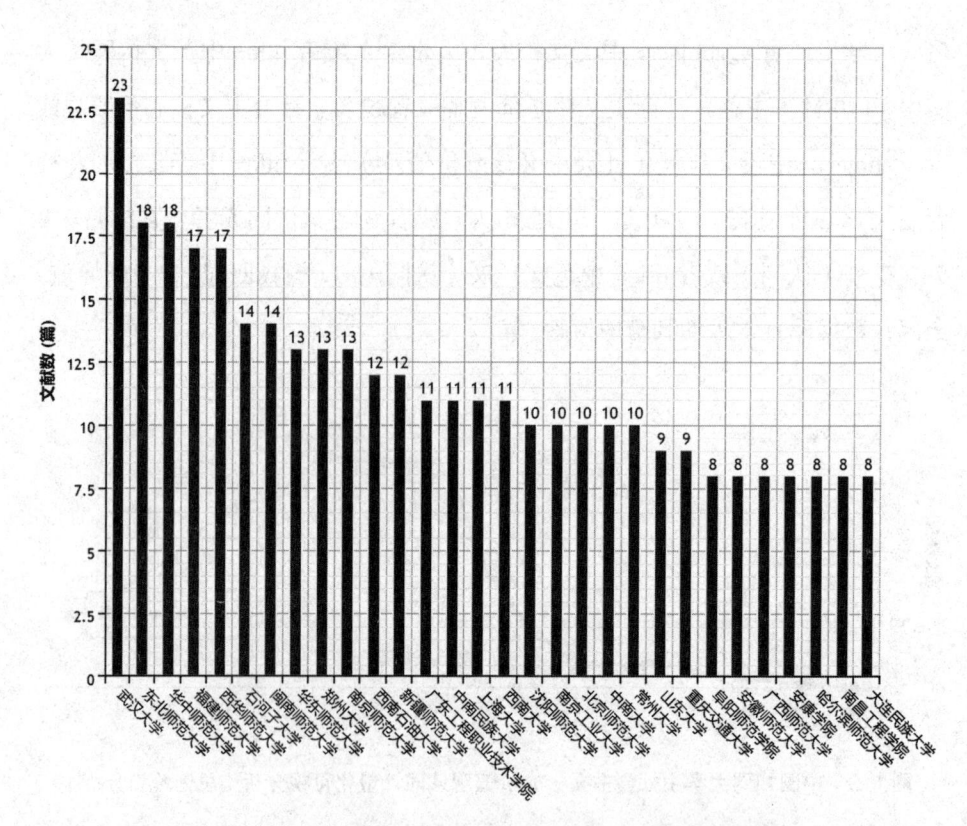

图1-4 中国知网大学生社会主义核心价值观认同研究机构分布

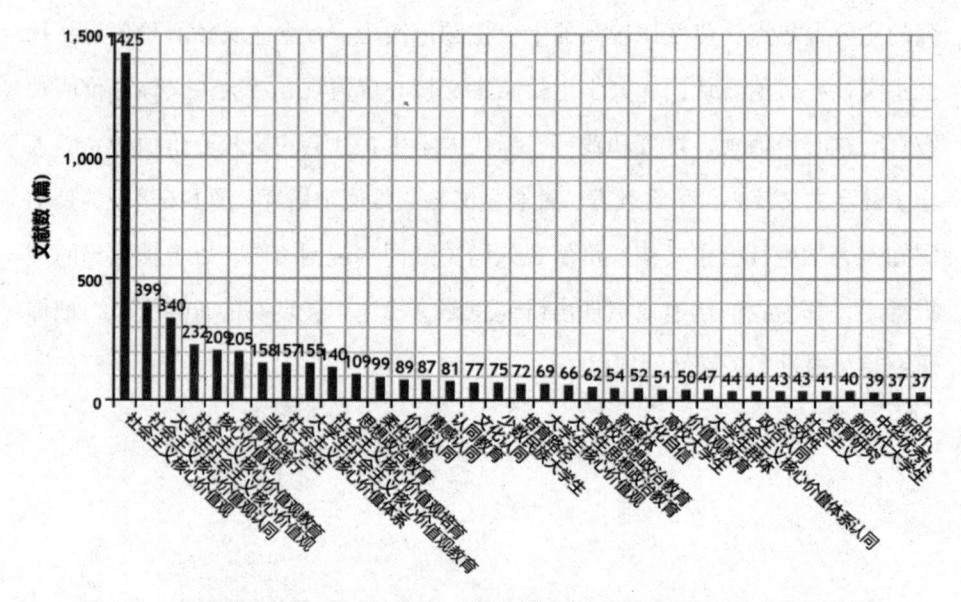

图1-5 中国知网大学生社会主义核心价值观认同计量化可视分析（主题分布）

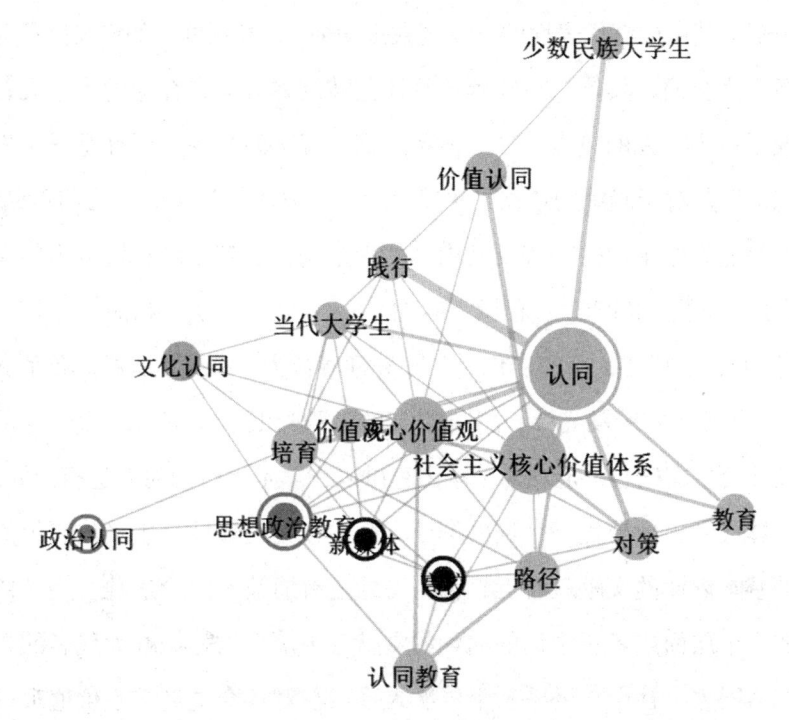

图1-6 中国知网大学生社会主义核心价值观认同关键词共现网络图

通过对上述文献的梳理，我们对国内学术界研究的焦点与趋势有所了解。综合研究国内大学生社会主义核心价值观认同的相关文献，其研究主要集中在以下几个方面：

（一）社会主义核心价值观研究

从党的十六届六中全会到党的十八大召开，研究的焦点在于如何确定具有中国特色的社会主义核心价值观内容。直到党的十八大明确提出了"三个倡导"，学术界关于社会主义核心价值观的研究主流才发生了转向。这一过程中，研究的重点集中于以下几个方面：

关于社会主义核心价值观概念方面的研究。主要围绕内涵、外延、层次划分及其内部关系开展研究。关于社会主义核心价值观内涵研究既是学术界探讨的中心话语，也是这一命题展开的逻辑起点。在内涵研究方面，其定义仍未有定论，大多认为其具有独特的属性和地位，是社会主义社会最基本的价值规范，其中最有代表性的学者当数张耀灿[①]，韩振峰[②]的定义路径与之相似，但更为全面、具体；在外延的具体范畴阐释方面，在党的十八大召开之前形成了一个研究的热点，从"体系"到"观"的凝练必要性是学术界普遍的共识，但是对于凝练的依据、思路、原则、方法等问题的看法却不尽相同，争论的焦点集中于如何凝练及其内容的确定问题。其中较有影响力的有韩震的"民主、公平、和谐"[③]、程恩富的"自由、民主、文明、和谐、富强"[④]、戴木才的"自由、民主、幸福、仁爱"[⑤]；姜迎春认为，社会主义核心价值观至少包括"人民至上、劳动光荣、团结进步、追求理想"[⑥]这四个方面。党的十八大明确社会主义核心价值观的基本内容以来，学术界转向对其进行内涵阐释、分层阐释或者单独聚焦一个词的解读，其中逐词阐释社会主义核心价值观所涵盖的基本内涵的文献就有近百篇，另外还有通篇专门论述社会主义核心价值观的一个层面或者一个词的内涵的文献百余篇。以韩振峰为代表的大多数学者都从国家、社会、公民三个层次入手，在对社会主义核心价值观进行了三个层次上的梳理的同时，又从国家、社会、公民的高度逐词展开了基本内涵的阐释[⑦]；而以洪晓楠为代表的少数学者对社会主义核心价值观的12个词逐词来进行历史探源与现代意义的阐释，具体解读与梳理社会主义核心价值观

[①] 张耀灿．关于社会主义核心价值观凝练问题的思考［J］．重庆工商大学学报（社会科学版），2013（3）：52-53．

[②] 韩振峰．社会主义核心价值观的基本内涵与重大意义［J］．思想政治工作研究，2012（12）：11-13．

[③] 韩震．"民主、公正、和谐"体现了社会主义的核心价值追求——兼论社会主义核心价值观的凝练及其原则［J］．红旗文稿，2012（6）：8-12，1．

[④] 程恩富．核心价值观凝练的五个方面：自由 民主 文明 和谐 富强［N］．光明日报，2011-03-28（11）．

[⑤] 戴木才．自由、民主、幸福、仁爱：中国特色社会主义核心价值观内涵初探——中国特色社会主义核心价值观探索之四［J］．南昌航空大学学报（社会科学版），2012，14（1）：1-7．

[⑥] 姜迎春．凝练社会主义核心价值观 弘扬马克思主义政党的本质［J］．红旗文稿，2012（8）：17-18．

[⑦] 韩振峰．社会主义核心价值观的基本内涵与重大意义［J］．思想政治工作研究，2012（12）：11-13．

的每一个词语的内涵[1];此外,还有学者从12个词中的一个基本概念入手理解社会主义核心价值观的应有之义,如:戴木才就发表文章专门强调"自由"一词的丰富内涵,以及作为中国特色社会主义核心价值观的重要意义和学理依据[2];在"三个倡导"层次划分及其内部关系的分析方面,学术界大多认为,其与国家、社会、个人三个层面相对应。但也有学者对于"三个倡导"的三个层次的划分方式,提出了不同的意见,韩震[3]就是其中的代表。此外,刘书林[4]则认为将"三个倡导"划分为"社会发展""公民权利""伦理规范"三个层次更为准确。对于三者之间的关系问题,学术界较为普遍地认为三者之间相互联系、相互贯通,统一于社会主义核心价值观这一整体之中。

关于培育与践行社会主义核心价值观重要意义的研究。分为国际与国内两大视野,基于国际视角考虑的学者代表人物为吴潜涛[5],而从我国的国情角度来分析其重要性的,以周文彰[6]为代表。此外,还有学者以理性与价值的视角展开分析,如韩震、郭建宁、袁久红等。

关于培育与践行社会主义核心价值观对策方面的研究。培育与践行社会主义核心价值观实质上是一个问题的内外两方面的表现。首先,社会主义核心价值观从提出到被群体、个体认同,这是一个接收、评价、内化到外化的过程,这是学术界普遍认同的观点,也注定不是一蹴而就的,是一项长期的、系统的工程,需要全社会各种力量的参与。如何来培育?学术界的代表性观点有:上下联动"工程说""民族精神说""文化发展说"[7]等。价值观作为一

---

[1] 洪晓楠,何美子.中国特色社会主义核心价值观内涵解读[J].高校辅导员学刊,2013,5(1):1-6,20.
[2] 戴木才,彭隆辉.倡导"自由":高扬社会主义核心价值观的理想旗帜[N].光明日报,2011-04-18(7).
[3] 韩震.积极培育社会主义核心价值观[J].理论视野,2013(1):28-30.
[4] 刘书林.培育社会主义核心价值观的基本原则[J].思想理论教育,2013(2):21.
[5] 吴潜涛.积极培育和践行社会主义核心价值观[N].中国教育报,2012-12-07(5).
[6] 周文彰.深刻理解切实践行社会主义核心价值观[J].前线,2013(1):16-18.
[7] 韩震.让文化灵魂驱动中国——积极培育社会主义核心价值观[J].人民论坛,2012(33):49.

种思想认识或者说共识，只有付诸实践才能转化为实际的力量，所以将内化了的价值观如何外化为行动，为学术界所关注，目前形成了"合力说"[①]"认同说"[②]"制度说"[③]"活动说"[④]等多种观点。

（二）大学生文化认同研究

在中国知网搜索篇名含有"大学生"及"文化认同"的文献，发现最早关注大学生文化认同的研究开始于2002年，至今已经形成鲜明的整体上扬态势。从研究的主题聚焦点来看，比较集中的关注点是少数民族大学生、文化认同危机、社会主义核心价值观、中华文化认同、民族文化认同、文化认同教育、红色文化、文化自信、中华优秀传统文化等。出版专著有五部，分别为杨建义所著《大学生文化认同与价值引领》、崔海亮所著《国家认同、民族认同、文化认同与大学生思想政治教育》、宋燕金所著《西南边疆多民族聚居地大学生主流文化认同教育研究》、马迎所著《新时代大学生中国特色社会主义文化认同研究》以及马丽萍所著《大学生文化认同研究》。对以上文献进行梳理，发现从大学生总体的角度来研究其文化认同情况的文献主要包括以下几个方面内容：

关于大学生文化认同危机的研究。这个"危机"，严格来说，更大程度上是文化认同的挑战，包括全球化、利益多元、思想多样以及观念多变等，杨建义等学者认为，从现实性来看大学生文化认同总体状况良好，并不存在文化认同的危机，将其视为现实挑战。但樊娟、肖蓉、谢连生等学者则认为大学生的文化认同危机已然形成，具体表现为大学生"对主流文化认同的弱化，

[①] 李中元.社会主义核心价值观需倡导更需践行［N］.光明日报，2013-02-23（11）.
[②] 郭建新.社会主义核心价值观大众认同路径与机制研究［J］.江苏社会科学，2014（1）：11.
[③] 杨信礼.培育和践行社会主义核心价值观重在制度建设［EB/OL］.央视网，2013-01-09.
[④] 周文彰.深刻理解切实践行社会主义核心价值观［J］.前线，2013（1）：16-18.

对民族传统文化认同的减弱与对西方文化认同的加强"①。

关于大学生文化认同概念的研究。对于大学生文化认同的概念进行明确界定的学者并不多，杨建义将其界定为："大学生以中华民族传统文化、中国共产党领导的主流文化以及西方文化为内化对象，他们对不同的文化所表现出来的态度、行为及其背后所体现的价值选择，由此体现大学生的文化身份和文化归属心理。"②张雪璞认为："大学生文化认同是以优秀传统文化为基础，融合外来先进文化不断创新发展的中华文化认同，是立足中国本土，走向世界的中国特色社会主义文化认同，是坚持马克思主义指导，建立文化自信的中国信仰文化认同。"③

关于大学生文化认同的内容结构现状研究。就中华优秀传统文化而言，当代大学生基本认同中华优秀传统文化价值内涵，但对中华优秀传统文化的整体认知较为欠缺④；就革命文化与社会主义文化而言，大学生对马克思主义普遍认同，中国特色社会主义共同理想已经成为大学生的共识，但也存在着"大学生对社会主义先进文化的信仰程度降低"⑤"大学生价值取向多元化，面临价值选择的困难和迷惑"⑥等现实。

关于大学生对于中国特色社会主义文化认同度相对较高的原因分析。文化属于上层建筑，由经济基础决定，并反作用于经济基础。因此，对于原因的分析，学术界的认识还是比较一致的，认为比较高的认同度来源于以下三个方面：制度文化所具有的强烈的历史说服力与现实说服力、现代化建设的

---

① 樊娟.新生代大学生文化认同危机调查研究［J］.中国青年政治学院学报，2009（6）：11.
② 杨建义.大学生文化认同与价值引领［M］.北京：社会科学文献出版社，2016：3.
③ 张雪璞.当代大学生文化认同问题研究［D］.哈尔滨：东北林业大学，2017：16.
④ 程为民，熊建生.当代大学生中华优秀传统文化认同状况分析——基于国内十余所高校700名大学生的问卷调查［J］.教育研究与实验，2016（4）：68
⑤ 何彦新，古帅.基于文化认同的大学生社会主义核心价值观培育［J］.思想理论教育导刊，2017（7）：98–102.
⑥ 罗迪.文化认同视角下的大学生社会主义核心价值观教育［J］.思想教育研究，2014（2）：106–109.

巨大成就以及中国特色社会主义文化对于人的主体性的高扬。

关于大学生文化认同与社会主义核心价值观认同关系的研究。文化是一个价值体系，文化认同的核心是价值观认同，社会主义核心价值观认同是当代中国文化认同的核心，以社会主义核心价值观认同引领当代大学生的文化认同，已经成为学术界普遍的共识。学者们认为，以社会主义核心价值观认同引领当代大学生的文化认同与社会主义核心价值观认同教育具有同构关系。由此，学者们强调要从文化自觉与文化自信的高度来培育大学生对于社会主义核心价值观的认同。

关于强化大学生文化认同对策的研究。总体来说，学术界的对策共识包括：将中国特色社会主义文化融入课程育人、文化育人、实践育人体系，培育正确的文化认知以及强化当代大学生的责任意识和使命担当等。具体而言，有代表性的包括：杨建义提出"优化文化话语、完善文化载体以及突出传统文化的支撑功能"[1]；吴欣遥、曾王兴、秦凯强调"重建文化自信、加强马克思主义意识形态教育、培育主流校园文化以及培养文化理性和拓宽文化视野"[2]；樊娟提出"加强政治文化认同教育以及培育以民族文化为核心的多元观"[3]。

（三）新时代大学生社会主义核心价值观认同研究

党的十八大以来，尤其是《关于培育和践行社会主义核心价值观的意见》以及习近平总书记《青年要自觉践行社会主义核心价值观》发表以来，大学生这个特殊群体的社会主义核心价值观的培育与践行问题，越发成为学术界讨论的一个热点问题。收集相关文献，我们对大学生社会主义核心价值观的相关研究成果进行整理，主要集中于重要性、现状、特征、方法论等主题的探讨，也有学者试图探索大学生对其形成认同的过程，本研究重点考察了学

---

[1] 杨建义.大学生文化认同与价值引领[M].北京：社会科学文献出版社，2016：185-241.

[2] 吴欣遥，曾王兴，秦凯.大学生社会主义核心价值观教育文化认同研究[J].思想理论教育导刊，2016（9）：99-102.

[3] 樊娟.新生代大学生文化认同危机及其应对[J].中国青年研究，2009（7）：36-42.

术界关于"大学生社会主义核心价值观认同"的研究。学术界在聚焦大学生群体的社会主义核心价值观培育过程中,越来越多地关注"认同"问题,一方面关注点在于认同的现状如何;另一方面关注的焦点在于大学生认同的形成进程。

关于大学生社会主义核心价值观认同概念的研究。正像"认同"的概念经常被泛化一样,社会主义核心价值观认同也存在这样的倾向,很多学者甚至对于社会主义核心价值观认同并未做出诠释,而是直接拿来用,原因在于简单地将认同等同于"认知"+"赞同",停留在了表层的含义里。也有学者对此做出了界定,认为"大学生社会主义核心价值观认同是指大学生在对社会主义核心价值观内容了解的基础上所产生的认知认可、情感喜好和价值践行"[①]。虽然至今并未形成一个公认的定论,但这种努力是很有价值的。同时,我们看到,很多学者认为价值观是文化的核心,"价值观教育从本质上来讲是一种文化认同的教育"[②],基于此,一些学者,如罗迪、吴欣遥、何彦新、古帅等,均以文化认同为视角进行了探讨。

关于大学生社会主义核心价值观认同现状的研究。很多学者做了大量详细的调查,有聚焦一所高校的,也有以一个地域为目标地的,亦有放眼全国选取样本的,如在全国范围35所高校抽样调查3500名大学生的沈壮海团队;选取14省23所高校8630名大学生的邢鹏飞;选取全国不同类别30所高校5500名大学生为研究对象的左殿升、冯锡童;以青岛市7所高校大学生为研究对象的郭曰铎、张荣华等。学者们通过数据剖析,最后对大学生社会主义核心价值观认同存在的问题与特点进行了分析,主要观点可以概括为:大学生社会主义核心价值观认同总体状况较好,认同度较高,但同时存在着知行脱节、不平衡性等问题。

---

① 邢鹏飞.大学生社会主义核心价值观认同现状与培育对策调查研究[J].高校教育管理,2018(2):117-124.
② 罗迪.文化认同视角下的大学生社会主义核心价值观教育[J].思想教育研究,2014(2):106-109.

关于大学生社会主义核心价值观认同的形成研究。多数学者认为社会主义核心价值观认同是认知、情感与行为相统一的总体过程，也有学者认为是"认知、重构、践行"[1]"思想、情感、行为"[2]三阶段说；另外，一些学者认为大学生社会主义核心价值观认同是"知、情、意、行"的统一过程[3][4]，查方勇将其总结为"理性认知、情感认同、意志自觉、行为实践"四个系统的循环。同时，学者们一致认为：影响大学生社会主义核心价值观认同的因素是多方面的，总体受到来自大学生自身、家庭、学校和社会四方面的综合作用，具体包括"政治经济环境、网络舆情环境、大学文化、教师言传身教、朋辈群体"[5]；亦有学者通过调研数据分析验证了"大学生的政治观、人生观、生活满意度和社会思潮"[6]的显著性影响。

关于大学生社会主义核心价值观认同的具体路径研究。代表性的观点有：潘清的"三机制说"——"解读机制、心理疏导机制、自我发展机制"[7]；查方勇的"四维"动力系统[8]；魏晓文、修新路的"全覆盖路径说"[9]，包括政治导向、大学文化、教师、新媒体、主体需求、教育载体搭配过程调控等。

---

[1] 魏晓文，修新路.大学生社会主义核心价值观认同的影响因素与培育对策[J].大连理工大学学报（社会科学版），2018（5）：96-104.

[2] 潘清.探索认同机制 培育大学生社会主义核心价值观[J].中国高等教育,2013（12）：37-39.

[3] 查方勇.深化大学生社会主义核心价值观认同论析[J].思想理论教育导刊,2018（8）：89-92.

[4] 曹威威，王广志.大学生社会主义核心价值观认同教育路径探析[J].黑龙江高教研究，2016（11）：122-124.

[5] 魏晓文，修新路.大学生社会主义核心价值观认同的影响因素与培育对策[J].大连理工大学学报（社会科学版），2018（5）：96-104.

[6] 邢鹏飞.大学生社会主义核心价值观认同现状与培育对策调查研究[J].高校教育管理，2018（2）：117-124.

[7] 潘清.探索认同机制 培育大学生社会主义核心价值观[J].中国高等教育,2013（12）：37-39.

[8] 查方勇.深化大学生社会主义核心价值观认同论析[J].思想理论教育导刊,2018（8）：89-92.

[9] 魏晓文，修新路.大学生社会主义核心价值观认同的影响因素与培育对策[J].大连理工大学学报（社会科学版），2018（5）：96-104.

综上所述，党的十八大以来，国内学术界的研究卓有成效，为本研究的开展奠定了良好的基础，同时，也为本研究指明了方向，提供了空间。一方面，研究内容需要进一步深化。对于"大学生社会主义核心价值观认同"的研究，目前仍停留在宏观角度，具体而微的深入研究仍有待发掘；另一方面，跨学科的综合性研究尚待展开。认同的形成，是一个由外而内，再具体外化为行为的复杂过程，需要综合运用思想政治教育学、心理学、社会学等多学科的知识与方法，这方面的研究尚待进一步加强。

二、国外相关研究述评

国外关于价值观的研究主要开始于20世纪二三十年代，20世纪50年代开始进入快速发展和深入研究阶段。本研究国外文献来源于全球最大、覆盖学科最多，且收录了近万种世界权威期刊，具有高影响力的综合性学术信息资源库——Web of Science。检索条件为标题含有"values identity"字段，即价值观认同，将学科类别精炼为"SOCIAL SCIENCES"（社会科学领域），共获得638篇英文文献，最早文献出现于1957年，延续至今，呈现明显的上升态势，尤其是2013年以来，研究著述显著增多。由于网站设置限制，仅显示近25年的研究文献数量变化。（如图1-7所示）

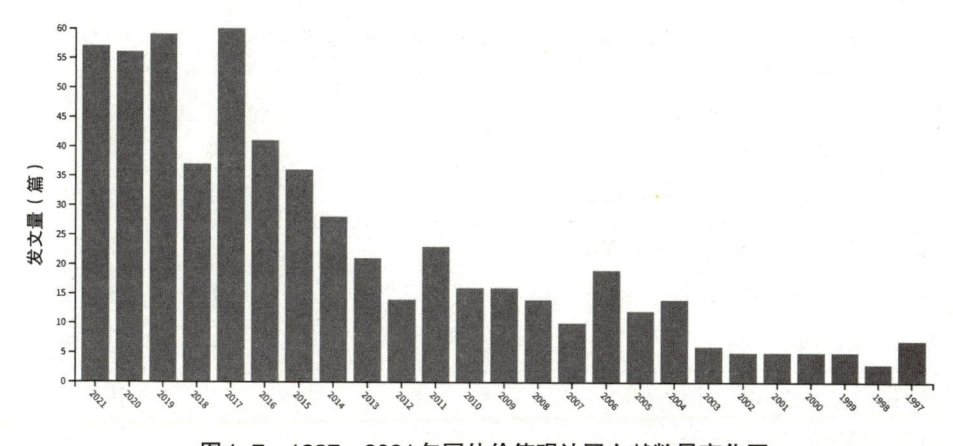

图1-7　1997—2021年国外价值观认同文献数量变化图

通过 Web of Science 数据库工具对上述搜索得到的638篇文章所属国家进行分析，可以建立国外价值观认同文献主要研究国家列表（见表1.2），美国是研究价值观认同的大国，文献量达180篇，占总比的28.21%以上，远高于紧随其后的英国、澳大利亚、加拿大等国；通过 Web of Science 数据库对638篇文章研究方向的分析结果（见表1.3）可以看出，在心理学与行为科学领域对于"价值观认同"进行了颇为深入的研究，文献总量分别达到150篇以上，远高于其他领域。

表1.2　国外价值观认同文献主要研究国家

国家	文献量	占总比
美国（USA）	180	28.21%
英国（ENGLAND）	62	9.72%
澳大利亚（AUSTRALIA）	33	5.17%
中国（CHINA）	32	5.02%
加拿大（CANADA）	25	3.92%
荷兰（NETHERLANDS）	22	3.45%
意大利（ITALY）	21	3.29%
俄罗斯（RUSSIA）	21	3.29%

表1.3　国外价值观认同文献主要研究方向

研究方向	文献数量	占总比
心理学（PSYCHOLOGY）	224	35.11%
行为科学（BEHAVIORAL SCIENCES）	151	23.67%
商业经济学（BUSINESS ECONOMICS）	132	20.69%
教育研究（EDUCATIONAL RESEARCH）	99	15.52%
社会学（SOCIOLOGY）	86	13.48%
政府法（GOVERNMENT LAW）	70	10.97%
社会问题（SOCIA LISSUES）	66	10.34%
行政管理（PUBLIC ADMINISTRATION）	43	6.74%

通过对上述文献的梳理，我们对国外学术界研究的焦点与趋势有所了解。综合国外价值观问题的研究，其研究主要集中在以下几个方面：

第一，关于价值、价值观定义的研究。国外对价值观最著名的描述是克莱德·克鲁克洪（C. Kluckhohn）的观点，在此之前国外学术界对于价值观的定义各执己见，直到20世纪50年代，在价值观的定义方面人们才逐渐走向共识，他们把"价值观"解读为与"以人为中心的"，与"值得的"有关的东西，并区分了"值得的"（the desirable）和"想要的"（the desired）两个概念。将"价值观"定位于这一共识的经典表达就是克鲁克洪的价值观定义：价值观是一种外显的或内隐的，有关什么是"值得的"的看法，它是个人或群体的特征，它影响人们对行为方式、手段和目的的选择。[①]之后，不同的学者对价值观的概念进行了不断的修整和补充。如：唐纳德·E. 塞普尔（D. E. Super）[②]、吉尔特·霍夫斯塔德（G. Hofstede）[③]。

第二，关于价值观测量的研究。国外对价值观研究的一大特色就是注重定量研究，到目前为止，国外用来测量价值观的比较有权威的量表有十多种，其中比较著名的有谢洛姆·施瓦茨（S. H. Schwartz）等人编制的《价值观量表》、米尔顿·罗克奇（M. Rokeach）的《价值观调查量表》，我国对于价值观的量化研究就始于对其的中国化修订。另外，还有克鲁克洪的《价值取向量表》以及高尔顿·威拉德·奥尔波特（G. W. Allport）等人编制的"奥尔波特—弗农—林德西量表"（Allport-Veraon-Lindzeyscale）等。

第三，关于社会核心价值观培育的研究。西方国家一直以来就注重隐性教育和受教育者的主体性地位，美国当代著名的道德发展心理学家和道德

---

① KLUCKHOHN C. Value and Value Orientation in the Theory of Action：An Exploration in Definition and Classification，In T.Parsons&E.A.Shils（Eds），Toward a General Theory of Action［M］.Cambridge，MA：Harvard University Press，1951：388-433.

② SUPER D E.A life-span, Life-space Approach to Career Development［J］. Journal of Occupational Psychology，1980（52）：129-148.

③ HOFSTEDE G. Cultural Relation of the Quality of Life Concept［J］. Academy of Management Reveiew，1984（9）：389-398.

教育学家劳伦斯·科尔伯格（L. Kohlberg）所提出的道德认知发展理论、路易斯·拉斯思（L. Raths）所倡导的价值澄清理论、英国著名道德教育家彼得·麦克菲尔（P. Mcphail）所创立的体谅模式、美国学者H.C.凯尔曼（H. C. Kelman）的态度形成理论和让·皮亚杰（J. Piaget）的认知结构理论以及尤尔根·哈贝马斯（J. Habermas）所提出的价值商谈理论等在西方非常盛行并广泛应用。这些以受教育者为主体的价值观培育理论与方法在培育本国的社会核心价值观的过程中发挥了举足轻重的作用，这也必将为我国的社会主义核心价值观的培育提供有益的视角与经验。

第四，关于大学生核心价值观认同的研究。国外关于"认同"（identity）的研究由来已久，最早使用于心理学领域，而后推及哲学、社会学等多学科领域，代表性人物有奥地利心理学家西格蒙德·弗洛伊德（S. Freud）、德国心理学家爱利克·埃里克森（E. H. Erikson）、加拿大哲学家查尔斯·泰勒（C. Taylor）、英国社会学家安东尼·吉登斯（A. Giddens）等。关于"认同"的概念界定，至今仍然未能形成一个一致的看法，但这并不影响学者们在各自学科领域内将"认同"问题引向深入。到"价值观认同"层面，国外的学者比较侧重于实证研究，制定研究量表，比较有代表性的就是乔纳森·奇克（J. M. Cheek）等人编制的《自我同一性量表》（*AIQ: Aspects of Identity Questionnaire*）。具体到对于大学生群体的核心价值观认同的研究最早可以追溯到美国学者雅可布·菲利普（J. Philip），他强调在大学生核心价值观认同的形成过程中，高等教育主体大学发挥着重要的社会化作用。另外一位代表人物美国学者威廉·佩里（W. Perry）提出大学生价值观认同形成的"三阶段"界说，这些都为日后的拓展性研究打下了很好的基础。近年来，一些国外学者关注的领域依然主要是心理学领域，他们在价值观对大学生心理健康的影响方面进行了一些探索。

综上所述，国外价值观的研究已接近一个世纪，并取得了丰硕的成果，但也仍旧存在一些问题：第一，在价值观的定义和结构方面的争论比较多，尚未形成统一的结论；第二，在价值观的研究方法方面，因为对于价值观的定义各执己见，所以学者们大多采用自行设计的量表进行测量，其效度与信度需要进一步探讨研究；第三，在研究的类型方面，主要以现状描述研究为主，对于价值观的历史变化、功能及其与其他心理特征之间的关系尚待深入拓展。以"价值观形成"为研究视角，国外学者侧重于研究聚焦单个个体，很少关注某个特殊群体的社会核心价值观培育。总体来说，国外对于大学生核心价值观认同问题的研究成果为本研究的进行提供了可以借鉴的思路，但迫切需要研究者加强对于新时代背景下大学生社会核心价值观的实证性、系统性和理论性研究。

第三节 主要研究内容与研究方法

一、研究内容与思路

本研究所涉及的主要内容包括以下几个方面：

第一，基本理论阐释。在对国内外从"价值观"发展到"大学生社会主义核心价值观认同"相关研究进行文献梳理和评述的基础上，对"新时代大学生""社会主义核心价值观""文化认同""价值观认同"等概念进行逐一阐释，并在分析"文化认同"与"新时代大学生社会主义核心价值观认同"二者的内在关联性以及从文化认同视角探寻新时代大学生社会主义核心价值观认同的必要性和可能性的基础上，完成对"新时代大学生社会主义核心价值观认同"内涵与要义的界定，对其进行维度划分，为本研究做好理论铺垫和理论指引。

第二，提出研究假设，构建理论模型，从主体角度勾勒出大学生社会主义核心价值观认同的形成机理。在理论研究的基础上提出新时代大学生社会主义核心价值观认同的研究假设，初步建立理论模型，并通过调查与数据分析验证研究假设，修订并拓展大学生社会主义核心价值观认同的理论模型，力争全面地阐释新时代大学生社会主义核心价值观认同的议题。

第三，进行问卷设计与调查。本研究在充分研读国内外相关文献的基础上进行问卷设计与编制，从而编制出"新时代大学生社会主义核心价值观认同的调查问卷"初稿，随后走访八位专家，通过听取专家的意见与建议，最后完善量表的内容效度。继而，在大连大学进行预测试，而后进行信度、效度分析，优化调查问卷题目，最终形成了正式问卷。本研究考虑样本的代表性，兼顾地区差异，采用随机抽样与非随机抽样的方法，从我国东、中、西部地区以及东北地区各选取1个代表性城市——上海、武汉、成都、大连进行样本群体选取，每座城市选取"985高校""211高校"以及其他普通本科高校各1所，共计12所高校进行正式调研，用客观、翔实的数据资料为本研究提供有力支撑。

第四，实证数据分析。本研究的目的就是在认同的基础上谈培育，进而在有效培育的过程中强化认同。工作之一，即通过调研的数据分析找到影响新时代大学生社会主义核心价值观认同的主要因素；工作之二，即通过调研全面总结新时代大学生社会主义核心价值观培育工作的效果，也就是大学生对社会主义核心价值观的认同现状，既看到成效，又发现问题，进而深层次挖掘问题背后的原因。最终的目标指向在于以下两点：一是聚焦社会主义核心价值观认同的内在要素，以"影响新时代大学生社会主义核心价值观认同的关键因素"为总抓手，提高大学生的主体认同；二是着眼大学生主体以及外在因素，以"新时代大学生社会主义核心价值观认同现实存在的问题及原因"为突破口，对症下药。双管齐下，为找到增强新时代大学生社会主义核心价值观认同的有效路径提供方向性指引。

第五，提出进一步强化新时代大学生社会主义核心价值观认同的对策体系。依据数据分析结果所显示的多维度影响因素，针对当前存在的问题及背后的原因，探索性提出有效强化新时代大学生社会主义核心价值观认同的对策，力求在遵循大学生的社会主义核心价值观认同发生发展的前提下，优化外在促成机制，使大学生对社会主义核心价值观从一般的认知发展为情感认同，再进一步外化为具体的实践行为。

二、研究方法与技术路线图

研究方法是研究得以进行的工具，也是研究得以发展的手段。新时代大学生社会主义核心价值观认同研究不仅具有复杂的内在逻辑性，而且与社会文化之间关系密切，因此，需要借助多种研究方法以实现并发展这一研究。本研究主要采用的研究方法如下：

一是逻辑与历史相统一的方法。本研究从实证角度全面总结新时代大学生社会主义核心价值观认同的现状、成效与不足，同时对"文化认同""社会主义核心价值观认同"进行了历史追溯，为今后的价值观认同培育工作提供真实可靠的一手材料和针对性的指引。在历史分析的同时，本研究进行了逻辑梳理，可以说长久以来，我们国家对于社会主义核心价值观的认识经历了从提出到拓展再到不断深化的过程，培育的侧重点也经历了从"普及认识"到"理性认知""情感认同"与"行为认同"的发展过程，可以说"知行合一"是当前和今后在全社会强化社会主义核心价值观认同的重中之重。在此基础上，本研究对新时代中国大学生社会主义核心价值观认同的形成进行逻辑上的探寻，梳理出认知认同、情感认同、行为认同的形成机理，对当前阶段存在的主要问题与"为什么会这样"的问题进行了逻辑探究与理论分析，进而为制定强化新时代大学生社会主义核心价值观认同的对策提供方向性的指引。

二是系统分析的方法。大学生社会核心价值观认同的形成是一个复杂的系统工程，是内部与外部各种要素共同作用于大学生主体的结果，这就需要采用系统分析的方法进行全方位的考察。本研究表明，就大学生主体角度而言，对其认同社会核心价值观起重大影响作用的三大维度（一级指标）分别为认知认同、情感认同、行为认同，它们分别为大学生社会主义核心价值观认同的形成提供引导力、驱动力以及践行力；进而，对影响大学生社会主义核心价值观认同三大维度的11个指标（二级指标）进行了具体考察，验证研究假设，探明其中10个指标对大学生在价值冲突中做出认同社会主义核心价值观的思想与行为选择均有正向的影响，仅"行为体验"指标与因变量——大学生社会主义核心价值观认同量表总分之间没有显著关系；随后，本研究对影响大学生社会主义核心价值观认同的主体角度全要素进行全面分析，在回归模型中引进社会主义核心价值观认同的三大维度、样本的25个基本情况变量、"四个自信"的认同度作为自变量,进而构建了新时代大学生社会主义核心价值观认同的多因素影响综合模型;最终在以上整体性、结构性、层次性的系统分析基础上,从认知认同、情感认同、行为认同三个方面,提出进一步强化新时代大学生社会主义核心价值观认同的对策。

三是跨学科的综合分析法。本研究不仅涉及马克思主义理论、哲学、文化学,还涉及政治学、心理学、社会学以及传播学等多学科的知识,在研究过程中,始终采取综合创新的视角,从政治、经济、宗教、历史、民族、文化、外交等多种视角进行深入研究。本研究运用跨学科的综合分析法,梳理了认同、文化认同与价值观认同的形成机理,以此为基础,展开社会主义核心价值观认同的研究,在全面总结社会主义核心价值观认同的成效基础上,本着综合创新的思路,提出切实可行的扎实推进我国大学生社会核心价值观培育工作的方案和举措。

四是社会调查与统计分析法。本研究于2019年5—6月运用随机抽样与非随机抽样的方法,选取我国东、中、西部地区以及东北地区四个代表性城市为样本,选取12所高校,1427人作为研究对象,最终获得有效问卷1150份,问卷有效回收率80.59%。从受调查对象性别结构、专业分布、年级占比等情况来看,基本符合当前全国高校的总体情况,调研对象具有较好的广泛性与代表性。而后,对本研究样本的统计数据使用SPSS22.0统计软件进行了分析与处理,包括描述性统计分析、T检验、单因素方差分析、因子分析、皮尔森相关分析以及多元回归分析等,一方面验证研究假设,找到不同程度的影响因素;另一方面明晰了当前大学生社会主义核心价值观认同的现状与存在的问题。

五是文献研究法。本研究主要通过万方数据知识服务平台、中国知网、Web of Science,以关键词"社会主义核心价值观""文化认同""社会主义核心价值观认同""大学生社会主义核心价值观认同""values""identity""values identity"进行中外文献的检索,进而进行研读、分析、整理,为新时代中国大学生社会主义核心价值观认同研究的进行提供了大量翔实的学术基础。此外,本研究也充分利用图书数据以获取有关信息与研究素材。

本研究在文化认同视域下，阐述大学生社会主义核心价值观认同形成的机理，通过调研分析构建起新时代大学生社会主义核心价值观认同的多因素影响综合模型，并结合数据分析结果，总结大学生社会主义核心价值观认同的特点与不足，探明原因，最终提出进一步强化新时代大学生社会主义核心价值观认同的对策。基本研究框架如图1-8所示：

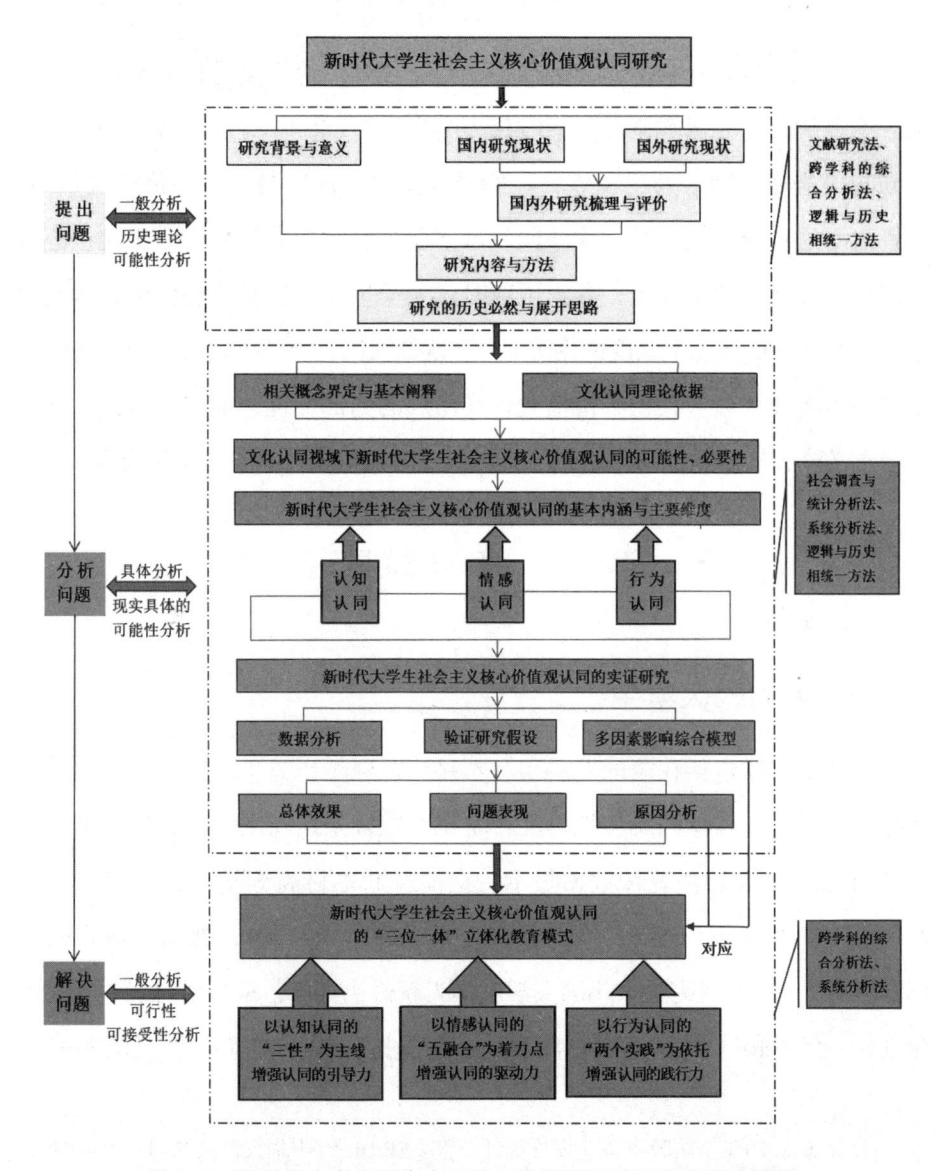

图1-8 新时代大学生社会主义核心价值观认同研究技术路线图

第二章

新时代大学生社会主义核心价值观认同的基本理论阐释

厘清概念是展开学术研究的前提，而诠释好理论则是进行学术探讨的基础。本章从研究的基本概念"新时代大学生""社会主义核心价值观""文化认同与价值观认同"为出发点，在阐释"文化认同"与"核心价值观认同"二者之间的辩证关系以及文化认同视域下研究新时代大学生社会主义核心价值观认同必要性的基础上，界定了新时代大学生社会主义核心价值观认同的概念并对其进行了三个维度的划分——"认知认同""情感认同""行为认同"，为进一步揭开社会主义核心价值观认同形成的内部机理，推进新时代大学生社会主义核心价值观认同的培育工作提供了理论依据与有益的借鉴思路。

第一节 基本概念界定

一、新时代大学生

大学生群体包括在校的专科生、本科生、硕士研究生、博士研究生。本研究为增强研究群体的典型性特征，将研究取样限定在大学本科生。据教育部公布的2020年教育统计数据显示，全国普通本科高等学校有1270所（含本科层次职业学校21所），高等教育毛入学率达到54.4%，普通本科在校生18257460人[①]。本研究所聚焦的大学生作为新时代青年，是与新时代中国共同前进的一代。2021年第一个百年目标实现之时，新时代的大学生正值20岁左

---

① 教育部.2020年全国教育事业发展统计公报［EB/OL］.中华人民共和国教育部网站，2021-08-27.

右的青春年华，到2050年第二个百年目标实现之时，他们仍处于中年，从20岁到50岁的30年是新时代大学生精力最旺盛、思想最活跃的人生黄金期，也正是我国从全面建成小康社会迈向富强民主文明和谐美丽的社会主义现代化强国的关键期与攻坚期，他们将以整个青年时代全过程参与，可谓"生逢其时，重任在肩"。

新时代的大学生出生之时已是我国日渐强盛之时，中国正大步迈进新时代，丰裕的物质文化生活使大学生们获得空前的自信心，他们整体更具有创新精神与探索精神，呈现出兴趣爱好更广泛、思想更积极活跃、心态更开放、更易于接受新事物、更张扬个性等特点。但同时新时代也有新挑战，新时代之下大学生的价值观也出现了新的变化。他们是伴随着互联网长大的一代，被称为"数字居民"，数字化生存更成为他们的一种生活常态；新时代的大学生主体意识不断增强，多元化特征突出，良莠不齐的文化等也在不断裹挟着个体，使个别学生出现一些与社会主义核心价值观相背离的言行。如何使社会主义核心价值观被大学生所认同，内化于心，外化于行，是当前大学生思想政治教育理论与实践中技术性很强的前沿问题，更是意识形态工作的重中之重。

现阶段，我国正处于从"富起来"到"强起来"的伟大新时代，新时代大学生作为社会主义事业的建设者和接班人应该到何处去？如何坚定理想信念、如何锤炼意志品质、如何加强自身修养？如何不忘初心，担当起属于这个新时代的使命，成为社会主义的建设者与接班人？面对这样一系列追问，我们一直在寻找属于这个新时代的青春答案，当今这个建设年代，广大青年的历史使命就是建成社会主义现代化强国、实现中华民族伟大复兴的中国梦。

二、社会主义核心价值观

社会主义核心价值观由"社会主义"和"核心价值观"两个关键词组成，这里的社会主义其实是特指中国特色社会主义，具体是指中国特色社会主义核心价值观，因此阐释好"中国特色社会主义"与"核心价值观"，正是理解好中国特色社会主义核心价值观的逻辑起点。

"中国特色"是相对于西方的现代化之路与苏联模式而言的，体现在马克思主义中国化的进程中。每个国家有每个国家的历史与国情，没有包治百病的良药。中国特色社会主义，是在血与火的洗礼中，在近代中国的硝烟中，在现代中国的改革与建设中，不断与时俱进，结合中国的实际探索出来的革命与建设道路；社会主义是相对于资本主义方案而言的，体现于近现代中国国家出路的探寻与实现现代化道路的探索。中国特色社会主义是近代中国在经历了君主立宪、民主共和等资本主义道路的惨痛失败之后，中国共产党人带领亿万中国人以马克思主义为理论武器，不断结合中国的具体实践，以生命、鲜血与汗水铸就的一条以共产主义为发展指向的独立、富强之路。与之相对应的，西方资本主义道路发展史则是一部充满血腥与杀戮的殖民史。中国的历史、现实与"尚和"的民族文化基因决定了中国道路只能是和平发展的社会主义道路[1]，它以雄辩的事实打破了发展中国家对于资本主义的"路径依赖"，告别了西方国家靠战争和掠夺推进现代化的陈旧逻辑，为世界的发展提供了中国方案与中国智慧。

理解"核心价值观"，必然要以"价值""价值观""核心价值观"的内涵作为研究的逻辑起点。"价值"是一个关系范畴，是客体对主体的意义与满足，反映的是主体需要与客体属性的关系。所谓价值观，就是"人们基于生存、发展和享受的需要，在社会生活实践中形成的关于价值的总观点、总看法，是人们的价值信念、信仰、理想、标准和具体价值取向的综合体系"[2]。核心价值观是指"社会的价值观念体系中处于支配地位，起主导作用，反映现实生活和社会发展内在要求与趋势以及统治阶级根本利益，又为大多数社会成员所认同的核心价值目标和价值导向"[3]。价值观具有多样性，核心价值观对

---

[1] 洪晓楠.当代西方社会思潮研究[M].北京：人民出版社，2017：401-405.

[2] 李景源，孙伟平.价值观和价值导向论要[J].湖南科技大学学报（社会科学版），2007（4）：46-51.

[3] 贾英健.多样价值观态势与主导价值观的确立[J].山东社会科学，2002（1）：71-76.

于一个国家而言，在一定历史时期内是稳定且唯一的。

核心价值观是渗入一个民族血脉里面的、在一定时期内相对稳定的根本价值追求，它被每个国家所重视，却不是一个整齐划一的国际信条。纵览各国的核心价值观，不论是美国对"美国信念"的坚守，还是法国所倡导的"自由、平等、博爱"的法兰西精神，抑或是新加坡的"共同价值观"，均表现为以下几点共性。第一，简明性。作为核心价值观，表达应简单明了，主题鲜明，通俗易懂，容易为全体国民所理解。第二，内在固有性与理想性。核心价值观所倡导的内容应根植于国民内心，每个人本能地存有这样的理念，普遍认同并渴望实现。第三，统摄性。其他的价值观因为核心价值观的感召力而处于服从的地位，并且核心价值观统摄国家的方方面面。第四，可建设性。核心价值观所倡导的内容不是自发形成的，而是要通过"自下而上"和"自上而下"双向作用形成，只有统治阶级自上而下的倡导和广大社会成员自下而上的认同，才会形成合力，也才称得上该国的核心价值观。第五，阶级性。任何国家的统治阶级都是国家的物质与精神力量的真正领导者，核心价值观是国家中占据主导地位的价值观，作为与经济基础相适应的上层建筑的一部分必然体现出统治阶级的阶级属性，无论它以如何冠冕堂皇的辞藻来表述。

党的十八大报告将社会主义核心价值体系凝练为24个字——"富强、民主、文明、和谐，自由、平等、公正、法治，爱国、敬业、诚信、友善"。作为社会主义核心价值体系的内核及最高抽象的中国特色社会主义核心价值观，这12个词从国家、社会、个人三个层面，不仅简明扼要、简约朴实、简洁通俗地提出了社会主义核心价值观的新表达，而且更为当今中国社会的核心价值观培育提出了新要求。

从国家层面来看，"富强、民主、文明、和谐"，是从国家理想、发展目标的层面上体现出的价值取向，是凝聚共识、鼓舞人心、团结奋进的价值理想，在核心价值观中居于统领地位。富强、民主、文明、和谐与党的十八大报告提出的中国特色社会主义事业"五位一体"的总布局有机联系，涵盖了经济、政治、文化以及社会生活等领域，印证着社会主义的本质和发展方向，同时兼顾了共产主义的远大理想和我国社会主义现代化建设的总体布局，实现了社会主义物质文明、政治文明、精神文明、生态文明和社会文明的有机统一。其中"富强""文明"与"和谐"尤其具有中国自身民族特色，"民主"一词的表达式虽然源自西方，但作为现代社会共有的价值追求，中国在实践中又赋予其"中国特色"与"社会主义"的实质与内涵，也正充分体现了"世情为鉴、国情为据、马学为体、西学为用、国学为根、综合创新"[①]集大成于一体的科学精神。

从社会层面来看，"自由、平等、公正、法治"，是在价值（更多地倾向于制度价值）导向上的规定，是从社会秩序的层面上体现出的价值取向，是引领现代文明走向人类共同价值准则和理想社会的目标，更是中国共产党和国家的核心价值理念，是核心价值观的重要支柱。"自由、平等、公正、法治"始终是中国共产党和国家奉行的核心价值理念，也反映了社会主义社会的基本属性。中国共产党作为马克思主义政党，始终追寻着的终极价值就是"人的自由而全面的发展"，共产主义所强调的核心价值是"自由"和"解放"，这里的"自由"不是资产阶级虚伪的自由，而是更高的、真正的、全面的、充分的自由，社会主义是对资本主义社会普遍存在的奴役、异化等不自由现象的反抗，它本身就是追求自由的事业，共产主义即"自由人的联合体"，实现了所有人的自由；这里的"解放"，不仅指无产阶级的解放，而且指全人类的解放；不仅指政治上的解放，还包括经济上的解放，乃至人的解放。

从公民个人层面，"爱国、敬业、诚信、友善"，体现了社会主义核心价值观在道德准则上的规定，是从行为规范的层面上体现出的价值取向，是每个公民应当遵循的基本的道德规范和价值原则，也是实现共同理想和追求的价值基础，在核心价值观中居于基础地位。价值观最基本的主体是公民个体，当每一个"爱国、敬业、诚信、友善"的"我"汇聚成"我们"的时候，就会成为国家最强大的力量来源。"爱国、敬业、诚信、友善"正与2019年中共

---

① 程恩富.21世纪：重建中国经济学[N].社会科学报，1994-04-07（3）.

中央、国务院印发的《新时代公民道德建设实施纲要》相契合，涵盖了公民生活的各个环节，涉及社会公德、家庭美德、个人品德、职业道德各个方面，具有全面的指导性和可操作性。由此，从个人层面培育社会主义核心价值观、构建民间社会的底线伦理，具体地包括两个方面内容：一是确立公民的本分，二是提倡基本的道德规范与准则，目标在于以个人的道德提升来推动整个社会的道德建设，是国家之"大德"、社会之"公德"与个人之"私德"的有机统一体。

综上所述，中国特色社会主义核心价值观具有丰富的内涵，既兼顾了科学社会主义的价值追求与中国特色社会主义的现实价值，又融入了中华民族的优秀文化价值传统与人类文明有益成果的先进价值理念，从而彰显了科学理论的与时俱进与包容性，也更进一步印证了中国共产党的道路自信、理论自信、制度自信、文化自信。

三、文化认同与价值观认同

对于"文化认同""价值观认同"的理解，必然要以对"认同"这个核心词语的阐释作为研究的逻辑起点。

"认同"（identity）最早使用于心理学领域，而后拓展至哲学、社会学以及教育学等多学科领域，代表性人物有弗洛伊德、埃里克森、泰勒、吉登斯等。弗洛伊德认为，认同是指"个人与他人、群体或模仿人物在感情上、心理上的趋同的过程"[1]；埃里克森从心理学角度分析认为，认同是"一个健全的人格在经历了年轻时的危机之后获得的东西，个人认同深藏于人的潜意识之中，挥之不去"[2]；在泰勒看来，认同的形成源于善或道德根源的概念、自我或主体的概念、叙述或表达的方式、社会的范畴；吉登斯则认为认同是"个体

---

[1] 陈国俭.简明文化人类学词典[M].杭州：浙江人民出版社，1990：126.
[2] ERIKSON E H. *Identity and the Life-cycle* [M]. New York: W. W Norton. 1959: 54.

依据个人的经历所反思性地理解到的自我"①。总的说来，所谓认同，即某个群体或个人达到自身的同一性的过程，对于个人而言，就是自己"想成为"什么样的人以及归属于哪个群体的问题②。伴随着全球化时代的到来，各种各样的文化相互交融、相互冲击、相互激荡，也影响着人们对于自身所处的文化的选择与行为的抉择。"认同"一词随之越来越被各国所重视，"认同"的研究也更加深入、具体、微观，产生了各种类型的认同，身份认同、利益认同、文化认同、社会认同、国家认同、政治认同、价值观认同等辞藻纷至沓来，令人应接不暇。

"文化认同"（cultural identity）亦是一个内涵十分丰富的词汇，目前学术界尚无一个统一的概念界定。在人类社会的发展变迁过程中，伴随着物质生活水平的极大发展，"文化"这一命题逐渐彰显出对人类社会发展与进步的重要作用，并受到了越来越多的关注。目前学术界对"文化"概念的界定也随之呈现出百家争鸣之势，对"文化"一词的界定就达数百种之多，被称为人类历史上含义最丰富、解释最多的概念之一。《辞海》将"文化"释义为："从广义来说，指人类社会实践过程所创造的物质财富和精神财富的总和。从狭义来说，指社会的意识形态，以及与之相适应的制度和组织机构。"③可见"文化"一词的内涵与外延涉及甚广。文化通常表现为"无意识的选择标准"④，通过隐性规范发挥效用，具有教化、培育和塑造人的功能，最终推动着个体实现社会化。一般来说，文化认同是"人们对于某种文化或文化形态在观念上的自觉接受和行动中的自然践行，其核心是认同该文化所包含的信念及其价值观，并且成为契合这种文化要求的思维模式和行为规范，产生强大的凝聚

---

① 安东尼·吉登斯.现代性与自我认同［M］.赵旭东，方文，译.北京：三联书店，1998：275.
② 韩震.以文化认同熔铸国家认同［J］.中国党政干部论坛，2014（5）：10.
③ 辞海［M］.上海：上海辞书出版社，1980：1533.
④ 克莱德·克鲁克洪.文化与个人［M］.高佳等，译.杭州：浙江人民出版社，1986：26.

力和向心力"①。个人思想的形成与文化认同比肩而行,文化认同贯穿始终,同时,也正是在文化认同的基础之上,主体形成与之相对应的世界观、人生观、价值观,个人的生活态度、政治信仰、理想信念、价值判断标准也正是在这一过程中得以树立和巩固的,因此,文化认同是形成其他认同的基础,在整个认同的链条中处于最核心的位置。

"文化是受价值引导的体系"②,价值观是文化的根本内核,处于观念的最里层,它解决的是"为什么做"的问题,决定着人们"做什么"和"怎么做"。马克思指出"'价值'这个普遍的概念是从人们对待满足他们需要的外界物的关系中产生的"③,可见"价值"是一个关系范畴,是客体对主体的意义与满足,反映的是主体需要与客体属性的关系。"价值"的本质即客体对主体——人的意义和有用性。在明晰了"价值"内涵的基础上,我们也能进一步理解"价值观""核心价值观"以及"社会主义核心价值观"的概念。"价值观"是作为主体的人在处理价值过程中所持有的根本观点与基本立场,涉及是非善恶的评判标准和主观倾向;"核心价值观"是一定社会形态社会性质的集中体现,在社会的思想观念体系中处于主导地位,体现社会制度、社会运行的基本原则和社会发展的基本方向;"社会主义核心价值观"是社会主义条件下处于主导地位的价值观,从深层次回答了"什么是社会主义",体现了社会主义本质属性和要求。"价值观""核心价值观"与"社会主义核心价值观",三者是逐层聚焦的概念递进关系。与之相对应,"价值观认同""核心价值观认同"以及"社会主义核心价值观认同",即作为主体的人对于相应价值观在观念上的自觉接受、认知中的充分肯定、情感上的高度依恋以及行动中的自然践行。

就我国而言,文化认同指的是对于中国特色社会主义文化的认同,具体地

---

① 何彦新,古帅.基于文化认同的大学生社会主义核心价值观培育[J].思想理论教育导刊,2017(7):98.
② E.拉兹洛.文化与价值[J].闵家胤,摘译.哲学译丛,1986(1):22.
③ 马克思,恩格斯.马克思恩格斯全集:第19卷[M].北京:人民出版社,1963:406.

包括对于"中华优秀传统文化、革命文化与社会主义先进文化"[①]的认同。社会主义核心价值观是在对中华优秀传统文化的创造性转化与创新性发展中凝练与升华的,也是在对革命文化与社会主义先进文化的传承中孕育发展的,是中国特色社会主义文化的核心。正是基于此,党的十九届四中全会以高度的价值观自信创造性地提出"坚持以社会主义核心价值观引领文化建设制度"[②]。

第二节 文化认同与核心价值观认同的辩证关系

文化认同与核心价值观认同之间的辩证关系实质上就是文化认同视域下增强核心价值观认同的可能性,文化认同是核心价值观认同的基础,核心价值观决定文化的根本性质与深层意义,二者具有内在的统一性。无论是个体还是群体的价值观形成,都是在一定的文化基础之上建构起来的,既是主体接受文化熏陶和影响的过程,同时也是价值观自觉认同的形成过程[③]。

一、文化认同是核心价值观认同的基础

人是具有文化意义的社会人,是文化的主体,既是已有文化的继承者,又是文化发展的推进者。任何人都是生活于某种文化之中的人,从一出生,人们就被烙上了人种、民族、语言等的文化烙印,谁也逃不脱这样或那样的文化印记。人们在与文化的熏陶、交互中形成认同,而人的文化认同一旦形成,事实上就在人们的头脑中形成了一个支配其言行举止的思想体系。价值观是文化的核心,没有对文化的认同,价值观认同便无从谈起。无疑,缺少文化共性的前提下,核心价值的黏合力就是脆弱的。一个国家所倡导的核心

---

① 习近平. 决胜全面建成小康社会 夺取新时代中国特色社会主义伟大胜利——在中国共产党第十九次全国代表大会上的报告[M]. 北京:人民出版社,2017:41.

② 中共中央关于坚持和完善中国特色社会主义制度、推进国家治理体系和治理能力现代化若干重大问题的决定[M]. 北京:人民出版社,2019:23.

③ 洪晓楠,何美子. 当代大学生社会主义核心价值观的培育研究——基于文化认同的维度[J]. 高校辅导员学刊,2015(4):3.

价值能否在整个社会获得大众的认同与践行，关键在于能否实现社会成员自身价值目标与社会主导价值目标的"共识"、情感上的"共鸣"、行动中的"共行"，从根本上说，是一个社会主导价值观念如何与社会大众相结合的问题。

"人的本质并不是单个人所固有的抽象物。在其现实性上，它是一切社会关系的总和。"[①]从横向的空间角度来看，没有人可以孤立于社会而存在，荀子有言"人能群，彼不能群也"[②]，这就使"我"（I）、"我们"（we）不断遭遇"他者"（other），尤其在今天这个包罗万象的全球化语境下，"他者"以空前的规模出现，更促使人们追问"我（我们）是谁"；从纵向的时间维度讲，一个人的成长也就是不断融入某种新的生活形式或群体、组织的过程，从呱呱坠地到耄耋之年，人们大多线性经历了幼儿园、小学、初中、高中、大学，迈入职场，终归于家庭。即使是宅男宅女，也有属于自己的朋友圈，或现实抑或虚幻。这个过程是人们实现社会化的过程，也是受生活其中的文化耳濡目染浸润的过程，正是在这一过程中，人们不断经历着个人思想的蜕变与完善，形成个人的理想信念、价值判断标准、政治信仰、生活态度……实现着自我的认同与社会的认同。在这一过程中，生活在某种文化认同中的人们每时每刻都在做出选择，它关乎"好与坏""高兴与不高兴""应该与不应该""值得与不值得"等，这样一系列问题都是关涉价值本身的问题，而所有价值的选择都是基于主体对于价值的前理解而形成的，这种前理解关涉文化认同、主体认知以及个体价值观等。显然，价值问题与我们生活于其中的文化密不可分、休戚相关，社会主义核心价值观的提出正是着眼现实发展，直面物质的、文化的、精神的等层面的挑战与问题，旨在解决个人与国家、个人与社会、个人与自身、个人与他人、个人与自然等关系问题。

二、核心价值观决定文化的根本性质与深层意义

文化认同并不是一个中性的问题，它是带有价值观选择和好恶倾向的活

---

① 马克思，恩格斯.马克思恩格斯选集：第1卷[M].北京：人民出版社，2012：135.
② 高长山.荀子译注[M].哈尔滨：黑龙江人民出版社，2003：162.

41

动，价值观的形成过程就是文化认同的过程，二者的形成具有内在的同一性。核心价值观在文化体系中处于核心地位，是决定文化性质和方向的最深层次要素。它代表着该文化提倡什么、反对什么的价值性判断和诉求，决定着文化的性质，先进的核心价值观决定着文化的先进性。

例如，中华文明源远流长，尚"和"的民族基因根深蒂固，这一点在郑和七下西洋与西方大航海的强烈对比中体现得淋漓尽致。明朝虽拥有着世界领先的海上实力，但郑和的船队依然践行了明成祖朱棣的圣谕——"不可欺寡，不可凌弱，庶几共享太平之福"①，而大航海的冒险家们却践行了盖乌斯·尤利乌斯·恺撒（G. J. Caesar）的名言——"我来了，我看见了，我征服了"。中华文明这种尚"和"的民族基因流转至今，演变为"富强、民主、文明、和谐"的核心价值追求，"和平、发展、合作、共赢"的中华文化精神标识。由此也催生了有中国特色和中国气派的社会主义文化，在国际视域体现为人类命运共同体的伟大构想、"一带一路"的伟大倡议以及对于建设一个"持久和平、普遍安全、共同繁荣、开放包容、清洁美丽"世界的倡导、对于"相互尊重、公平正义、合作共赢"新型国际关系的坚守。总之，核心价值观反映该社会发展的内在要求以及一个国家、民族的根本价值取向，决定着文化的根本性质与深层意义，在整个社会的文化体系中处于主导和支配地位。从这个意义上讲，实现文化认同，既是价值观培育的目的，又是价值观培育的手段。

三、文化认同与核心价值观认同的进程具有内在统一性

就大学生而言，大学时期是其世界观、人生观、价值观形成的关键时期。大学生群体作为国家的未来、民族的希望，他们的价值观状况如何，对中国特色社会主义文化是否认同，对国家所倡导的社会主义核心价值观是否认同，将直接关系到社会主义建设事业的前途，关系到国家的命运与未来。因此，

---

① 《中国史稿》编写组. 中国史稿：第6册［M］. 北京：人民出版社，1987：526.

如何使新时代大学生在多元文化的冲击下，依然能够形成对于中国特色社会主义文化的认同与坚守，成为社会主义建设事业的合格建设者和接班人，就成为迫在眉睫的问题。

众所周知，一个国家的核心价值观所倡导的内容不是自发形成的，而是要通过"自下而上"和"自上而下"双向作用形成的，只有统治阶级自上而下的倡导和广大社会成员自下而上的认同，才会形成合力，也才能最终形成该国的核心价值观。社会主义核心价值观的培育亦是如此，是一个被群体与个体接收、认可、内化到外化的系统工程，而这一过程中，社会成员能否形成共同的文化认同，才是社会核心价值观能否形成的关键与根本。没有对中国特色社会主义文化的认同，对于社会主义核心价值观的认同便是空谈。新时代大学生社会主义核心价值观的形成过程本身就是大学生群体对于中国特色社会主义文化的认同过程，而该种文化认同又会强化、印证社会主义核心价值观的最终形成；与此同时，社会主义核心价值观的形成，又深化、反作用于文化认同，进一步提升大学生群体对于中国特色社会主义文化的理解力与践行力，二者相辅相成、不可分割。

当前，实现14亿国人的中国梦，必须有国人共同信仰的文化基础和价值追求，才能形成凝聚力、行动力和源源不断的感召力。以"爱国"这一核心价值观为例，它是中华优秀传统文化的重要内容，由数千年华夏文明孕育而生，中华民族拥有着非常优秀的爱国主义传统，所以"爱国"首先来自数千年中华优秀传统文化的滋养，要首先认同伟大中国的光辉灿烂的文化；同时，对于这个国家深深的爱国情又会使广大学生更加热爱、认同中华优秀传统文化。另外，文化认同也内在地包含着一种身份的确认，对于大学生群体而言，首先形成的是"我是中国人"的自我认知，从而才能自然而然地践行"爱国"这一核心价值观，而同时，人种（黄种人）、民族属性（中华民族）、文化（华夏文明）以及意识形态（社会主义）构成了中国特性，"爱国"又内在地包含着文化的内容，所以核心价值观的认同又会反过来进一步地深化文化认同。大学生接受社会主义核心价值观教育效果的好坏与大学生主体对于中国特色社会主义文化的认同度密切相关，没有对国家的文化认同，大学生的社会主义核心价值观培育就失去了基础；与此同时，大学生对于社会主义核心价值观的认同又会加深、强化其对于社会主义国家的认同以及对于中国特色社会主义文化的认同与自信。

第三节　文化认同视域下新时代大学生社会主义核心价值观认同的必要性

一、培养社会主义时代新人的迫切需要

2020年习近平总书记在西南联大旧址考察时强调："教育同国家前途命运紧密相连，我们教育的目的就是培养社会主义建设者和接班人……培养有历史感责任感、志存高远的时代新人，为实现中华民族伟大复兴提供有力人才支撑。"[①]大学生作为国家的未来、民族的希望，是中国特色社会主义事业的建设者和接班人，是未来担当民族复兴大任的时代新人，更是实现中国梦的中流砥柱。他们的价值观如何，直接关系到社会主义建设事业的前途，关系到国家的命运。大学时期是大学生世界观、人生观、价值观形成的"拔节孕穗期"，尤其在今天，身处于价值冲突与危机旋涡中的大学生，如果不给予有效的价值引领，势必会使他们在价值迷茫中陷入价值选择的困境，甚至走向价值的虚无。比如，近年来大学生中"空心病"比例的抬头，就是因为核心价值观的缺位而产生的人生无意义感。因此，如何把新时代的大学生培养成"德智体美劳全面发展的社会主义合格建设者和可靠接班人"，已然成为我国高等教育的根本任务。

党的十九大明确提出："培育和践行社会主义核心价值观要以培养担当民

---

① 任维东. 国家中兴业　此日需人杰[N]. 光明日报，2020-01-23（4）.

族复兴大任的时代新人作为着眼点。"①社会主义核心价值观是坚持和发展中国特色社会主义的价值遵循，社会成员的社会主义核心价值观认同将在全社会形成一种价值引领作用。通过明确追求什么，反对什么，朝什么方向走，不能朝什么方向走来整合多样化社会思潮，保证中国特色社会主义事业的前进方向。改革开放以后，我们国家发生了巨大的变化，有人说是经济奇迹，也有人说是中国崛起，不论怎么说，今天的经济基础已经发生了变化，根据历史唯物主义基本原理，经济基础变化之后，必然带来上层建筑的变化、意识形态的变化，体现为文化的多样性、价值取向的多元以及各种社会思潮的涌现。人民论坛自2011年开始做了一项追踪调查，每年都会公布年度影响较大的国内外十大思潮，这几十种思潮实实在在地发挥着作用，它或多或少或深或浅都在我们的自觉与不自觉中影响着每一个社会成员。那么它在全社会影响到什么程度？例如，在2012年党的十八大召开之前，中央电视台在国庆期间做了一项假日调查，内容是"你幸福吗？"，出现了各种各样、五花八门的回答。有人公开在电视媒体上宣称"宁肯在宝马车里哭，也不在自行车上笑"，将拜金主义宣言说得如此赤裸裸着实令人瞠目结舌。可以说，这个问题的回答从一个侧面展现了今天人们思想的多元化以及价值观层面一定程度的混乱。具体到大学生身上，我们看到近年多项调查都表明，新时代大学生思想主体是积极向上的，但同时也呈现出多元化的倾向，价值观也呈现多样性，出现了一些功利主义、实用主义、拜金主义的倾向，比如在校园贷、"裸贷"屡禁不止的背后就隐藏着一些虚荣的、物质的原因；有个别大学生一面拿奖学金、入党、享受保送名额，另一面却辱骂国家民族、学术造假……我们的教育要警惕这种典型的"双面人""精致的利己主义者"。我们的大学是社会主义大学，培养人才的目标是"德智体美劳全面发展的社会主义合格建设者和可靠接班人"，绝不可以"吃共产党的饭，砸共产党的锅"。国家的富强、民族的振兴、人民的幸福靠的是人才，是有理想、有责任、有担当、有本领

---

① 习近平.决胜全面建成小康社会 夺取新时代中国特色社会主义伟大胜利——在中国共产党第十九次全国代表大会上的报告［M］.北京：人民出版社，2017：42.

的时代新人,更是爱国、爱党、爱社会主义,立志为中国特色社会主义奋斗终生的有用人才。

因此,如何正确把握新时代大学生对社会主义核心价值观的认同过程,直面大学生价值观培育中存在的问题,客观地分析其原因,积极探索大学生价值观培育行之有效的对策,已然成为摆在中国高等教育事业面前的根本任务。作为社会主义核心价值观培育的重要阵地,如何保证大学生们成为"德智体美劳全面发展的社会主义合格建设者和可靠接班人",中国高等教育承担着首当其冲的作用与角色。

二、实现中华民族伟大复兴的现实需要

从理论上来说,社会主义核心价值观讲的是精神层面的内容,实际上承载着一个民族一个国家的精神追求,用哲学的语言来说它是一种精神符号、精神标识。这种精神标识在社会发展过程中提供的是评判是非曲直的标准性的东西。

社会主义核心价值观是增进社会团结和谐的最大公约数,全体社会成员的社会主义核心价值观认同将在全社会形成一种强大的凝聚激励的力量。党的十八大以后,习近平总书记提出了更高的发展目标——实现中华民族伟大复兴的中国梦,十九大进一步将第二个百年目标提升到"全面建成富强民主文明和谐美丽的社会主义现代化强国",为实现这个目标就需要凝聚全社会的共识和力量,靠什么呢?社会主义核心价值观的作用就凸显了出来,通过社会主义核心价值观的认同力来铸就中华民族的凝聚力与向心力,成为实现中华民族伟大复兴的现实需要。社会主义核心价值观这种凝聚激励的作用在2020年以来抗击新冠肺炎的全民战疫当中得到了很好的诠释,全国3.2万名医护人员驰援武汉,上演最美逆行;河南一个国家级贫困县300多名村民徒手三天拔出支援湖北的十万斤大葱;还有那些坚守一线以一己之力为家国而战的国人……这是一次全面阻击战,靠的是中国人民的勠力同心与众志成城。其中,我们看到了1.2万名90后、00后的医护工作者挺身而出、冲锋武汉,成

为中国最勇敢的保护人。中华民族在实现伟大复兴的伟大征程上，不可能一蹴而就，需要一代又一代国人的努力。作为青年中的优秀分子，新时代大学生更要砥砺前行，在中华民族的伟大复兴中知行合一，不懈奋斗，既做中国梦的追梦人，又做圆梦人。民族复兴的接力棒即将交到新时代的大学生手中，他们是否是"德智体美劳全面发展的社会主义合格建设者和可靠接班人"，事关中国特色社会主义事业的前进方向，事关中国梦的实现。因此，必须发挥高校的社会主义核心价值观主阵地作用，在培养广大学生的社会主义核心价值观认同力上下功夫，立德树人，解决好"培养什么人，怎样培养人，为谁培养人"的根本问题。

同时，社会主义核心价值观的提出是全球化进程中应对西方价值观冲击的必然选择。我们必须看到，西方的价值观宣传中确实在一定程度上夹杂着对我国进行制度攻击或者说别有用心的东西，那么我们如何应对呢？应对好了，社会系统、社会秩序得以良性运转；应对不好，东欧剧变、苏联解体、阿拉伯之春就都是前车之鉴。美国历来重视价值观输出，乔治·沃克·布什（G. W. Bush）在任总统期间就开始对中东地区进行"民主"改造，到现在美国"民主改造大中东计划"成效如何呢？阿拉伯之春变成了"阿拉伯之冬"；叙利亚内战持续，这些国家被美国为首的西方价值观所颠覆，从而放弃了自己的价值观，而今陷入了"民主陷阱"。苏联的解体更是发人深省，正如张国祚所说的那样，苏联直到解体的那一刻，依然拥有着让美国寝食难安的硬实力，然而它依然难免解体的厄运，"其价值观的迷失和意识形态防线的崩溃则是最深层、最直接的原因"[①]，这一点在曾任苏联部长会议主席的雷日科夫那里也得到了印证，这是我们必须警惕的，在国家发展道路层面面对的来自价值观层面的和平演变。这些年从"一带一路"，到2020年这场席卷全球的疫情中的大国担当，已然充分表明：中国从不输出价值观，而是致力于构建人类命运共同体，越来越成为世界人民所尊敬之国。在这样的背景下，我们不但

---

① 张国祚.实施文化强国战略的思考［J］.红旗文稿，2011（21）：25-28.

需要提出社会主义核心价值观，更需要在大学生中培育广泛的认同，从观念上的自觉接受，到理性认知中的充分肯定，从而形成情感上的高度依恋以及行动中的自然践行，唯有此，中国的青年才能在西方价值观的冲击中，把握好中国的核心价值坚持，才能在未来成为中国之中流砥柱之时坚持走好中国特色社会主义道路，而非改旗易帜的邪路，最终迎来中华民族真正意义的伟大复兴。

综上，为了保证中国特色社会主义的前进方向，更是为了保证中华民族伟大复兴的中国梦的实现，都迫切要求高校要发挥培育和践行社会主义核心价值观的主阵地作用，不断增强大学生们的社会主义核心价值观认同感，在为大学生提供价值的引领的同时，也为国家复兴大业提供凝心聚力的黏合剂。

三、提高国家文化软实力的客观需要

软实力，顾名思义是与"硬实力"相对而言的，是指文化、意识形态等无形力量，所以软实力通常也被称为文化软实力。文化软实力的主体通常是一个国家或地区，具体涵盖其源于文化而形成的生命力、凝聚力、传播力以及创新力，还包括影响力和感召力，而这六个分力均来自对一定核心价值观的认同。显而易见，国家要进行文化软实力建设，最核心也是最根本的就是核心价值观认同的培育，这关乎一个国家的生命力与凝聚力。习近平总书记指出，提高国家文化软实力，关系我国在世界文化格局中的定位，关系我国国际地位和国际影响力，关系"两个一百年"奋斗目标和中华民族伟大复兴的中国梦的实现[1]。

一方面，从核心价值观认同在提升国家文化软实力中的地位方面来看，一个国家的核心价值观认同力是该文化软实力的核心和灵魂，在国家文化软实力诸要素和建设进程中居于主导和支配地位。"文化"包含器物、制度、行为、观念四个层面，从四者关系看，观念层面决定着其他三个层面，居于

---

[1] 中共中央宣传部. 习近平新时代中国特色社会主义思想三十讲[M]. 北京：学习出版社，2018：208.

核心地位，因为无论是器物、制度，还是行为均是在观念支配之下实现的。核心价值观又是观念的最里层，是文化的根本内核，它解决的是"为什么做"的问题，决定着人们"做什么"和"怎么做"，更是决定文化性质和方向的最深层次要素。美国南加州大学外交研究中心（USC Center on Public Diplomacy, CPD）联合英国波特兰公关公司（Portland）和脸书（Facebook）共同发布了《2019年全球软实力研究报告（The Soft Power 30）》，报告中显示，法国、英国、德国、瑞典、美国斩获世界软实力前五强，中国排在第27位。我们应该看到美英该项调查结果，其中有很强的意识形态性，存在一些偏见。同时，我们关注到，美国近年的位次跌落首位，源自其"美国利益至上"的核心价值导向，使其在国际上的盟友与之渐行渐远，但其依然是全球最大的移民选择目标国家与留学生的栖息地，这归因于其强大的"硬实力"，也归因于其"软实力"的感召力，它通过吸引大众并广泛传播的流行文化、快餐文化等向全世界的人民进行价值观输出，通过大量文化制成品，让那些没有到过美国的人对其神往，形成文化吸引力。国家文化软实力的建设主体与客体均是一个个受核心价值观支配的实体，因此，核心价值观认同在国家文化软实力建设中处于统摄地位。就国家文化软实力的建设主体即国家的决策者或统治阶级而言，核心价值观通过其影响到国家制度设计和权力运行，进而影响到一个国家的思维方式和话语系统。同时，作为国家文化软实力建设的客体——公民个人而言，统治阶级需要通过多种方式来向其灌输，并引导其认同核心价值观，最终形成合力来提升国家的软实力，乃至综合国力。一个政党要有战斗力，一个国家要有凝聚力，一个民族要有生命力，必须有强大而牢固的核心价值观认同，并使之成为这个党、这个国家、这个民族的共同思想道德基础。

另一方面，从核心价值观认同在提升国家文化软实力中的功能方面来看，核心价值观认同在提升国家文化软实力中具有引领导向与凝聚激励的功能。世界各国越来越达成一个共识，那就是以价值观为核心的文化发展成为决定一个国家经济和政治发展快慢的关键因素。文化价值观与人类进步的关系更成为21世纪的热门话题,越来越多的国家正把注意力集中到价值观对社会进步方面起的作用上来,并且将价值观和态度的变革纳入促进发展的机制之中。其一,引领导向功能。核心价值观认同能够引领国家的文化软实力建设方向,引导社会成员达到思想上的共识、情感上的共鸣、行动上的共识,最终保证国家持续健康的发展。在当今这个世界上没有科技,一打就垮;没有文化,不打自垮。与我国的经济、政治、军事相比,我国的文化软实力仍有待增强,所以我们需要提升对社会主义核心价值观的认同力,发挥好其在建设社会主义先进文化进程中的引领作用。同时,核心价值观认同的引领导向功能还体现于公民个人的微观层面,通过核心价值观来向社会成员明确国家"倡导什么""反对什么",成为其行动的天平、言行的标准,进而在全社会形成良好风尚,以此增强国家文化软实力建设的方向性、先进性和有效性。其二,凝聚激励功能。伴随着全球化的到来,各种思想观念、文化意识形态的矛盾与冲突集中表现为价值观的冲突,迫切需要一种统一的核心价值观来凝聚社会共识、强化共同信念、整合群体意识、夯实思想基础,进而化作维系社会和民族生命共契的巨大能量。

四、坚定中国文化自信的内在需要

文化建设之于一个国家、一个民族意义重大。十九大报告讲到文化,主要是两个关键词:一个是"文化自信",另一个是"繁荣兴盛"。如何做到文化自信的问题,强调五个方面,内容之一就是坚持社会主义核心价值观,足见社会主义核心价值观的建设对于坚定高度的文化自信意义重大。党的十九届四中全会指出"发展社会主义先进文化、广泛凝聚人民精神力量,是国家治理体系和治理能力现代化的深厚支撑",突出强调坚定文化自信、牢牢把握社会主义先进文化前进方向以及"举旗帜、聚民心、育新人、兴文化、展形象"的使命任务。[①] 靠什么坚定文化自信?如何牢牢把握社会主义先进文化前

---

① 中共中央关于坚持和完善中国特色社会主义制度、推进国家治理体系和治理能力现代化若干重大问题的决定[M].北京:人民出版社,2019:22.

进方向？党的十九届四中全会以坚定的文化自信和价值观自信，创造性提出"坚持以社会主义核心价值观引领文化建设制度"，并做出一系列战略部署，这标志着中国共产党对社会主义文化建设规律的认识达到了一个新的高度。

一方面，从核心价值观认同在坚定文化自信中的地位方面来看，核心价值观认同在坚定文化自信中具有重要地位。一个国家的核心价值观认同是该国文化自信的生命与引领，在坚定文化自信的进程中居于灵魂地位。文化自信与文化不自信相对照，我国拥有着光辉璀璨的文化传统，是世界上少有的具有不间断历史记载的文明古国，文化资源可谓博大而精深，是最有资本谈文化自信的。但是步入近代的中国沦为半殖民地半封建社会，"全世界几乎一切大中小帝国主义国家都侵略过我国，除了抗日战争外……没有一次战争不是以我国失败、签订丧权辱国条约而告终"①。但伟大的中国人民从未停止过抗争与探寻，近代中国落后挨打的原因是什么？无数仁人志士首先将其归结为器物上的原因——坚船利炮的匮乏，而当洋务运动大举学习西方的先进技术，大量买进西方的坚船利炮之后，甲午海战的战败再一次给了近代中国一记响亮的"耳光"；而后，中国的仁人志士把矛头指向了近代中国千百年未变的封建制度，制度的落后成了近代中国复兴的壁垒，于是维新变法要建立君主立宪制，辛亥革命要建立资产阶级民主共和制，然而接连失败的结局又一次昭示着制度并非近代中国落后的真正症结；直到新文化运动高喊出"民主""科学"的口号，颠覆了封建社会的旧有价值观，以崭新的、进步的价值观唤醒了国人，其思想启蒙的伟大力量直接催生了中国共产党以及新中国的诞生。

可以说，近代以来，我国对国家出路的探寻过程正镌刻着核心价值的指引，正是在对"独立"与"富强"的不懈追求中，无数仁人志士为探寻国家出路而前赴后继，近代中国才没有彻底沉沦；正是在新文化运动所倡导的"科学"与"民主"的价值追寻中，随着马克思主义的传入，诞生了中国共产党，成立了中华人民共和国，由此，中国革命与建设事业打开了崭新的局面；也

---

① 毛泽东.毛泽东文集：第8卷［M］.北京：人民出版社，1999：340.

正是在对"富强、民主、文明、和谐,自由、平等、公正、法治,爱国、敬业、诚信、友善"的坚定追逐中,孕育了改革开放的伟大觉醒,推进了中国特色社会主义道路的伟大实践,实现了"从开启新时期到跨入新世纪,从站上新起点到进入新时代"①的伟大飞跃。即在"建立中国共产党、成立中华人民共和国、推进改革开放和中国特色社会主义事业"②三大里程碑意义的历史性事件中,中国人民实现了从站起来、富起来到逐渐强起来的转变,发展到今天的中国,在政治、经济等全方位取得辉煌成就的基础上,中国人民才渐趋找到属于本民族的文化自信。从历史长河中看,国人的文化自信呈"U"形曲线的发展态势。可见,核心价值观认同是文化自信的核心与灵魂,一个国家的核心价值观认同构筑是该国文化自信树立的必然要求,也是文化自信的集中体现。

另一方面,从核心价值观认同在坚定文化自信中的功能方面来看,核心价值观在坚定文化自信中具有引领功能。中国已经大步迈进新时代,正在走向强起来,在中国的政治、经济、社会生活等各方面获得空前发展的同时,中国人民也渐渐树立起属于中华民族的自信,包括道路的自信、理论的自信、制度的自信、文化的自信。应该说,近代以来的漫长时间里,我们一直致力于解决的是中国独立和发展的问题;今天的中国在解决自身问题的同时,也直面世界百年未有之大变局,致力于为世界问题的解决提供中国方案。中国的发展开辟了人类实现现代化的新道路,打破了发展中国家对西方国家现代化的"路径依赖",为世界各国的发展提供了实现现代化的崭新路径。在这一过程中,我们看到中国的现代化之路告别了西方国家靠战争和掠夺推进现代化的陈旧逻辑,为世界的发展提供了中国方案与中国智慧。我们从来不进行价值观输出,也从来不进行制度输出,我们以实际行动向世界表明我们是负责任的世界大国,不结盟,也绝不称霸,这也正凸显出新时代属于中国的文化自信与价值观自信。2012年党的十八大明确提出社会主义核心价值观的基

---

① 习近平在庆祝改革开放40周年大会上的讲话[EB/OL].人民网,2018-12-19.
② 习近平.在庆祝改革开放40周年大会上的讲话[M].北京:人民出版社,2018:4.

本内容，正是我国发展过程中文化自信的集中表现，同时也有力地回应了来自我国内外的现实挑战，对于坚定文化自信起到重要的引领与导向作用。

中国的文化自信源自中国的全方位发展，源自中国道路、理论、制度的实践总结，更源自中国特色社会主义文化的先进性。中华优秀传统文化、革命文化与社会主义先进文化共同构成了中国特色社会主义文化，那么我们的文化自信是以什么样的文化为自信呢？党的十九大明确指出："发展中国特色社会主义文化，就是以马克思主义为指导，坚守中华文化立场……的社会主义文化。"[①] 中华文化发展的落脚点彰显了社会主义核心价值观的引领导向功能，中国特色社会主义的文化首先是社会主义的，然后是具有中国特色、符合中国国情的。社会主义决定了其主体并非少数人，而是占人口绝大多数的人民，所以我们全面建成的小康社会，是全体国人的小康；共同富裕强调所有人，不落一个，这也正是民主、富强的社会主义核心价值观的目标指向。公民个人的微观层面，建设什么样的社会、实现什么样的目标，人是决定性因素。社会主义核心价值观认同的提升，说到底是人的思想建设，蕴含在一个人的精气神里，投射到一个人的精神风貌上，关系到整个社会的社会风尚与精神文明建设工作。

正是基于以上宏观与微观的考虑，党的十九届四中全会以高度的价值观自信创造性地提出"坚持以社会主义核心价值观引领文化建设制度"。

第四节 新时代大学生社会主义核心价值观认同的基本内涵与主要维度

一、新时代大学生社会主义核心价值观认同的基本内涵

"认同"是一个近年来备受关注，但同时也在被不断泛化的论题。一些

[①] 党的十九大报告（2017年10月18日）[EB/OL]．中华人民共和国中央人民政府，2018-10-31．

研究将"认同"简单理解为"认知"与"赞同"的叠加,应该说该种理解仅仅停留在了"认同"的表层印象。迄今为止,认同的定义并没有一个公认的定论,但总体说来,所谓认同,即某个群体或个人达到自身的同一性的过程,人的认同从来就是一个多重的命题,涉及政治的、文化的、国家的、社会的等诸多方面。作为基础的文化认同,在潜移默化中为人们提供着"无意识的选择标准"。进入新时代的中国已经形成了集中华优秀传统文化、革命文化和社会主义先进文化于一体的中国特色社会主义文化格局,身处于多元文化交叠之中的人们,如何形成根深蒂固的文化认同、拥有一份理性的文化自觉与文化自信显得尤为重要。文化认同与价值观认同同向同行,处于一个同构的进程中。从心理学和价值哲学的视角来看,文化认同要经历认知、情感和行为三个阶段[①],如图2-1所示,首先建立基本的文化(包含价值内核)认知,继而形成态度与情感的肯定,进而重构或修正主体原有的文化结构(包括价值观,这是一个持续的进程),最终外化形成具有一定文化或价值意义的行为实践。

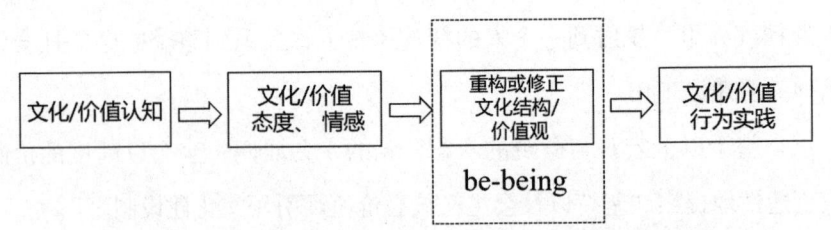

文化/价值认知 ⇒ 文化/价值态度、情感 ⇒ 重构或修正文化结构/价值观 be-being ⇒ 文化/价值行为实践

图2-1 价值观认同与文化认同形成的同一性进程示意图

在价值观认同与文化认同的同构、同向发展进程中,我们以文化认同为视域找到了社会主义核心价值观认同的三个主要维度,揭开了社会主义核心价值观认同形成的内部机理,这也与人类认同心理发生发展的全过程、态度三要素论相互印证。在心理学意义上的认同可以划分为认知、情感、行为三个维度(如图2-2所示)。心理学意义上的态度是一种个体差异很大的心理结

---

① 吴欣遥,曾王兴,秦凯.大学生社会主义核心价值观教育文化认同研究[J].思想理论教育导刊,2016(7):99.

构，心理学家对于态度的心理结构有着比较一致的理解，均认为态度由三部分要素组成，即认知成分、情感成分以及行为成分[1]，这里的行为确切来说是行为意向。价值观认同，从心理学的视角来看，实质是深层次的态度改变，是价值主体在对某种价值观充分认知的基础上，产生接纳、喜好、满足等情感体验，并愿意通过行为践行该价值观念的内部心理倾向[2]。基于此，可以说认同是对态度的推进与深化，社会主义核心价值观认同的培育工作应遵从心理学意义态度的形成与发展的理路，经由认知、情感、行为意向推进到行为实践。

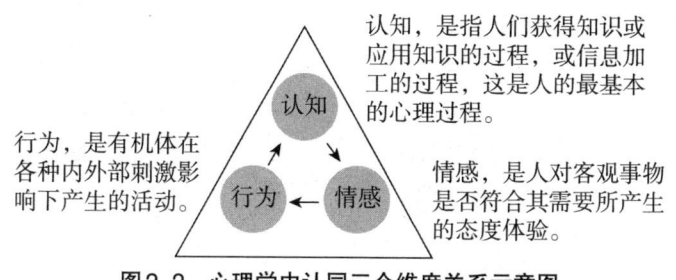

认知，是指人们获得知识或应用知识的过程，或信息加工的过程，这是人的最基本的心理过程。

行为，是有机体在各种内外部刺激影响下产生的活动。

情感，是人对客观事物是否符合其需要所产生的态度体验。

图2-2 心理学中认同三个维度关系示意图

真正意义上的大学生社会主义核心价值观认同，是一种理性认知、情感萌发到行为显现的过程，是从大学生主体内心高度地肯定社会主义核心价值观本身的价值性，最终把它作为指引主体行为的规范，并上升到信仰的层面，践于行动。同时，社会核心价值观作为文化的核心，当然其形成与培育需要遵从文化发生发展的漫长进程，从文化认同的视域探究新时代大学生社会主义核心价值观培育的方式方法将为新时代推进大学生的社会主义核心价值观培育工作提供有益的借鉴。基于以上分析，我们从文化认同形成中析出认知认同、情感认同和行为认同三大主要维度，将对象聚焦为社会主义核心价值观认同，进一步揭开了社会主义核心价值观认同形成的内部机理。

基于以上的分析，我们可以为新时代大学生社会主义核心价值观认同下

---

[1] 俞国良.社会心理学［M］.北京：北京师范大学出版社，2016：155.
[2] 赵雷，陈红敏.当代大学生社会主义核心价值观认同的心理结构［J］.中国青年社会科学，2018（6）：63.

一个定义，做一明确说明。新时代大学生社会主义核心价值观认同是指处在新时代的大学生对于社会主义核心价值观在观念上的自觉接受、理性认知中的充分肯定、情感上的高度依恋以及行动中的自然践行，最终形成与社会主义核心价值观相契合的思维模式、价值信仰与行为范式，它包含认知认同、情感认同、行为认同三个维度。

二、新时代大学生社会主义核心价值观认同的主要维度

新时代大学生社会主义核心价值观认同包含认知认同、情感认同、行为认同三个维度。（如图2-3所示）

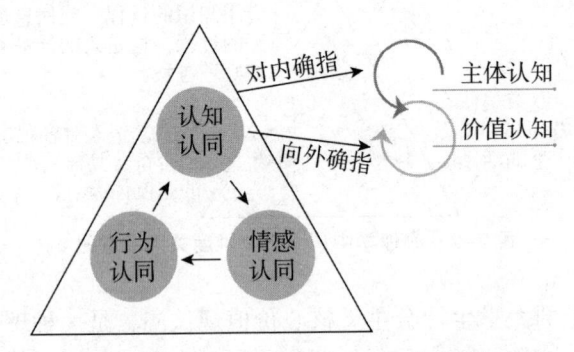

图2-3 社会主义核心价值观认同三个维度解析图

人是社会性的动物，社会性是人类的根本属性，所以个人必须也必然在群体中实现自我认同、文化认同、价值认同，与此同时也实现着群体认同，可见，价值观认同与主体性和主体间性密切相关，它是以人的自我主体意识为前提的。因此，新时代大学生社会主义核心价值观认同的第一层要义就是认知认同。这里的"认知"是大学生认知水平对内与向外的确指，就社会主义核心价值观认同而言，即"我是谁"与"我怎么看社会主义核心价值观"的问题，包含主体对于自身的觉醒与定位、主体的世界观人生观价值观与社会主义核心价值观在价值层面的理性契合。其一，主体认知。即"我们是谁"的问题。进而在"我是谁？""我在哪里？""我有什么用处？"的追问中找到自己的身份感、意义感，意识到自我的价值。现代政治学者塞缪尔·亨廷

顿（S. Huntington）认为身份的来源有归属性的、文化性的、疆域性的、政治性的、经济性的、社会性的[①]，人的文化认同无疑不是在一个真空中发生，而是在一个具有他文化存在的空间下以一种"主—客体二元化秩序"的指向来加以进行的，但这种指向不是消解"他人"的主体性，而是建构自身的"主体性"，明确了主体的身份，就会认识到与之相匹配的行为。其二，价值认知。立足于大学生主体对于社会主义核心价值观的价值觉醒，考察其认知认同情况，是一种向外确指。社会主义核心价值观本身就内在地包含着价值导向，12个词每一个词都是内涵丰富而深刻的，高扬着"倡导什么、弘扬什么、鞭挞什么、厌恶什么"的精神内核，大学生在理性认知社会主义核心价值观的内在要义之时，也正是形成高水平认同的开始，这一过程中也在重构着自身原有的价值观。

第二层要义是情感认同。"情感是人类精神生命中的主体力量，它是主体以自身的精神需要和人生价值体现为主要对象的一种自我感受、内心体验、情感评价、移情共鸣和反应选择。"[②]大学生对于社会主义核心价值观的认同势必包含着个人情愫于其中，具体指新时代大学生们在认知认同的基础上，根据自己的内心体验与感受对获得的认知进行鉴别、评价，并产生满意、喜爱以及肯定的态度，是对于社会主义核心价值观所形成的某种精神依恋以及内心深厚的情感积累，简单说来就是"我对社会主义核心价值观的感情怎么样"的问题。"没有'人的感情'，就从来没有也不可能有人对于真理的追求。"[③]大学生社会主义核心价值观认同的形成离不开其对是非、善恶、曲直的标准认识，但也是涉及主体隐性的情感培养以及意志锻炼等主观建构的过程。主体的价值内化，既取决于"能与不能"，也取决于"愿与不愿"，认同社会主义核心价值观的行为是否发生，往往不仅仅停留在"应该与不应该"的认知维

[①] 塞缪尔·亨廷顿.谁是美国人？美国国民特性面临的挑战[M].程克雄，译.北京：新华出版社，2010：21.
[②] 朱小蔓.儿童情感发展与教育[M].南京：江苏教育出版社，1998：14.
[③] 列宁.列宁全集：第25卷[M].北京：人民出版社，2017：117.

度，很大程度在于主体是否愿意去做，是否存在这种来自主体自身的"情感需求"。需求引起动机，动机导致行为，最终才会建立高度自觉的信仰体系。可见，高度的情感认同最终会指向精神层面，大学生会形成强烈的价值观自信心与文化自信甚至信仰。

第三层要义是行为认同。"社会生活在本质上是实践的"，"不是意识决定生活，而是生活决定意识"[①]。一种价值观要真正发挥作用，必须付诸实践，让人们在实践中感知它、领悟它、升华它。认同内化于心，外化于行，大学生思想层面的认同必然落在现实的行动上，通过个体的实践行为来检验，进而深化大学生对于社会主义核心价值观的理解。行为认同是大学生对于社会主义核心价值观的践行层面，是认知与情感的外化阶段，主体或基于自我的意识，或基于价值的考量，抑或基于情感的迸发，都有可能将其付诸行动。一言以蔽之，社会主义核心价值观的行为认同回答的是"我如何践行社会主义核心价值观"的问题。因此，大学生社会主义核心价值观认同的考察与提高，不仅是"怎么说"更是"怎么做"的问题，知行合一才是认同的根本要义所在。

---

① 马克思，恩格斯.马克思恩格斯选集：第1卷[M].北京：人民出版社，2012：139，152.

第三章

新时代大学生社会主义核心价值观认同的调查设计

从2012年党的十八大明确提出社会主义核心价值观的基本内容以来，已经在全国上下进行了长达数年的社会主义核心价值观建设实践，从实证角度全面总结新时代大学生社会主义核心价值观的认同状况，并在此基础上进行审视和反思，发现问题找到原因，同时通过大量调研数据的分析找到影响新时代大学生社会主义核心价值观认同的维度与维度指标，这对于今后相关工作的展开具有典型的指导意义。

当前，国内尚无从文化认同视域来构架新时代大学生社会主义核心价值观认同的成熟的调查问卷，故本研究在充分研读国内外相关文献的基础上进行问卷设计与编制，过程如下：通过大量有关文化认同、社会主义核心价值观认同文献的阅读，确定了对于新时代大学生社会主义核心价值观认同的内涵与要义，并通过学术界对当前大学生社会主义核心价值观认同问题的研究文献，加上作者思政课教学工作中对大学生思想形成、行为选择特点的了解，以及在与本领域专家学者、作者所在城市大连学生的深入访谈（访谈内容详见附录B"新时代大学生社会主义核心价值观认同的访谈提纲"）基础上，对大学生社会主义核心价值观认同这一选题有了更具经验性和观察性的感悟与了解。从影响大学生价值冲突行为选择的主体因素角度，剥离出主要涉及的认知认同、情感认同、行为认同三个维度（一级指标）中具体的11个维度指标（二级指标），设计出"新时代大学生社会主义核心价值观认同的调查问卷"初稿。随后走访专家八位，通过听取专家的意见与建议，并完善量表的内容效度。继而，在大连大学进行预测试，而后进行信度、效度分析，优化调查问卷题目，最终形成了正式问卷。

第一节 研究框架的构建

一、维度指标设计与操作化定义

认知认同维度上，调查新时代大学生社会主义核心价值观认知认同的现状。以"社会归属感""自我身份感""存在意义感""社会责任观""精神世界观""文化对象观"作为评价认知认同现状的二级指标，分别着眼于大学生对内也就是对于自身主体性认知的确定指向，以及向外也就是大学生主体对于社会主义核心价值观的主体觉醒考察其认知认同的确定指向。为此，调查问卷的设计过程中将认知认同的内容分为对内确指与向外确指两个部分，以明晰认知认同的对象性指向所具体呈现的状况。

情感认同维度上，调查新时代大学生社会主义核心价值观情感认同的现状。以大学生对社会主义核心价值观的情感满意度与情感喜欢度作为评价情感认同的二级指标，在具体的操作化定义方面，情感满意度指大学生对于社会主义核心价值观的情感满意程度；情感喜欢度指大学生对于社会主义核心价值观的情感浓烈程度。

行为认同维度上，调查新时代大学生社会主义核心价值观行为认同的现状。以"行为体验""行为稳定""行为深化"作为评价大学生对社会主义核心价值观的行为认同现状的二级指标，考察的是大学生对于社会主义核心价值观的践行程度。在具体的问卷设计过程中，把大学生是否存在与社会主义核心价值观有关的行为经历作为衡量行为体验度的操作化指标；把大学生是否存在与社会主义核心价值观有关的、相对稳定的行为选择作为衡量行为稳定度的操作化指标；把大学生是否存在与社会主义核心价值观有关的行为运用程度作为衡量行为深化度的操作化指标。

表3.1　新时代大学生社会主义核心价值观认同调查问卷的指标设计

维度	维度指标	指标操作化定义
认知认同（对内确指）	社会归属感	大学生对于当前所处的中国社会的归属意识
	自我身份感	大学生对于自我身份的确认与理解
	存在意义感	大学生对于当前阶段读大学的目的的追问
认知认同（向外确指）	社会责任观	大学生对于社会主义核心价值观所涉及的、社会国家、个人层面的责任认知
	精神世界观	大学生对于精神追求的价值追问
	文化对象观	大学生对于社会主义核心价值观所投射出的文化认知
情感认同	情感满意度	大学生对于社会主义核心价值观的情感满意程度
	情感喜欢度	大学生对于社会主义核心价值观的情感浓烈程度
行为认同	行为体验	大学生与社会主义核心价值观有关的行为经历
	行为稳定	大学生与社会主义核心价值观有关的、相对稳定的行为选择
	行为深化	大学生与社会主义核心价值观有关的行为运用程度

二、研究假设的提出

第一，认知认同为社会主义核心价值观认同提供引导力。它主要包括对内与向外两个方面的确指，对内确指主要是大学生对于自身主体性的觉醒与认同，即自我认知，体现为社会归属感、自我身份感、存在意义感三个维度指标；向外确指即价值认知，就是主体的三观（世界观、人生观、价值观）与社会主义核心价值观在价值层面的理性契合，包括社会责任观、精神世界观、文化对象观。通过培养广大学生对于自己身份强烈的责任感、使命感，提升其对于社会主义核心价值观认同的理性契合度，将其作为思想与行为取

61

舍的评判标准，进而推动新时代大学生在价值冲突中做出认同社会主义核心价值观的思想与行为选择（如图3-1所示）。基于此，本研究提出以下六个基本假设：

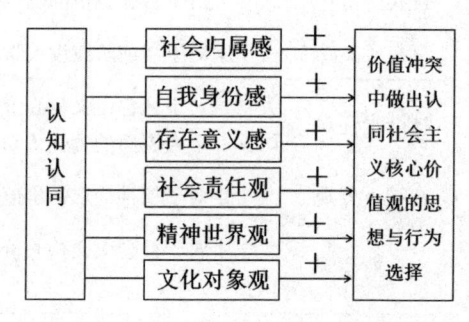

图3-1 认知认同维度对价值冲突中
做出认同社会主义核心价值观的思想与行为选择的影响

假设1：社会归属感对于价值冲突中大学生做出认同社会主义核心价值观的思想与行为选择显著正相关，即社会归属感越强烈越有利于新时代大学生在价值冲突中做出认同社会主义核心价值观的思想与行为选择。

假设2：自我身份感对于价值冲突中大学生做出认同社会主义核心价值观的思想与行为选择显著正相关，即自我身份感越强烈越有利于新时代大学生在价值冲突中做出认同社会主义核心价值观的思想与行为选择。

假设3：存在意义感对于价值冲突中大学生做出认同社会主义核心价值观的思想与行为选择显著正相关，即存在意义感越强烈越有利于新时代大学生在价值冲突中做出认同社会主义核心价值观的思想与行为选择。

假设4：社会责任观对于价值冲突中大学生做出认同社会主义核心价值观的思想与行为选择显著正相关，即社会责任观越端正越有利于新时代大学生在价值冲突中做出认同社会主义核心价值观的思想与行为选择。

假设5：精神世界观对于价值冲突中大学生做出认同社会主义核心价值观的思想与行为选择显著正相关，即精神世界观越端正越有利于新时代大学生在价值冲突中做出认同社会主义核心价值观的思想与行为选择。

假设6：文化对象观对于价值冲突中大学生做出认同社会主义核心价值观

的思想与行为选择显著正相关，即文化对象观越端正越有利于新时代大学生在价值冲突中做出认同社会主义核心价值观的思想与行为选择。

第二，情感认同为社会主义核心价值观认同提供驱动力。它主要包括广大学生思想与行为选择的情感满意度与情感喜欢度两个情感驱动维度指标。在长期的社会实践中广大学生对于社会主义核心价值观的精神依恋程度与情感积累程度如何，持满意与不满意、喜爱与厌恶、肯定与否定等态度，都将影响其现实行为的取舍，在情感上对社会主义核心价值观持有满意、喜爱以及肯定的态度将推动新时代大学生在价值冲突中做出认同社会主义核心价值观的思想与行为选择（如图3-2所示）。基于此，本研究提出以下两个基本假设：

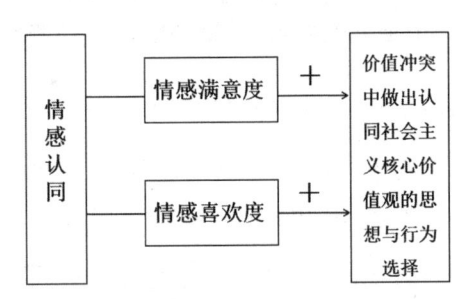

图 3-2 情感认同维度对价值冲突中
做出认同社会主义核心价值观的思想与行为选择的影响

假设7：情感满意度对于价值冲突中大学生做出认同社会主义核心价值观的思想与行为选择显著正相关，即情感满意度越高越有利于新时代大学生在价值冲突中做出认同社会主义核心价值观的思想与行为选择。

假设8：情感喜欢度对于价值冲突中大学生做出认同社会主义核心价值观的思想与行为选择显著正相关，即情感喜欢度越高越有利于新时代大学生在价值冲突中做出认同社会主义核心价值观的思想与行为选择。

第三，行为认同对社会主义核心价值观认同提供践行力。广大学生对于社会主义核心价值观的认知认同、情感认同，最终体现于具体的行为层面，它主要包括行为体验、行为稳定、行为深化三个行为践行维度指标。在现实生活中，如果主体获得愉悦的行为体验，进而达到一定程度的稳定与深化的程度，将推动新时代大学生在价值冲突中做出认同社会主义核心价值观的思想与行为选择（如图3-3所示），从而升华其对于社会主义核心价值观的认知认同与情感认同。基于此，本研究提出以下三个基本假设：

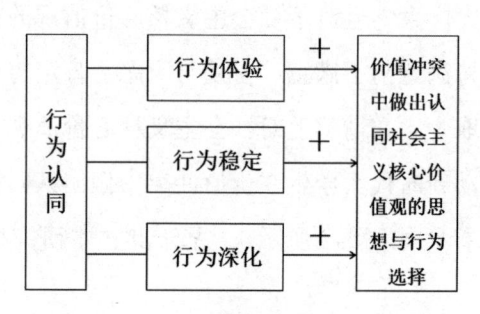

图3-3　行为认同维度对价值冲突中
做出认同社会主义核心价值观的思想与行为选择的影响

假设9：行为体验对于价值冲突中大学生做出认同社会主义核心价值观的思想与行为选择显著正相关，即行为体验越好越有利于新时代大学生在价值冲突中做出认同社会主义核心价值观的思想与行为选择。

假设10：行为稳定对于价值冲突中大学生做出认同社会主义核心价值观的思想与行为选择显著正相关，即行为稳定程度越高越有利于新时代大学生在价值冲突中做出认同社会主义核心价值观的思想与行为选择。

假设11：行为深化对于价值冲突中大学生做出认同社会主义核心价值观的思想与行为选择显著正相关，即行为深化程度越高越有利于新时代大学生在价值冲突中做出认同社会主义核心价值观的思想与行为选择。

综上所述，我们建立了研究假设：新时代大学生是否认同社会主义核心价值观主要取决于认知认同、情感认同、行为认同这三个主要维度及其11个维度指标，对新时代大学生在价值冲突中能否做出认同社会主义核心价值观的思想与行为选择，影响其作用的强度与大小。

三、理论模型的构建

图3-4　大学生社会主义核心价值观认同的理论模型

在前两章研究的基础上,我们厘清了大学生社会主义核心价值观认同的三个维度及其作用机理,建立了新时代大学生社会主义核心价值观认同的理论模型(如图3-4所示),该研究模型主要包含以下两个方面内涵:

其一,大学生社会主义核心价值观认同的三个维度及其维度指标。它们包括认知认同、情感认同、行为认同三个维度以及维度中的"社会归属感""自我身份感""存在意义感""社会责任观""精神世界观""文化对象观""情感满意度""情感喜欢度""行为体验""行为稳定""行为深化"11个维度指标,此为整个研究模型中最为核心的关键所在。

其二,以上论及的三个维度及其11个维度指标作用于广大学生对于社会主义核心价值观认同的内在机制。认知认同、情感认同和行为认同三者分别为大学生社会主义核心价值观认同提供引导力、驱动力和践行力。本研究将大学生社会主义核心价值观认同这个复杂的过程具体化为认知认同、情感认同和行为认同三个维度,三者并非一个严格意义的、时间上的、顺序性的线性关系,也并非一个三维度的闭路循环,任何一个维度都有可能单方面促成大学生对于社会主义核心价值观认同的形成。当然这种认同是不同程度的,也是不同层次的,要实现对于社会主义核心价值观完全意义上的、高层次的认同,需要实现认知认同、情感认同和行为认同"三位一体"的全面强化。因此,本研究将这三个维度分别单独考量其与大学生社会主义核心价值观认同的相关性,在深度剖析我国大学生社会主义核心价值观认同现状的基础上,找到影响其认同的关键影响因素,为推进新时代大学生社会主义核心价值观认同的工作提供翔实的调研资料、可借鉴思路与方向性指引。

四、主体维度的全面分析

社会主义核心价值观认同与主体的认知水平(这里指认知认同)、情感共鸣(这里指情感认同)与行为选择(这里指行为认同)密切相关。与此同时,作为文化内核的核心价值观的认同,对主体而言不是孤立形成的,在一个社会的运行体系中,文化与道路、理论、制度构成社会的运行骨架,"四个自信"相互作用、相互支撑,从"四个自信"的维度来看,大学生对道路、理论、制度的认同度关系到其对于社会主义核心价值观的认同。本研究的视域是文化认同,从大学生的主体维度内部着眼,大学生的认知认同、情感认同、行为认同以及道路认同、制度认同、理论认同、文化认同都是考察大学生社会主义核心价值观认同的重要的主体维度。在此基础上,提出研究假设:新时代大学生社会主义核心价值观认同与主体的认知认同、情感认同、行为认同密切相关;与道路认同、制度认同、理论认同、文化认同密切相关(如图3-5所示)。

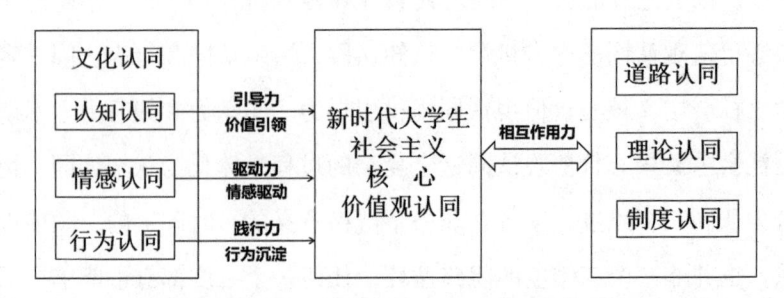

图3-5 新时代大学生社会主义核心价值观认同的主体维度分析模型

第二节 预调查问卷的形成与修正

一、预调查问卷的设计

通过大量文献的阅读，作者确定了对于新时代大学生社会主义核心价值观认同的一般理解，并综合学术界对当前大学生社会主义核心价值观认同问题的研究，加上作者思政课教学工作中对大学生思想形成、行为选择特点的了解，以及在与本领域专家学者深入访谈，与多名大学生详细交流的基础上，对"大学生社会主义核心价值观认同"有了更加全面与翔实的认识。本问卷的编制主要借鉴了乔纳森·奇克等人编制的 AIQ-IV、谢洛姆·施瓦茨等人编制的价值观量表、佘双好等人编制的不同社会群体对中国特色社会主义理论体系认同分析表、万资姿编制的社会主义核心价值观在当代大学生中的认同状况调查问卷以及邓明智编制的大学生社会主义核心价值观量表等，在此基础上，本研究从影响大学生价值冲突行为选择的主要内外部成因中，剥离出主要涉及的认知认同、情感认同、行为认同三大维度，并进一步挖掘提炼出这些维度中具体的11个维度指标，编制出"新时代大学生社会主义核心价值观认同的调查问卷"初稿。随后请8名专家（其中教授3人，副教授5人）对问卷进行了评定，对一些表述不规范或者不严谨的题项进行了订正，并且为了能够更好地进行因子分析，增加了一些题项条目，使之具有良好的内容效度。正是基于此，最终我们初步完成了本问卷初稿的编制，采用的是李克特五点量表的设计，又选取4名本科大学生对"新时代大学生社会主义核心价值观认同的调查问卷"（初稿）进行了试做，用时在18~21分钟，说明问卷题量比较大，用时稍长，计划根据预测试结果进行分析后，调整一些题项；回答问卷过程中并不存在晦涩难懂、涉及隐私、难以作答等问题。

问卷共有三个部分：第一部分为被调查者的基本信息；第二部分为新时

代大学生社会主义核心价值观认同总量表；第三部分为认知认同、情感认同、行为认同三个维度分量表组合而成的综合问卷（如图3-6所示），具体如下：

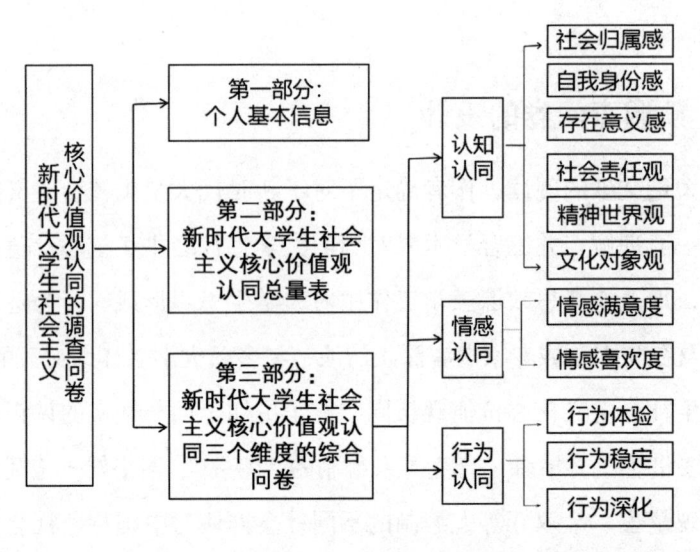

图3-6　新时代大学生社会主义核心价值观认同调查问卷结构图

第一部分：个人基本信息。本部分主要包括被调查者的性别、学校、学科、年级、政治面貌、民族、家庭状况和学习成绩等基本情况。

第二部分：新时代大学生社会主义核心价值观认同总量表。本部分由四个层面构成——总体认同、国家层面、社会层面、个人层面，采用李克特五点量表来评定被调查者社会主义核心价值观认同在四个层面的具体情况。也就是说，被调查者的得分越高，代表被调查者社会主义核心价值观认同度越高。

第三部分：新时代大学生社会主义核心价值观认同三个维度的综合问卷。主要根据认知认同、情感认同、行为认同这三个维度及其11个维度指标，影响新时代大学生社会主义核心价值观认同的理论分析和基本假设，分别设计了三个维度的问卷。每个分量表中各包含了30个及以上题项，所有题项均采用李克特五点量表来探索和评定影响新时代大学生社会主义核心价值观认同的维度及具体维度指标。各分量表中题目得分越高，代表被调查大生越认同和遵从该题项所涉及的指标。

二、预调查样本的构成

预调查在大连大学进行，为覆盖整个大学生群体，样本选择为文科35人，理科32人，共计67人，经过筛选，剔除无效问卷，获得有效问卷62份，有效回收率为92.54%。从受调查对象性别结构来看，男生36人，女生26人，男女比例为1.38∶1，与高校男女总体比例基本一致；专业类别覆盖文理；生源遍及城市、县、乡镇；年级涉及在校本科生各个学段，涵盖学生干部与普通同学、学生党员与非党员、汉族与少数民族、有宗教信仰与无宗教信仰大学生，总体说来，本次调研对象具有较好的广泛性与代表性。具体见表3.2。

表3.2 预调查样本人口统计学分布情况一览表

人口统计变量	项目	人数	百分比
性别	男	36	58.06%
	女	26	41.94%
民族	汉族	48	77.42%
	少数民族	14	22.58%
家庭所在地	城市	23	37.10%
	县乡镇	18	29.03%
	农村	21	33.87%
专业类别	理科	31	50.00%
	文科	31	50.00%
年级	大一	15	24.19%
	大二	17	27.43%
	大三	15	24.19%
	大四	15	24.19%

续表

人口统计变量	项目	人数	百分比
政治面貌	中共党员（含预备党员）	5	8.07%
	共青团员	56	90.32%
	群众	1	1.61%
宗教信仰	无宗教信仰	61	98.39%
	有宗教信仰	1	1.61%
学生干部	学生干部	37	59.68%
	普通同学	25	40.32%

三、统计分析工具

本研究采用的统计分析工具是SPSS22.0，用此软件对有效问卷进行处理和分析。

四、预调查问卷的信度与效度检验

一是信度检验。克朗巴哈系数（Cronbach's α）是学术界常用的信度检验方法，学术界认为α值达到0.7以上，是比较可靠的，本问卷中认同现状总量表的信度系数是0.908，情感认同量表的信度系数达到了0.924，其他量表更是达到了0.95以上，表明该问卷的稳定性与可靠性非常令人满意。

表3.3 预调查样本各量表信度分析结果

量表	题项数	Cronbach's α
认同总量表	32	0.908
认知认同量表	75	0.961
情感认同量表	30	0.924
行为认同量表	33	0.970

二是效度分析，包括内容效度与结构效度两个方面。其一，内容效度。

本研究基于大量充分的相关文献的阅读，从问卷设计之初就尽量对调研主题进行全面考察。问卷的题项设置参考国内外相关成熟量表，具体维度条目的表述上尽量做到客观、完备，力争使受访者在填答问卷时感到可信、清晰、易懂。笔者又征询了专家的意见，以确保问卷的问题设置更加合理。问卷回答时间控制在20分钟左右，使受访者不至于产生厌倦心理。经过上述每个环节的努力与严格把控，可以说最终保证了本研究问卷较好的内容效度。其二，结构效度。本研究结构效度主要采用因子分析法对问卷的单维性进行检验，选择KMO样本测度和Bartlett's球体检验结果，以确认是否适合进行因子分析。另外，本研究在因子分析中主要运用主成分分析法萃取共同因子，并为了使萃取的因子结构更加可靠、结果更容易命名和解释，采用最大方差法进行共同因子正交旋转处理，通过转轴后题项在每个因子上的载荷值大小来判断各题项是否应该予以保留。

表3.4 社会主义核心价值观认同总量表KMO样本测度结果和Bartlett's球体检验结果

取样足够度的Kaiser-Meyer-Olkin度量		.955
Bartlett's 球体检验	近似卡方	20062.840
	df	496
	Sig.	.000

表3.5 认知认同量表的KMO样本测度结果和Bartlett's球体检验结果

取样足够度的Kaiser-Meyer-Olkin度量		.807
Bartlett's 球体检验	近似卡方	3399.263
	df	713
	Sig.	.000

表3.6　情感认同量表的 KMO 样本测度结果和 Bartlett's 球体检验结果

取样足够度的 Kaiser-Meyer-Olkin 度量		.825
Bartlett's 球体检验	近似卡方	2541.350
	df	435
	Sig.	.000

表3.7　行为认同量表的 KMO 样本测度结果和 Bartlett's 球体检验结果

取样足够度的 Kaiser-Meyer-Olkin 度量		.827
Bartlett's 球体检验	近似卡方	2103.070
	df	528
	Sig.	.000

如表3.4、3.5、3.6、3.7所示，总量表与三个分量表的 KMO 值分别是0.955、0.807、0.825、0.827，均高于0.7，且 Bartlett's 球体检验显著性水平为0.000，说明该量表指标之间相关度较好，适合于进行因子分析。效度考察主要采用的是结构效度，使用因子分析法对问卷的单维性进行检验。在因子分析过程中，采用最大方差法进行共同因子正交旋转处理，得到预调查社会主义核心价值观认同总量表以及三个维度分量表的结构效度系数。学术界认为，因子分析载荷大于0.71被认为是优秀，大于0.63被认为非常好，超过0.55被认为是好的，超过0.45被认为尚可，小于0.32被认为较差。因此将因子分析载荷低于0.55的题项进行删除。同时，参考社会学专家的观点，需要对于那些同时落在两个或两个以上维度指标，载荷超过0.35而且相互之间非常接近的问卷题项进行删除。此外，对于意义含混、提问笼统的题项进行具体化修改。

基于以上的思路与做法，本研究对"新时代大学生社会主义核心价值观认同总量表"进行因子分析，共析出主成分因子4个，方差解释率为60.15%，基本反映了量表的信息，具有较好的解释力。根据结构效度系数的结果，我们将删除无法归类的第4、6、22题，使原有量表的结构效度得以强化。而后，对"认知认同分量表"进行因子分析，主体认知与价值认知两个考察表的题项分别落在了3个主成分因子上，方差解释率分别为77.13%、79.93%，基本反映了量表的信息，具有较好的解释力。"情感认同分量表""行为认同分量表"的题项分别落在了2个或3个主成分因子上，方差解释率为77.70%与75.70%，基本反映了量表的信息，具有较好的解释力。基于预调查社会主义核心价值观认同总量表以及三个维度认同分量表的结构效度系数列表中显示的数值，最终我们完成了题目的删减与修改，形成了"新时代大学生社会主义核心价值观认同的调查问卷"正式问卷。

第三节 正式调查问卷的构成

在大连大学完成预测之后，通过使用T检验法、相关系数法、逐步回归分析法等方法筛选条目题项，然后删除题意不明确、理解有歧义、难以归类的题目，最终形成了"新时代大学生社会主义核心价值观认同的调查问卷"正式问卷。

一、新时代大学生社会主义核心价值观认同总量表编制

表3.8 新时代大学生社会主义核心价值观认同总量表的结构

维度指标	条目
总体认同	1. 我认为，社会主义核心价值观与我的学习、生活密切相关。 2. 我认为"富强、民主、文明、和谐"的中国能早日实现。 3. 我认为，中国特色社会主义事业能使我们的社会变得自由平等公正法治。 4. 我认为，各级人大代表能代表广大人民群众的根本利益。 5. 我认为，当前社会矛盾都能够得到有效化解。

续表

维度指标	条目
内涵认同	6."富强"即民富国强,共同富裕是其应有之义。 7."民主"的实质与核心是人民当家作主。 8."文明"包括物质文明、政治文明、精神文明、社会文明、生态文明。 9."和谐"包括人自身的身心和谐、个人与他人的和谐、个人与国家的和谐、个人与社会的和谐以及个人与自然的和谐。 10."自由"可以从三个层次来概括,即人与自然——人的生存发展能力;人与社会——享有法律规定的权利;人与自身——实现个人的全面发展。 11."平等"包括:权利平等——国家保障所有公民享有广泛而平等的权利;机会平等——社会为每个公民平等地提供其实现自我完善与发展的机会和条件;结果平等——每个公民可以平等地分配全社会的劳动产品和价值物。 12."公正"的内涵包括三方面:其一,它涉及经济公平,政治、文化平等以及社会公正等各个方面内容;其二,它表现为以程序正义为核心的法治精神;其三,它体现于国家在法制基础上对社会利益的调控。 13."法治"的内涵具有以下三层内容:其一,建立完备的法律体系,并在整个社会规范体系中确立"法律至上"的原则;其二,对包括政府权力、政党权力、司法权力、军事权力、议会权力等所有的公权力的合理配置与制约;其三,对公民个人权利和自由的确认、保护和规范。 14."爱国"即爱祖国的大好河山、爱自己的骨肉同胞、爱祖国的灿烂文化、爱自己的国家。 15."敬业"一是热爱本职工作;二是忠于本职工作;三是勤于本职工作;四是精于本职工作。 16."诚信"的主要内容是:第一,诚实。即实事求是,与人交往不欺骗、不隐瞒,经商不出尔反尔、不欺瞒消费者,为官不欺上瞒下、不贪污腐败。第二,守信。一诺千金,言必信,行必果,用信誉赢得一切。 17."友善"包含:关爱他人、团结合作、救助急难、推己及物。

续表

维度指标	条目
现实认同	18. 我认为，真正的自由就是想干什么就干什么。 19. 在公正待遇与特殊优待中，我更愿意被优待。 20. 我认为，现实中权力与人情比法大。 21. 当前，美国不断升级中美贸易摩擦，我认为中方应该及早妥协，以免贸易战愈演愈烈，毕竟美国是"老大"。 22. 工作就是多做多错，少做少错，不做不错。 23. 我认为，一个人太诚信容易吃亏。 24. 工作不只是养家糊口的手段。 25. 我认为，雷锋精神已经不适合社会主义市场经济的发展要求了。
评价认同	26. 我周围的同学很讲文明、懂风尚。 27. 我认为，在现实中我和周围的同学是平等的。 28. 我周围的同学都很诚信。 29. 我和我的同学们都很有"爱"。

根据条目题项的特征与具体所指，在综合前面章节的文献梳理与理论分析的基础上，对照因子分析的结果，最终将维度指标进行了表中维度指标所见的命名，具体如下：

维度指标一为"总体认同"，包括题项1—5，主要涉及主体对于社会主义核心价值观的总体性的认同情况；

维度指标二为"内涵认同"，包括题项6—17，主要涉及主体对于社会主义核心价值观内容12个词内涵的认同情况；

维度指标三为"现实认同"，包括题项18—25，主要涉及主体对于社会主义核心价值观的现实选择的认同情况；

维度指标四为"评价认同"，包括题项26—29，主要涉及主体对于社会主义核心价值观在周围生活中的认同评价情况。

二、新时代大学生社会主义核心价值观认知认同量表编制

表3.9 认知认同量表的结构（表一 主体认知认同现状调查）

维度指标	条目
自我身份感	1. 我是有理想、有明确发展目标的新时代大学生。
	2. 我在全球化各种文化的碰撞中开始思考"我是谁"的问题。
	3. 我是新时代大学生，是知识分子的一员，比其他群体应该对国家、社会承担更多的责任。
	4. 我认为自己是一名合格的新时代大学生。
	5. 我对我所在的大学有强烈的归属感。
	6. 我会自觉地在课外给自己安排学习，比如学语言、考级或专业认证。
社会归属感	7. 我认为，新时代的大学生要勇做走在时代前列的奋进者、开拓者、奉献者。
	8. 我认为，新时代大学生要树立对马克思主义的信仰、对中国特色社会主义的信念、对中华民族伟大复兴中国梦的信心，到人民群众中去，到新时代新天地中去，让理想信念在创业奋斗中升华，让青春在创新创造中闪光。
	9. 我认为，新时代大学生要自觉树立和践行社会主义核心价值观，锤炼品德修为。
	10. 中国人自古就有"天下一体"的理念，今天衍生为构建"人类命运共同体"，我们既是中国公民，又是世界公民。
	11. 我们身处多重文化的交叠中，文化走向融合的同时，也凸显出鲜明的民族特色。
	12. 我对中国能够顺利解决中美贸易摩擦非常有信心。
	13. 我们开辟的中国特色社会主义道路不是偶然的，是我国历史传承、文化基因决定的，更是人民选择的。
	14. 新时代大学生是炎黄子孙，是龙的传人，我们拥有厚重的不断代历史记载的华夏文明，有文化自信的资本。
	15. 我对我的国家感到自豪，为自己是一名公民而自豪。

续表

维度指标	条目
存在意义感	16. 我读大学的目的，在于找到好工作。
	17. 我和我身边的同学，能够承担好新时代大学生的责任。
	18. 我认为没有共同的文化和信念，就不能构成真正统一的国家。

表3.10　认知认同量表的结构（表二　价值认知认同现状调查）

维度指标	条目
社会责任观	1. 我不会成为精致的利己主义者（屈从于利己本能，却经过头脑包装，高智商、更懂钻营、占有更多生产资料、过度追逐外部奖励，甚至还能把私己行为包装成美德，引发道义滑坡）。
	2. 我非常钦佩"我将无我，不负人民"的赤子情怀。
	3. "以青春之我，创建青春之家庭，青春之国家，青春之民族，青春之人类，青春之地球，青春之宇宙。"
	4. 我认为国家的利益高于集体利益与个人利益。
	5. 在文化、价值多样化的背景下，更需要通过加强和创新马克思主义意识形态教育来推进大学生对社会主义核心价值观的文化认同。
	6. 社会核心价值观的培育对于一个人、一个民族、一个国家都意义重大。
	7. 人是社会性的动物，社会主义核心价值观能够解决人与自身、他人、国家、社会、自然之间的矛盾。
	8. 我立志要积极向党组织靠拢，希望有一天成为一名中国共产党党员。
	9. 我认为，世界上赞同马克思主义的人会多起来，因为马克思主义是科学。
	10. 中国特色社会主义文化源于中华民族五千多年文明历史所孕育的中华优秀传统文化，熔铸于党领导人民在革命建设改革中创造的革命文化和社会主义先进文化，植根于中国特色社会主义伟大实践。
	11. 法律是保护人民群众的工具，也是限制权力和防止权力滥用的武器。只有政府和领导干部真正遵守法律，法律本身才有权威，才能在社会中形成诚信文化。
	12. 针对基于公民权利的道德发展而言，中国的道德是在上升或处在"爬坡"阶段——"人们越来越自觉"地考虑人与人交往的规范或道德规则。

续表

维度指标	条目
精神世界观	13. 我赞同"格物致知、诚意正心、修身齐家、治国平天下"。
	14. 我认为,劳动是财富的源泉,也是幸福的源泉。
	15. 我赞同"宁可在宝马车里哭,也不在自行车上笑"。
	16. 人有没有信仰,都一样活着。
文化对象观	17. 传统社会更多的是无意识地被动接受既有文化,而不断变化的现代社会迫使我们思考自己的文化归宿和价值观选择。
	18. 文化认同不仅仅是一种文化价值取向,它涉及人心的向背、政权的稳定和对民族国家的信念等问题。
	19. 我热衷于日韩文化、西方文化,主张中国全盘西化。
	20. 我认为全球化背景下,爱国主义已经过时了。

根据条目题项的特征与具体所指,在综合前面章节的文献梳理与理论分析的基础上,对照因子分析的结果,最终将维度指标进行了表中维度指标所见的命名,具体如下:

《认知认同量表(表一 主体认知认同现状调查)》,立足于大学生主体对于自身的主体觉醒考察其认知认同情况,是一种向内的确指:

维度指标一为"自我身份感",包括题项1—6,主要涉及大学生对于自我身份的确认与理解情况;

维度指标二为"社会归属感",包括题项7—15,主要涉及大学生对于当前所处的中国社会的归属意识情况;

维度指标三为"存在意义感",包括题项16—18,主要涉及大学生对于当前阶段读大学的目的的追问。

《认知认同量表(表二 价值认知认同现状调查)》,立足于大学生主体对于社会主义核心价值观价值内核的认知认同情况,是一种向外指向的确指:

维度指标一为"社会责任观",包括题项1—12,主要涉及大学生对于社会主义核心价值观所涉及的社会、国家、个人层面的责任认知情况;

维度指标二为"精神世界观",包括题项13—16,主要涉及大学生对于精神追求的价值追问情况;

维度指标三为"文化对象观",包括题项17—20,主要涉及大学生对于社会主义核心价值观所投射出的文化认知情况。

三、新时代大学生社会主义核心价值观情感认同量表编制

表3.11 情感认同量表的结构

维度指标	条目
情感满意度	1. 我对我们国家的发展方向表示认同。
	2. 我对中国共产党从建立到带领亿万国人赢得国家独立、走向伟大复兴的历史,备感自豪。
	3. 看到五星红旗冉冉升起,听到国歌响起,我感到热血沸腾。
	4. 我深信:中华民族具有很强的文化向心力。
	5. 今日之中国,正如我所愿。
	6. 我对十八大以来中国政府的工作感到满意。
情感喜欢度	7. 我爱你,中国。
	8. 中国优秀传统文化是社会主义核心价值观的重要来源,我们不能够漠视或无感于优秀的文化传统。
	9. 中华文明源远流长,我引以为傲。
	10. 全球化进程推进或加深了我的文化归属感的危机,同时,也强化了我的文化认同感。
	11. 我认为国民文化素养越好,国家的文明程度就越高。
	12. 我讨厌说谎的人。
	13. 我对"精日"(精神日本人,简称"精日",指极端崇拜日本军国主义并仇恨本民族,在精神上将自己视同军国主义日本人的非日籍人群)言行深恶痛绝。
	14. 我能够准确地说出社会主义核心价值观12个词的内容。

根据条目题项的特征与具体所指，在综合前面章节的文献梳理与理论分析的基础上，对照因子分析的结果，最终将维度指标进行了表中维度指标所见的命名，具体地：

维度指标一为"情感满意度"，包括题项1—6，主要涉及大学生对于社会主义核心价值观的情感满意程度；

维度指标二为"情感喜欢度"，包括题项7—14，主要涉及大学生对于社会主义核心价值观的情感浓烈程度。

四、新时代大学生社会主义核心价值观行为认同量表编制

表3.12 行为认同量表的结构

维度指标	条目
行为体验	1. 当前我有明确的目标，生活充实，积极提升各方面的能力，努力做好一个大学生的本分。
	2. 我参加过升旗仪式或者祭扫烈士墓、参观爱国主义基地的活动，受到了精神的洗礼。
	3. 我帮助过同学或身边的人。
	4. 我能够全身心地投入我的工作或学习中。
	5. 我总是按时归还所借之物。
	6. 我从不乱扔垃圾、随地吐痰。
行为稳定	7. 我是社会主义核心价值观的积极践行者与传承者。
	8. 我或者周围的同学买到了假货，会拨打12315或拿起法律的武器维权。
	9. 面对重大理论和现实问题，我能够始终站在党和国家的立场思考问题。
	10. 实践表明，统一的教育是塑造有共同文化、共同价值观、共同行为的公民的主渠道。
	11. 我对"中美贸易摩擦"事件非常关注。

续表

维度指标	条目
行为深化	12. 我有过考试作弊的行为。
	13. 我周围的同学存在实用主义、消费主义、个人主义、享乐主义等行为。
	14. 我接受的文史教育让我充分了解中国的历史,知道其来处与一路行进的必然性,由此强化了我对社会主义核心价值观的认同感与践行力。

根据条目题项的特征与具体所指,在综合前面章节的文献梳理与理论分析的基础上,对照因子分析的结果,最终将维度指标进行了表中维度指标所见的命名,具体地:

维度指标一为"行为体验",包括题项1—7,主要涉及大学生是否有过与社会主义核心价值观有关的行为经历;

维度指标二为"行为稳定",包括题项8—11,主要涉及大学生进行与社会主义核心价值观有关的行为选择的稳定指向;

维度指标三为"行为深化",包括题项12—14,主要涉及大学生进行与社会主义核心价值观有关的行为运用的深化程度。

第四章

新时代大学生社会主义核心价值观认同的实证研究结果

对新时代大学生社会主义核心价值观认同的问卷设计与实地调查是本研究展开的重要的工具性手段，而本章内容的指向在于基于现实的调研，展开深度的数据分析，为有效性对策的提出提供可靠而翔实的研究基础。

实测阶段选取我国东、中、西部地区以及东北地区代表性城市为样本，相应地在上海、武汉、成都、大连地区不同层次高校之中，各选取"985高校"1所、"211高校"1所、其他普通本科类高校1所，共计12所有代表性的高校，运用随机抽样与非随机抽样的方法，各抽取样本110人，对1000余名大学生（为提高样本的准确性群体特征，本研究中研究对象限定为大学在读本科生）进行了问卷调查，从受调查对象性别结构、专业分布、年级占比等情况来看，基本符合当前全国高校的总体情况，调研对象具有较好的广泛性与代表性。在此基础上，对本研究样本的统计数据使用SPSS22.0统计软件进行了分析与处理，包括描述性统计分析、T检验、单因素方差分析、因子分析、皮尔森相关分析以及多元回归分析等，验证研究假设，修正新时代大学生社会主义核心价值观认同的多因素影响综合模型，找到不同程度的影响因素，为最终提出有效的对策指引方向。

第一节 正式调研样本的基本情况描述

本研究对象为新时代大学生，问卷调查选取对象为公办普通高等本科院校在校本科大学生，根据教育部公布的普通高等学校数据显示，截至2021年9月30日，全国高等学校共计3012所，其中：普通高等学校2756所（本科

1270所、专科1486所），成人高等学校256所。其中，公办普通高等本科院校849所[①]。考虑样本的代表性，兼顾地区差异，本研究从我国东、中、西部地区以及东北地区各选取一个代表性城市——上海（东部地区代表城市）、武汉（中部地区代表城市）、成都（西部地区代表城市）、大连（东北地区代表城市）进行样本群体选取，每座城市选取"985高校"1所（上海交通大学、华中科技大学、四川大学、大连理工大学）、"211高校"1所（东华大学、武汉理工大学、西南交通大学、大连海事大学）以及其他普通本科类高校1所（上海海事大学、武汉科技大学、西华大学、大连大学）等共计12所普通高等本科学校。运用随机抽样与非随机抽样的方法，分别对12所高校学生依托网络平台发放问卷，兼顾文理分科及年级分布，共计回收问卷1427份，删除答题时间过短、填答不完整、同一性答案以及答案呈明显的规律性等无效问卷，同时以回答矛盾的问项检验信度，删除《认知认同量表（表二　价值认知认同现状调查）》第14题与第15题回答相互矛盾的样本，最终获得有效问卷1150份，问卷有效回收率80.59%。

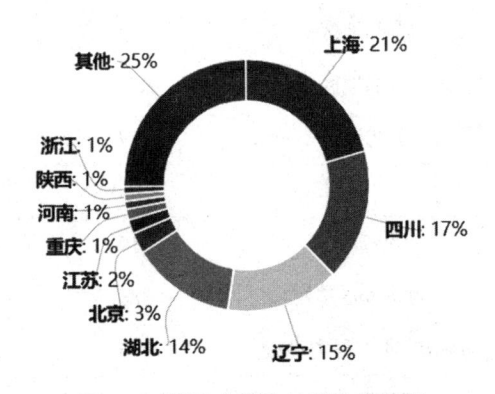

图4-1　受访大学生地域分布情况

从受调查对象地区覆盖来看，基本涵盖全国各行政区域，横贯我国东中西部地区，因为选取的样本城市分别为上海、武汉、成都、大连四个城市，所以上海、湖北、四川、辽宁四个省份呈现的比例最高，因为调查过程中涉

---

① 教育部.全国高等学校名单［EB/OL］.中华人民共和国教育部网站，2021-10-25.

及毕业实习、小长假，所以从地区的定位显示基本遍布我国各省份（如图4-1所示）。

一、学校因素描述性统计分析

学校因素包括所在地区、办学层次、专业、年级等。从受调查对象学校因素描述性统计结果（见表4.1）来看，学校所在地区涉及我国东、中、西部地区以及东北地区，学校办学层次包含"985高校""211非985高校"与其他普通本科类高校，专业覆盖理工科类、文史哲类、政经法管类、艺术与体育类和其他，理工科类与其他类的分布比例约为1∶1，基本符合当前全国高校的总体学科分布情况；年级涉及在校本科生各个学段，总体说来，本次调研对象具有较好的广泛性。

表4.1 学校因素描述性统计结果一览表

学校因素	项目	样本数量	百分比
学校所在地区	东部地区	353	30.70%
	中部地区	233	20.26%
	西部地区	237	20.61%
	东北地区	327	28.43%
合计		1150	100%
学校层次	985高校	319	27.74%
	211非985高校	386	33.56%
	其他普通本科类高校	445	38.70%
专业	理工科类	586	50.96%
	文史哲类	182	15.82%
	政经法管类	269	23.39%
	艺术与体育类	86	7.48%
	其他	27	2.35%

续表

学校因素	项目	样本数量	百分比
年级	大一	394	34.26%
	大二	381	33.13%
	大三	239	20.78%
	大四或大五	136	11.83%

二、家庭因素描述性统计分析

家庭因素重点考察所在地与月收入两个因素。从受调查对象家庭因素描述性统计结果（见表4.2）来看，家庭所在地取样显示城市与县乡镇农村基本持平，家庭经济情况兼顾到各类群体，家庭月收入2000元以下学生107人、2001~5000元学生327人、5001~8000元学生314人、8001~10000元学生185人以及10000元以上学生217人，其中2001~8000元段占样本总数的55.73%，这也与我国当前家庭收入总体情况基本一致，具有较好的代表性与广泛性。

表4.2 家庭因素描述性统计结果一览表

家庭因素	项目	样本数量	百分比
家庭所在地	城市	544	47.30%
	县乡镇	306	26.61%
	农村	300	26.09%
家庭月收入	2000元以下	107	9.30%
	2001—5000元	327	28.44%
	5001—8000元	314	27.30%
	8001—10000元	185	16.09%
	10000元以上	217	18.87%

三、个人因素描述性统计分析

个人因素包括性别、民族、独生子女、信仰、性格、是否为学生干部、政治面貌等。从受调查对象个人因素描述性统计结果（见表4.3）来看，性别结构为男生502人，女生648人，男女比例为1∶1.29，与高校男女总体比例基本一致；同时涵盖汉族与少数民族、性格外向与内向、独生子女与非独生子女、学生干部与普通同学、党员与非党员、有宗教信仰与无宗教信仰的各类大学生群体，总体说来，本次调研对象具有较好的广泛性与代表性。

表4.3 个人因素描述性统计结果一览表

个人因素	项目	样本数量	百分比
性别	男	502	43.65%
	女	648	56.35%
民族	汉族	1038	90.26%
	少数民族	112	9.74%
独生子女	独生子女	634	55.13%
	非独生子女	516	44.87%
信仰	有宗教信仰	20	1.74%
	无宗教信仰	1130	98.26%
性格	内向	62	5.39%
	偏内向	373	32.44%
	说不清	276	24.00%
	偏外向	344	29.91%
	外向	95	8.26%
是否为学生干部	学生干部	613	53.30%
	普通同学	537	46.70%

续表

个人因素	项目	样本数量	百分比
政治面貌	中共党员（含预备党员）	223	19.39%
	共青团员	886	77.04%
	群众	41	3.57%
月读书量	0本	187	16.26%
	1~2本	775	67.39%
	3~4本	134	11.65%
	5本及以上	54	4.70%
打游戏的频率	从来不	214	18.61%
	偶尔	615	53.48%
	经常	239	20.78%
	几乎天天	82	7.13%
经常浏览时政新闻	是	646	56.17%
	否	504	43.83%
手机社交应用	4个或以上	147	12.78%
	3个	576	50.09%
	2个	393	34.17%
	1个	34	2.96%
使用社交应用时长	5小时以上	238	20.70%
	4~5小时	234	20.35%
	3~4小时	411	35.74%
	1~2小时	233	20.26%
	1小时以下	34	2.95%
参加社团活动	从来没有	54	4.70%
	偶尔	447	38.87%
	一般	328	28.52%
	经常	321	27.91%

续表

个人因素	项目	样本数量	百分比
社会兼职工作经历	有	720	62.61%
	无	430	37.39%
对思想认识影响力比较大的载体（前三位）	思政课	284	24.70%
	社会实践活动	453	39.39%
	社团活动	201	17.48%
	专业课	273	23.74%
	网络	431	37.48%
	教师	410	35.65%
	朋友	336	29.22%
	父母	475	41.30%
	权威	86	7.48%
	偶像	57	4.96%
	社会氛围	360	31.30%
	家风	177	15.39%
	校风	140	12.17%
学习成绩	优秀	191	16.61%
	良好	513	44.61%
	中等	372	32.35%
	较差	61	5.30%
	差	13	1.13%
人生目标	明确	711	61.83%
	不明确	439	38.17%
生活态度	积极	1037	90.17%
	不积极	113	9.83%

续表

个人因素	项目	样本数量	百分比
生活满意度	非常不满意	31	2.70%
	不满意	94	8.17%
	一般	496	43.13%
	满意	461	40.09%
	非常满意	68	5.91%

通过个人因素的调研发现，新时代的大学生呈现出自身的一些群体性特点：

第一，整体学风较好，学习成绩优秀、良好、中等、较差、差的比例分别为16.61%、44.61%、32.35%、5.30%、1.13%，良好以上占到了绝大多数，合计比例高达61.22%，另外，学生们大多拥有较好的读书习惯，月读书量在1~2本的比例最高，为67.39%，3本以上为16.35%；

第二，新时代的大学生比较注重参加实践活动，参加社团活动的比例高达95.30%，同时在读期间绝大多数同学并非只停留在校内，均有社会兼职的工作经历，比例为62.61%；

第三，当前大学生的网络依赖性，尤其是手机依赖性较高，近三分之一的学生经常打游戏，每天使用手机社交应用时长在3小时以上的比例为76.79%，其中有五分之一使用时长甚至在5小时以上，占到除去睡眠以外时间的三分之一左右；

第四，人生状态总体较好，61.83%的大学生有着明确的人生目标，90.17%的大学生有着积极的生活态度，生活满意度高达89.13%，同时38.17%没有明确人生目标以及9.83%生活态度不积极、10.87%对生活不满意的大学生群体也需要我们更多的关注；

第五，在大学生思想认识形成过程中，对其影响力比较大的载体（影响程度大于30%）由高到低排列分别为父母、社会实践活动、网络、教师、社会氛围，说明人的思想意识的形成是一个复杂的系统工程，需要家庭、学校、社会形成合力，信息时代更应该突出运用好网络媒介的现实作用，应继续加强教师在思想教育中的主导作用，彰显教育实效；

第六，责任感强，但同时凸显个性与多元的思想认识。89.91%的受访大学生认为"新时代的大学生要勇做走在时代前列的奋进者、开拓者、奉献者"；88.09%的大学生表示"以青春之我，创建青春之家庭，青春之国家，青春之民族，青春之人类，青春之地球，青春之宇宙"；31.83%的大学生认为"读大学的目的在于找到好工作"；26.96%的大学生不反对"宁可在宝马车里哭，也不在自行车上笑"；16.78%的大学生对"人有没有信仰，都一样活着"的看法表示赞同；同时调查中发现当前大学生中存在一定比例的"佛系""无感"人群，虽然比例不高，但对一切无所谓的态度，随心随性的任意选择也加大了思想政治教育工作的难度。

第二节 正式调研问卷的信度和效度检验

一、信度分析

表4.4 各量表信度分析结果

分量表	题项数	Cronbach's α
认同总量表	29	.908
认知认同量表	38	.935
情感认同量表	14	.932
行为认同量表	14	.871

从以上各量表的信度分析结果来看，四个量表的 α 系数分别为0.908、0.935、0.932、0.871，均远高于学术界研究的标准值0.7，表明此次研究采用量表的内部一致性较高，测量结果是非常可靠的。

二、效度分析

第一，新时代大学生社会主义核心价值观认同量表的效度分析。如表4.5所示，社会主义核心价值观认同量表的 KMO 值为0.952，大于学术界认定的较为适合做因子分析的标准值0.7，且 Bartlett's 球体检验显著性水平0.000，小于0.01，达到显著，代表变量间的共同因素存在，极适合做因子分析。

表4.5 新时代大学生社会主义核心价值观认同总量表
KMO 样本测度结果和 Bartlett's 球体检验结果

取样足够度的 Kaiser-Meyer-Olkin 度量		.952
Bartlett's 球体检验	近似卡方	18364.050
	df	406
	Sig.	.000

表4.6 新时代大学生社会主义核心价值观认同总量表的结构效度系数

总体认同		内涵认同		现实认同		评价认同	
条目	载荷	条目	载荷	条目	载荷	条目	载荷
1	.663	6	.558	18	.643	26	.712
2	.683	7	.597	19	.653	27	.640
3	.687	8	.710	20	.657	28	.808
4	.690	9	.750	21	.703	29	.724
5	.595	10	.706	22	.680		
		11	.541	23	.523		
		12	.771	24	.455		
		13	.782	25	.592		
		14	.755				
		15	.795				
		16	.801				
		17	.759				

效度考察主要采用的是结构效度，采用了因子分析法对问卷的单维性进行检验，因素分析载荷大于0.71被认为是优秀，大于0.63被认为非常好，大于0.55被认为是好的，大于0.45被认为尚可，小于0.32被认为较差。如表4.6所示，共析出因子4个，方差解释率为59.00%，基本反映了量表的信息，具有较好的解释力。

第二，认知认同量表的效度分析。如表4.7所示，社会主义核心价值观认同量表的KMO值为0.961，大于0.7，且Bartlett's球体检验显著性水平为0.000，小于0.01，达到显著，代表变量间的共同因素存在，极适合做因子分析。

表4.7 认知认同量表KMO样本测度结果和Bartlett's球体检验结果

取样足够度的Kaiser-Meyer-Olkin度量		.961
Bartlett's球体检验	近似卡方	14037.938
	df	172
	Sig.	.000

表4.8 认知认同量表（表一）的结构效度系数

自我身份感		社会归属感		存在意义感	
条目	载荷	条目	载荷	条目	载荷
1	.751	7	.710	16	.932
2	.661	8	.768	17	.658
3	.575	9	.815		
4	.787	10	.699		
5	.502	11	.734		
6	.597	12	.695		
		13	.830		
		14	.832		
		15	.763		

效度考察主要采用的是结构效度，采用了因子分析法对问卷的单维性进行检验，共析出因子3个，方差解释率为62.99%，基本反映了量表的信息，具有较好的解释力。删除了无法归类的第18题，强化了原有量表的结构效度。

表4.9 认知认同量表（表二）的结构效度系数

社会责任观		精神世界观		文化对象观	
条目	载荷	条目	载荷	条目	载荷
1	.525	13	.756	17	.730
2	.698	14	.707	18	.813
3	.784	15	.522	19	.852
4	.706	16	.752	20	.838
5	.787				
6	.798				
7	.781				
8	.643				
9	.689				
10	.821				
11	.728				
12	.795				

效度考察主要采用的是结构效度，采用了因子分析法对问卷的单维性进行检验，共析出因子3个，方差解释率为64.22%，基本反映了量表的信息，具有较好的解释力。

第三，情感认同量表的效度分析。如表4.10所示，情感认同量表的KMO值为0.954，大于0.7，且Bartlett's球体检验显著性水平为0.000，小于0.01，达到显著，代表变量间的共同因素存在，极适合做因子分析。

表4.10 情感认同量表KMO样本测度结果和Bartlett's球体检验结果

取样足够度的Kaiser-Meyer-Olkin度量		.954
Bartlett's球体检验	近似卡方	10733.508
	df	91
	Sig.	.000

表4.11 情感认同量表的结构效度系数

情感满意度		情感喜欢度	
条目	载荷	条目	载荷
1	.763	7	.675
2	.726	8	.731
3	.683	9	.684
4	.686	10	.645
5	.834	11	.599
6	.831	12	.570
		13	.701

效度考察主要采用的是结构效度，采用了因子分析法对问卷的单维性进行检验，共析出因子2个，方差解释率为63.10%，基本反映了量表的信息，具有较好的解释力。删除了无法归类的第14题，强化了原有量表的结构效度。

第四，行为认同量表的效度分析。如表4.12所示，行为认同量表的KMO值为0.935，大于0.7，且Bartlett's球体检验显著性水平为0.000，小于0.01，达到显著，代表变量间的共同因素存在，极适合做因子分析。

表4.12　行为认同量表 KMO 样本测度结果和 Bartlett's 球体检验结果

取样足够度的 Kaiser–Meyer–Olkin 度量		.935
Bartlett's 球体检验	近似卡方	7709.933
	df	91
	Sig.	.000

表4.13　行为认同量表的结构效度系数

行为体验		行为稳定		行为深化	
条目	载荷	条目	载荷	条目	载荷
1	.708	8	.787	12	.675
2	.652	9	.721	13	.797
3	.826	10	.604		
4	.587	11	.571		
5	.689				
6	.659				
7	.616				
14	.593				

效度考查主要采用的是结构效度，采用了因子分析法对问卷的单维性进行检验，共析出因子3个，方差解释率为62.33%，基本反映了量表的信息，具有较好的解释力。

第三节　假设检验

一、量表的相关分析

为了验证理论假设中提出的自变量（认知认同维度的"社会归属感""自我身份感""存在意义感""社会责任观""精神世界观""文化对象观"；情感认同维度的"情感满意度""情感喜欢度"；行为认同维度的"行为体验""行为稳定""行为深化"）与因变量（大学生社会主义核心价值观认同量表总分）

95

之间的相关关系。我们采用Pearson相关分析法，对上文中所萃取出的因子与价值冲突中新时代大学生做出认同社会主义核心价值观的思想与行为选择进行双侧显著性检验，具体的检验结果见表4.14。

表4.14 社会主义核心价值观认同的三个维度与价值冲突中做出认同社会主义核心价值观的思想与行为选择的相关性（维度指标）

变量	1 社会归属感	2 自我身份感	3 存在意义感	4 社会责任观	5 精神世界观	6 文化对象观	7 情感满意度	8 情感喜欢度	9 行为体验	10 行为稳定	11 行为深化	12 认同的思想行为选择
1	1											
2	.000	1										
3	.000	.000	1									
4	.741**	.375**	−.074*	1								
5	.269**	−.048	.125**	.000	1							
6	.173**	.232**	.189**	.000	.000	1						
7	.598**	.327**	−.060*	.683**	.229**	.002	1					
8	.474**	.185**	.067*	.448**	.081**	.370**	.000	1				
9	.560**	.373**	.037	.586**	.185**	.304**	.433**	.576**	1			
10	.324**	.414**	−.020	.499**	.201**	−.153**	.473**	.147**	.000	1		
11	−.031	.049	.118**	−.048	.133**	.124**	−.004	−.032	.000	.000	1	
12	.635**	.407**	.081**	.657**	.325**	.266**	.597**	.431**	.564**	.426**	.113**	1

** 表示显著性水平 α 为0.01时仍拒绝原假设

由表4.14的相关分析结果可知，11个自变量的Sig.值都小于0.01，表明11个共同因子与价值冲突中做出认同社会主义核心价值观的思想与行为选择均呈现显著正相关。

二、量表的回归分析

本研究利用SPSS22.0软件中的逐步回归分析法对数据进行回归分析，分析大学生社会主义核心价值观认同主体维度的影响因素，以进一步明确前文基本假设中提出的变量间相互影响的程度强弱，这是实证研究比较常用的方法。基于前文社会主义核心价值观认同三个维度以及11个维度指标的划分，我们将每个维度及其指标作为自变量，进行多元线性回归分析，见表4.15：

表4.15 新时代大学生社会主义核心价值观认同三个维度的回归分析（维度指标）

自变量		因变量 新时代大学生社会主义核心价值观认同量表总分				
		标准回归系数	T值	显著性水平（Sig.）	R^2	Adj.R^2
认知认同	社会归属感	.191	5.064	.000***	.564	.563
	自我身份感	.174	6.981	.000***		
	存在意义感	.041	2.291	.022*		
	社会责任观	.244	5.702	.000***		
	精神世界观	.168	7.731	.000***		
	文化对象观	.174	7.923	.000***		
情感认同	情感满意度	.198	6.108	.000***	.621	.620
	情感喜欢度	.113	4.146	.000***		
行为认同	行为体验	.046	1.387	.166	.635	.634
	行为稳定	.053	2.433	.015*		
	行为深化	.078	4.347	.000***		

注：* 表示 $P<0.05$，*** 表示 $P<0.001$

由表4.15可以得出如下结论：

其一，自变量"行为体验"的显著性水平 P 值为0.166，大于0.05，表示其与因变量——大学生社会主义核心价值观认同量表总分之间没有显著关系，这也是与实际情况相符的，一个人的行为只有上升到稳定和深入的层面，才

97

能形成和深化为思想层面的认同与相对固定的行为习惯,过去有过某种行为不代表现在和未来都会一成不变,单次的行为体验具有临时性、不确定性、多变性,但是行为稳定与行为深化的形成又离不开一次又一次印象深刻的行为体验,认同成于思想,落于行动,如何增加行为体验的获得感与现实冲击力进而稳定为行为习惯成为摆在当前社会主义核心价值观培育工作面前的一大难题;同时,"存在意义感""行为稳定"的显著性水平 P 值分别为0.022和0.015,均小于0.05,表明这二者分别与因变量之间密切相关;其余8个自变量的显著性水平 P 值均为0.000,小于0.001,所以其对因变量具有显著的解释力。

其二,除不构成显著关系的"行为体验"之外的10个自变量,其回归系数均为正数,说明对大学生在价值冲突中做出认同社会主义核心价值观的思想与行为选择均有正向的显著影响。"社会责任观"的标准回归系数为0.244,明显高于其他指标的回归系数,表明认知认同维度的"社会责任观"对于大学生形成社会主义核心价值观认同影响最大。"情感满意度"的回归系数是0.198,居于第二位,说明情感认同维度中的"情感满意度"对于认同的影响次之。认同三个维度的其他维度指标中,影响程度从强到弱依次是"社会归属感、文化对象观、自我身份感、精神世界观、情感喜欢度、行为深化、行为稳定、存在意义感"。

由表4.15所示的标准回归系数与显著性水平(Sig.),可以得出如下回归方程:

$$Y= 0.191 X_1+0.174 X_2+0.041 X_3+0.244 X_4+0.168 X_5+0.174 X_6$$
$$+0.198 X_7+0.113 X_8+0.053 X_9+0.078 X_{10}$$

其中,Y 是因变量,为大学生对社会主义核心价值观认同的总体指数,X_1 是"社会归属感"、X_2 是"自我身份感"、X_3 是"存在意义感"、X_4 是"社会责任观"、X_5 为"精神世界观"、X_6 为"文化对象观";X_7 为"情感满意度"、X_8 为"情感喜欢度";X_9 是"行为稳定"、X_{10} 为"行为深化"。

三、假设检验结果

根据以上实证数据的回归分析结果,前文的研究假设检验见表4.16:

表4.16 研究假设检验结果表

研究假设	检验结果
认知认同维度	
假设1:社会归属感对于价值冲突中大学生做出认同社会主义核心价值观的思想与行为选择显著正相关。	支持
假设2:自我身份感对于价值冲突中大学生做出认同社会主义核心价值观的思想与行为选择显著正相关。	支持
假设3:存在意义感对于价值冲突中大学生做出认同社会主义核心价值观的思想与行为选择显著正相关。	支持
假设4:社会责任观对于价值冲突中大学生做出认同社会主义核心价值观的思想与行为选择显著正相关。	支持
假设5:精神世界观对于价值冲突中大学生做出认同社会主义核心价值观的思想与行为选择显著正相关。	支持
假设6:文化对象观对于价值冲突中大学生做出认同社会主义核心价值观的思想与行为选择显著正相关。	支持
情感认同维度	
假设7:情感满意度对于价值冲突中大学生做出认同社会主义核心价值观的思想与行为选择显著正相关。	支持
假设8:情感喜欢度对于价值冲突中大学生做出认同社会主义核心价值观的思想与行为选择显著正相关。	支持
行为认同维度	
假设9:行为体验对于价值冲突中大学生做出认同社会主义核心价值观的思想与行为选择显著正相关。	不支持
假设10:行为稳定对于价值冲突中大学生做出认同社会主义核心价值观的思想与行为选择显著正相关。	支持
假设11:行为深化对于价值冲突中大学生做出认同社会主义核心价值观的思想与行为选择显著正相关。	支持

第四节 理论模型的修正与解释

一、理论模型的修正

从以上分析（表4.14、4.15）可知，10个维度指标与大学生社会主义核心价值观认同间具有显著的正向影响力，其多元相关系数的平方值（R^2）均大于0.5，说明作为自变量的三个维度及其维度指标对因变量均具有很好的解释力。

本研究采用增加自变量阶层和数量的方法，通过逐步回归分析，将大学生社会主义核心价值观认同量表总分作为因变量，在回归模型中引进社会主义核心价值观认同的三个维度、样本的25个基本情况变量、"四个自信"的认同度作为自变量，检测这些预测变量与新时代大学生社会主义核心价值观认同总分之间是否存在强相关关系。分析结果显示：社会主义核心价值观认同的三个维度、"四个自信"的认同度以及样本基本情况变量中的"生活满意度""生活态度""宗教信仰""时政关注度""思政课""学习成绩""社交APP的使用量"等7个变量进入新时代大学生社会主义核心价值观认同的多因素影响综合模型，分析结果见表4.17：

表4.17 新时代大学生社会主义核心价值观认同影响因素的回归分析

预测变量	新时代大学生社会主义核心价值观认同总体指数（标准回归系数）
样本的基本情况变量：	
生活满意度	.236***
生活态度	.206***
宗教信仰	−.120***
时政关注度	.096***

续表

预测变量	新时代大学生社会主义核心价值观认同总体指数（标准回归系数）
思政课	.077**
学习成绩	.075**
社交 APP 使用量	.063*
社会主义核心价值观认同的三个维度：	
认知认同	.402***
情感认同	.314***
行为认同	.164***
"四个自信"的认同维度：	
对中国特色社会主义文化认同	.255***
对中国特色社会主义制度认同	.222***
对中国特色社会主义理论认同	.124***
对中国特色社会主义道路认同	.114***

注：* 表示 $P<0.05$，** 表示 $P<0.01$，*** 表示 $P<0.001$

回归方程为：

$$Y= 0.236 X_1+0.206 X_2-0.120 X_3+0.096 X_4+0.077 X_5+0.075 X_6+0.063 X_7$$
$$+0.402 X_8+0.314 X_9+0.164 X_{10}+0.255 X_{11}+0.222 X_{12}+0.124 X_{13}+0.114 X_{14}$$

其中，Y 为大学生对社会主义核心价值观认同的总体指数，X_1 是生活满意度、X_2 是积极的生活态度、X_3 是宗教信仰、X_4 是时政关注度，X_5 为思政课、X_6 为学习成绩、X_7 为社交 APP 使用量、X_8 为认知认同、X_9 是情感认同、X_{10} 为行为认同、X_{11} 为对中国特色社会主义文化认同、X_{12} 为对中国特色社会主义制度认同、X_{13} 为对中国特色社会主义理论认同、X_{14} 为对中国特色社会主义道路认同。

通过上文的回归分析，我们建立起了回归方程，从各变量标准回归系数来看，表4.17筛选出的样本的7个基本情况变量、社会主义核心价值观认同的三个维度、"四个自信"的认同维度中涉及的各因子均与大学生对社会主义核心价值观认同密切相关，具有显著的解释力。由此，我们检验并修正了社会主义核心价值观认同的理论模型（如图4-2所示）。

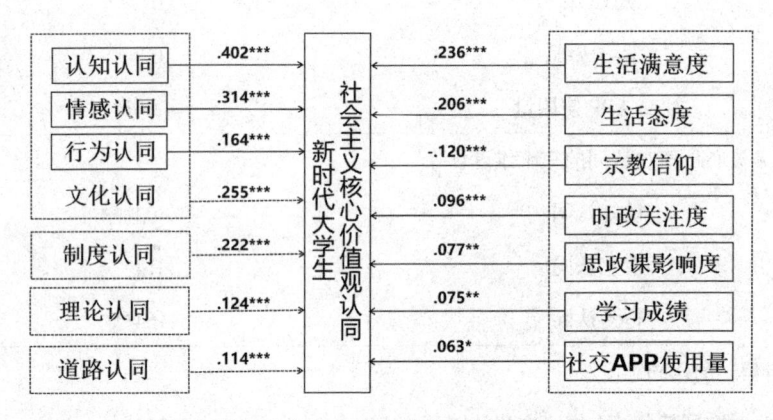

图4-2 新时代大学生社会主义核心价值观认同的多因素影响综合模型

二、理论模型的解释

由图4-2可知，社会主义核心价值观认同的三大主要维度、样本的7个基本情况变量、"四个自信"的认同度均与新时代大学生形成社会主义核心价值观认同之间关系密切，对于因变量——新时代大学生形成社会主义核心价值观认同具有显著的解释力。由此，我们从大学生主体维度完成了其对于社会主义核心价值观认同的全面考查，14个影响因素进入新时代大学生社会主义核心价值观认同的多因素影响综合模型。数据分析表明，大学生对社会主义核心价值观的认知认同、情感认同、行为认同，生活满意度、生活态度、宗教信仰、时政关注度、学习成绩、社交APP的使用量、思政课影响度以及对"四个自信"的认同度等均会直接影响大学生对于社会主义核心价值观的认同，其中，"认知认同"的标准回归系数最高，为0.402（$P<0.001$），表明其对大学生在价值冲突中做出认同社会主义核心价值观的思想与行为选择影响力最大，其次为情感认同指标，表明其对于大学生社会主义核心价值观认同的影响力次之。这与前文进行的新时代大学生社会主义核心价值观认同三个维度

的11个维度指标分析,相互验证。由此,我们验证了研究假设,进一步完善并拓展了新时代大学生社会主义核心价值观认同的主体维度分析模型。正是在认知认同、情感认同以及行为认同维度的共同作用下,大学生获得了认同社会主义核心价值观的引导力、驱动力和践行力,实现着对于社会主义核心价值观认同的认知引领、情感驱动、行为沉淀。

此外,从调查样本的基本资料来看,我们考查了25个变量,其中生活满意度、生活态度、宗教信仰、时政关注度、学习成绩、社交APP的使用量、思政课影响度等7个变量对新时代大学生社会主义核心价值观认同构成显著性影响,其中宗教信仰与认同形成显著负相关,其他6个变量均为显著正相关,数据表明:学习成绩越好越认同社会主义核心价值观;对现在生活的满意度越高越认同社会主义核心价值观;现实生活中对生活的态度越积极越认同社会主义核心价值观;对时政的关注度越高越认同社会主义核心价值观;思政课对其影响度越高越认同社会主义核心价值观;社交APP的使用量越少越认同社会主义核心价值观。样本这7个基本情况变量中,生活满意度标准回归系数明显高于其他变量,为0.236($P<0.001$),表明其对大学生在价值冲突中做出认同社会主义核心价值观的思想与行为选择的影响力最大,生活态度对其的影响次之。现实逻辑亦是如此,一个人对于现实生活非常满意或拥有着积极的生活态度,就会有不错的生活状态,对待周遭就会有相对积极的态度,进而做出肯定性的评价,包括对于社会主义核心价值观的认同。社交APP的使用量的标准回归系数为0.063($P<0.05$),在7个变量中最低,但依然进入模型,表明其是大学生社会主义核心价值观认同形成的显著性影响因素。本次调查显示,62.87%的大学生手机社交APP的使用量在3个以上,使用的社交APP的数量越多,其作为大众自媒体平台以文字、图片、视频等形式所呈现的视角、观点越五花八门、真假难辨、良莠不齐,这就使大学生们应接不暇、眼花缭乱,在欣喜地拥抱这个网络加载的丰富世界的同时,也造成一定程度的思维混乱与无所适从,从而影响了其对于社会主义核心价值观的认同。

最后,从"四个自信"的认同度来看,对大学生认同社会主义核心价值观的影响力由高到低分别为中国特色社会主义文化认同、制度认同、理论认同、道路认同，其中文化认同与制度认同的标准回归系数远远高于另二者，分别为0.255和0.222（$P<0.001$），说明大学生在对中国特色社会主义的四个维度认同中，越认同于文化与制度也就越认同于社会主义核心价值观，这也印证了调研之初的假设，同时，也说明社会主义核心价值观作为中国特色社会主义文化的核心，二者相辅相成，不可分割。

三、实证研究小结

本研究探索了认知认同、情感认同和行为认同这三个维度影响新时代大学生社会主义核心价值观认同的具体维度指标，进而分析和论证了其与新时代大学生社会主义核心价值观认同之间的相关关系与回归关系。基于此，得出如下几个实证研究的直接结论：

其一，认知认同维度中的"社会归属感""自我身份感""存在意义感""社会责任观""精神世界观""文化对象观"对价值冲突中大学生做出认同社会主义核心价值观的思想与行为选择具有显著正向影响；

其二，情感认同维度中的"情感满意度""情感喜欢度"对价值冲突中大学生做出认同社会主义核心价值观的思想与行为选择具有显著正向影响；

其三，行为认同维度的"行为稳定""行为深化"对价值冲突中大学生做出认同社会主义核心价值观的思想与行为选择具有显著正向影响。

其四，通过大学生对社会主义核心价值观认同多因素影响综合模型的建立与修正可知，社会主义核心价值观认同的三大主要维度、样本的7个基本情况变量、"四个自信"的认同度均与新时代大学生形成社会主义核心价值观认同之间关系密切，对于新时代大学生形成社会主义核心价值观认同具有显著的解释力。

对以上实证研究直接结论进行进一步梳理，最终得出如下结论，为提出增强新时代大学生社会主义核心价值观认同的对策提供了方向性指引：

其一，培育大学生的认知认同、情感认同、行为认同是增强大学生社会主义核心价值观认同的基本途径，其中应着重在大学生的社会责任观、情感满意度、社会归属感的培养和提升方面下功夫；

其二，多渠道提高大学生对"四个自信"的认同度是增强大学生社会主义核心价值观认同的重要依托，二者相辅相成，同向而行；

其三，有所侧重或分门别类地提升大学生对于生活的积极态度与满意度、时政关注度，对于马克思主义理论的认知度、学习目标的明确度以及加强思政课的影响力、社会主义核心价值观的网络影响力，均是增强大学生社会主义核心价值观认同的重要举措。

第五章

新时代大学生社会主义核心价值观认同的现状与问题分析

通过前两章的调研与数据分析,本研究获取了大量翔实的调研数据,探明了影响新时代大学生社会主义核心价值观认同的多维因素。本章将在调研数据的基础上进一步全面总结新时代大学生社会主义核心价值观认同的现状与特点,既看到成效,又发现问题,进而深层次挖掘问题背后的原因。最终的目标指向就在于,一是聚焦社会主义核心价值观认同的内在维度,以"影响新时代大学生社会主义核心价值观认同度的多维因素"为总抓手,提高大学生的主体认同;二是着眼大学生主体以及外在因素,以"新时代大学生社会主义核心价值观认同存在的问题"为突破口,对症下药。双管齐下,为找到增强新时代大学生社会主义核心价值观认同的有效路径提供方向性指引。

第一节 新时代大学生社会主义核心价值观认同的成效

计算所有被调查对象"新时代大学生社会主义核心价值观认同总量表"的均值,得到其对社会主义核心价值观的认同度为 4.04 ± 0.44($\bar{x} \pm s$ 即均值 ± 标准差),满分为5;随后,分别计算"情感认同量表""认知认同量表"与"行为认同量表"所有条目的均值,得到分析结果如下:情感认同度、认知认同度与行为认同度分别为 4.40 ± 0.53、4.16 ± 0.52、4.04 ± 0.51($\bar{x} \pm s$),说明新时代大学生对于社会主义核心价值观的认同水平良好,无论总体认同度,还是三个分认同维度均达到较高的认同水平,也表明一直以来对于大学生群体的社会主义核心价值观培育工作成果是令人欣慰的(见表5.1)。

表5.1　新时代大学生社会主义核心价值观认同的描述性分析

	均值（M）	标准差（SD）
认同总量表	4.04	.44
认知认同量表	4.16	.52
情感认同量表	4.40	.53
行为认同量表	4.04	.51

一、社会主义核心价值观较高的知晓度与情感认同度

当前，大学生对社会主义核心价值观的认同表现为较高的知晓度与情感认同度（见表5.1），具体来看，如表5.2所示，大学生对于社会主义核心价值观内容的知晓度高达86.43%，对于践行社会主义核心价值观的重要意义的认同程度也高达83.48%以上，这与《中国大学生思想政治教育发展报告》的调研结果基本相一致[1]。说明多年来从中央到地方，从传统媒体到新媒体，从学校到社会的铺天盖地式的宣传教育工作，已经达到了入眼、入脑的效果；同时，大学生对于社会主义核心价值观的情感认同度是高于其他认同维度的（见表5.1），表明新时代大学生对于社会主义核心价值观是持有满意、喜爱以及肯定的态度和情感的，也反映了社会主义核心价值观的价值内核是与广大学生的价值追求相契合的，也是符合具有较高认知水平与判断力的大学生主体需要的。

---

[1] 沈壮海，王培刚，王迎迎.中国大学生思想政治教育发展报告2016［M］.北京：北京师范大学出版社，2017：81.

表5.2 新时代大学生社会主义核心价值观内容及意义认同情况表

选项	认同	非常认同	合计
我能够准确地说出社会主义核心价值观12个词的内容。	28.26%	58.17%	86.43%
我认为，社会主义核心价值观与我的学习、生活密切相关。	42.26%	42.26%	83.48%
社会核心价值观的培育对于一个人、一个民族、一个国家都具有重大意义。	42.26%	47.48%	89.74%

二、社会主义核心价值观国家、社会、个人层面的较高认同度

大学生对国家、社会、个人层面的社会主义核心价值观表现出较高的认同度。通过计算相关题项的均值发现：大学生对于社会主义核心价值观国家、社会、个人三个层面的认同度均处于较高水平（见表5.3），分别为 4.29 ± 0.81、4.33 ± 0.76、4.60 ± 0.63（$\bar{x} \pm s$），显而易见，大学生对于个人层面的社会主义核心价值观有着更高程度的认同，表现出超高的认同优越性，而且个人层面认同与非常认同的比例也在三个层面中最高，达到95.22%，国家与社会层面的认同比例分别为84.87%和86.52%。

表5.3 新时代大学生社会主义核心价值观三层面认同的描述性分析

	均值（M）	标准差（SD）
国家层面认同	4.29	.81
社会层面认同	4.33	.76
个人层面认同	4.60	.63

三、社会主义核心价值观十二个词内涵的较高认同度

大学生对社会主义核心价值观12个词的内涵理解达到较高的认同水平。

在理性认知12个词的内涵方面,如表5.4所示,认同度分别为4.36±0.745、4.35±0.754、4.52±0.635、4.48±0.659、4.36±0.677、4.10±0.931、4.31±0.690、4.33±0.678、4.50±0.636、4.46±0.652、4.45±0.646、4.41±0.653（$\bar{x}±s$）,表明"三个倡导"的社会主义核心价值观基本内容提出以来,在大学生的整体培育中基本达到了较好的认知水平,上升到了理性认知的阶段,这一点在大学生们对于12个词的内涵认同比例中也得以印证,如表5.5所示,认同与非常认同的比例分别为:89.22%、89.04%、95.13%、93.74%、91.48%、80.70%、90.00%、90.61%、94.70%、93.91%、93.56%、93.65%。

表5.4 新时代大学生社会主义核心价值观十二个词内涵认同的描述性分析

	均值（M）	标准差（SD）
富强	4.36	.745
民主	4.35	.754
文明	4.52	.635
和谐	4.48	.659
自由	4.36	.677
平等	4.10	.931
公正	4.31	.690
法治	4.33	.678
爱国	4.50	.636
敬业	4.46	.652
诚信	4.45	.646
友善	4.41	.653

表 5.5　新时代大学生社会主义核心价值观十二个词内涵认同情况表

选项	认同	非常认同	合计
富强	40.00%	49.22%	89.22%
民主	40.00%	49.04%	89.04%
文明	37.30%	57.83%	95.13%
和谐	38.00%	55.74%	93.74%
自由	45.83%	45.65%	91.48%
平等	42.87%	37.83%	80.70%
公正	47.83%	42.17%	90.00%
法治	47.22%	43.39%	90.61%
爱国	38.09%	56.61%	94.70%
敬业	40.26%	53.65%	93.91%
诚信	40.78%	52.78%	93.56%
友善	45.48%	48.17%	93.65%

四、"四个自信"的较高认同度

大学生群体对中国特色社会主义道路、理论、制度、文化的认同度依次为：4.43 ± 0.76、4.46 ± 0.74、4.48 ± 0.73、4.47 ± 0.74（$\bar{x}\pm s$），满分为5，说明大学生对于"四个自信"的认同度总体较高，而且对"四个自信"高度认同和基本认同的学生比例均在88%以上。以上数据表明，在新中国成立70多年、改革开放40多年的辉煌成就中，青年大学生对于社会主义中国具有高度的自信与认可，也说明这些年我们国家的意识形态工作对于大学生整个群体而言是卓有成效的。

表5.6 新时代大学生"四个自信"认同的描述性分析

	均值（M）	标准差（SD）
道路认同	4.43	.76
理论认同	4.46	.74
制度认同	4.48	.73
文化认同	4.47	.74

对于新时代大学生"四个自信"认同总体情况的考查，主要涉及认同中国特色社会主义的优越性总体以及认同中国特色社会主义道路、认同中国特色社会主义理论体系、认同中国特色社会主义制度、认同中国特色社会主义文化四方面，由于问卷篇幅所限，所以对于"四个自信"认同总体情况的考查采用单项量表直接考查。从调查数据分析来看，当前大学生对于"四个自信"各个维度的认同比例均较高，道路、理论、制度、文化的认同（包括基本认同与高度认同）比例分别为88.44%、88.96%、89.91%、88.96%，对于中国特色社会主义的优越性总体认同比例也达到84.52%。

表5.7 "四个自信"认同统计结果一览表

选项	认同	非常认同	合计
总体认同	37.30%	47.22%	84.52%
道路认同	31.57%	56.87%	88.44%
理论认同	30.26%	58.70%	88.96%
制度认同	29.91%	60.00%	89.91%
文化认同	29.39%	59.57%	88.96%

第二节　新时代大学生社会主义核心价值观认同存在的问题

本次调研结果表明，国家、社会、学校对于大学生群体的社会主义核心价值观培育工作是取得显著成效的，但同时也发现了一些问题，为我们今后的工作提供了方向性的指引。

一、认知认同与行为认同之间存在错位

大学生对社会主义核心价值观的认同表现为高知晓、高情感，并不意味着高度的践行力（见表5.1），大学生在行为层面的相对偏低的认同度，表明了当前大学生对社会主义核心价值观的认同还存在着"知行不统一"的问题，即使一些问题思想上认识到了，也对之报以高度的期望，但付诸自身的实际行动的概率仍不够高，这也指出了当前和下一阶段的社会主义核心价值观培育工作的重中之重。这与《中国大学生思想政治教育发展报告》显示的数据结果相互印证，"高达85.3%的大学生表现出强烈的主体践行意愿，但只有58.0%的大学生愿意把核心价值观落实到实际行动中，存在知行不一、执行脱节的现象"[1]。比如对于"诚信"的理解，有93.56%的受调查者认同诚信的内涵——"第一，诚实。即实事求是，与人交往不欺骗、不隐瞒，经商不出尔反尔、不欺瞒消费者，为官不欺上瞒下、不贪污腐败等。第二，守信。一诺千金，言必信，行必果，用信誉赢得一切。"但同时被调查者中仅有51.39%的比例认为"我周围的同学都很诚信"，仍有20.26%的受调查者认为"一个人太诚信容易吃亏"，这就是理性与现实的错位的一种体现，要求是提给别人的，特权是留给自己的。这在大学生对"公正"的态度上也得以印证，90.00%的大学生赞同公正的内涵，包括"三方面：其一，它涉及经济公

---

[1] 沈壮海，王培刚，王迎迎. 中国大学生思想政治教育发展报告2016 [M]. 北京：北京师范大学出版社，2017：125.

平，政治、文化平等以及社会公正等各个方面的内容；其二，它表现为以程序正义为核心的法治精神；其三，它体现于国家在法制基础上对社会利益的调控"，但"在公正待遇与特殊优待中，我更愿意被优待"的题项调查中，仅有29.39%的大学生表示不认同，这也体现出大学生们对于社会公正的期许与渴望自己被优待的现实悖论。

二、内涵认同与现状认同存在不平衡性

大学生对于社会主义核心价值观内容的12个词的单个价值观内涵的认同度表现出不平衡性，如表5.4所示，由高到低依次为文明（4.52±0.64）、爱国（4.50±0.64）、和谐（4.48±0.66）、敬业（4.46±0.65）、诚信（4.45±0.65）、友善（4.41±0.65）、富强（4.36±0.75）、自由（4.36±0.68）、民主（4.35±0.75）、法治（4.33±0.68）、公正（4.31±0.69）、平等（4.10±0.93），其中最高认同度为对"文明"的理性认知，最低认同度为"平等"，二者均值之间差距达0.41，说明大学生对于社会主义核心价值观内容的12个词的内涵理性认知认同上还存在相对的落差。另外，值得我们注意的是大学生对于社会主义核心价值观内容的12个词的单个价值观的现实性认同度上也表现出更为明显的不平衡性，如表5.8所示，由高到低依次为为爱国（4.39±0.84）、敬业（4.19±0.90）、自由（3.93±1.12）、友善（3.81±0.93）、文明（3.77±0.87）、平等（3.70±1.00）、民主（3.69±1.02）、和谐（3.46±1.03）、诚信（3.40±0.91）、法治（3.24±1.15）、富强（3.04±1.24）、公正（2.98±1.06），其中最高认同度为个人层面的"爱国"，"敬业"次之，现状认同度最低的单个价值观是"公正"，其与最高认同度之间均值差高达1.41，说明大学生对于今天国人的"爱国""敬业"认同度较高，也说明其现实性很好。而"公正""富强"的现实性水平是尤其需要加强的，由此，可以看到大学生们对此是有预期或美好憧憬的，也有可能现实生活中看到的或经历的某些差强人意使然，这也正是我们全面建成小康社会乃至社会主义现代化国家的目标所在。认同的形成是个复杂的过程，也是个系统的工程，更是一个需要国家、社会、个人努

力的长期过程。

表5.8 新时代大学生社会主义核心价值观十二个词的现实性认同的描述性分析

	均值（M）	标准差（SD）
富强	3.04	1.24
民主	3.69	1.02
文明	3.77	0.87
和谐	3.46	1.03
自由	3.93	1.12
平等	3.70	1.00
公正	2.98	1.06
法治	3.24	1.15
爱国	4.39	0.84
敬业	4.19	0.90
诚信	3.40	0.91
友善	3.81	0.93

除了12个词内涵认同或者现实性认同，各自内部存在差异性、不平衡性之外，我们发现，大学生对于社会主义核心价值观12个词的内涵认同均高于对应的现实性认同。这一方面表明大学生能够理性客观地理解12个词单维度的社会主义核心价值观的内涵与所指，但另一方面也说明社会主义核心价值观12个词单维度的现实水平是有待进一步提升的，距离人们对它的预期与内涵理解方面均存在现实距离，这一点与前文的分析——"高知晓，低行为"的特征相一致。从均值的数值反映来看，大学生对社会主义核心价值观12个词的内涵认同均高于12个词的现实性认同，说明大学生们整体对12个词的内涵有着相对高的理性认知，但同时也就赋予社会现实以很高的预期，或是因为现实社会中看到的一些问题和差距，由此，对于现实社会的各个层面的满

意度尚待提高。这就需要我们的国家、社会、个人各个层面都付出更多的努力，以完善我们国家、社会、个人的各个方面，从物质的层面回应精神层面的诉求，为精神层面认同的实现提供物质基础。

三、大学生群体内部存在差异性认同

使用SPSS22.0进行差异分析是验证不同分组变量对检验变量是否存在差异性的普遍而常用的方法，包括独立样本T检验（在只有2种不同分组的组别上比较差异时使用）与单因素方差分析（在有2种以上不同分组的组别上比较差异时使用）两种方法。对本研究的调研数据分别进行差异分析，本研究分别以样本的基本资料所涉及的25个变量为分组变量或因子，来检验变量——社会主义核心价值观总体认同、三个维度认同以及对"四个自信"的认同，视组别情况使用独立样本T检验或单因素方差分析，进行差异性分析。由于具体考查了25个变量，所以共进行了50次检验，这里就不逐个将差异性分析一一列出，仅列出检验结果为存在显著性差异的其中一个变量检验为例。

表5.9 大学生是否信仰宗教的组统计量

	是否信仰宗教	N	均值	标准差	均值的标准误
认同总分	否	1130	4.0530	.43003	.01279
	是	20	3.5844	.70354	.15732
主体认知认同	否	1130	4.1116	.51610	.01535
	是	20	3.7417	.78841	.17629
价值认知认同	否	1130	4.2200	.53653	.01596
	是	20	3.8275	.82756	.18505
情感认同	否	1130	4.4080	.51539	.01533
	是	20	3.8643	.84098	.18805
行为认同	否	1130	4.0513	.49684	.01478
	是	20	3.5607	.72038	.16108

表5.10 大学生是否信仰宗教的独立样本 T 检验

		方差方程的 Levene 检验		均值方程的 t 检验					差分的95% 置信区间	
		F	Sig.	t	df	Sig.（双侧）	均值差值	标准误差值	下限	上限
认同总分	假设方差相等	4.431	.036	4.765	1148	.000	.46858	.09834	.27563	.66153
	假设方差不相等			2.969	19.252	.008	.46858	.15784	.13852	.79865
主体认知认同	假设方差相等	2.093	.148	3.143	1148	.002	.36989	.11770	.13896	.60082
	假设方差不相等			2.090	19.289	.050	.36989	.17696	-.00012	.73990
价值认知认同	假设方差相等	1.494	.222	3.207	1148	.001	.39254	.12240	.15239	.63270
	假设方差不相等			2.113	19.284	.048	.39254	.18574	.00418	.78091
情感认同	假设方差相等	4.230	.040	4.613	1148	.000	.54368	.11785	.31246	.77490
	假设方差不相等			2.882	19.253	.009	.54368	.18867	.14913	.93822
行为认同	假设方差相等	.104	.748	4.338	1148	.000	.49055	.11309	.26866	.71244
	假设方差不相等			3.033	19.321	.007	.49055	.16176	.15237	.82873

由表5.9、表5.10可以看出，有宗教信仰的大学生对社会主义核心价值观的总体认同（T=4.431，$P<0.05$）、主体认知认同（T=3.143，$P<0.05$）、价值认知认同（T=3.207，$P<0.05$）（认知认同考查，正如第三章调查设计中阐述的那样，本研究采用"主体认知认同"与"价值认知认同"向内与向外的两个确指来考查）、情感认同（T=4.613，$P<0.05$）、行为认同（T=4.338，$P<0.05$）上

显著低于无宗教信仰的大学生。

通过差异性分析，得出如下结论：

（一）大学生群体内部存在着对于社会主义核心价值观认同的差异性

对社会主义核心价值观总体认同与三个维度认同分别进行样本基本情况变量的差异检验，结果发现16个研究样本基本情况变量不存在显著性差异，其余9个变量存在显著性差异：

其一，不同地区（这里指学校所在地）的大学生对社会主义核心价值观的总体认同与三个维度的认同度均表现出显著性差异，总体趋势均为中部地区的认同程度显著高于东部和西部地区，东部地区亦高于西部地区；

其二，大学生信仰宗教与否对社会主义核心价值观的总体认同与三个维度的认同均表现出显著性差异，总体趋势均为无宗教信仰大学生的认同程度显著高于有宗教信仰的大学生；

其三，是否是学生干部、中共党员对社会主义核心价值观的总体认同与三个维度的认同度均表现出显著性差异，总体趋势均为学生干部、中共党员的认同程度显著高于普通大学生；

其四，不同时政关注度的大学生对社会主义核心价值观的总体认同与三个维度的认同度均表现出显著性差异，总体趋势为关注时政的大学生认同程度显著高于不关注时政的同学；

其五，拥有不同生活状态的大学生对社会主义核心价值观的总体认同与三个维度的认同度均表现出显著性差异，包括人生目标、生活态度、生活满意度三个维度的显著性差异，总体趋势为生活状态较好即有着明确的人生目标或积极的生活态度抑或是有着较高的生活满意度的大学生认同程度显著高于其他同学；

其六，在对社会主义核心价值观总体认同度与三个维度认同度分别进行不同传播渠道影响力的差异检验中发现：思政课、社会实践、网络、朋友、社会氛围等传播载体对社会主义核心价值观的总体认同与三个维度的认同度

117

均表现出显著性差异。超过三成的大学生认为父母、社会实践、网络、教师等载体对其思想认识影响力比较大。

（二）大学生群体对"四个自信"的认同度也表现出内部的显著差异性，包括年级差异性、政治面貌差异性、是否是学生干部的差异性

对"四个自信"认同度分别进行样本基本情况变量的差异检验，结果发现：首先，大学生所在的年级与其对于"四个自信"的认同度呈显著性差异，大一、大二、大三的认同度逐年上升，大四（包含五年制大五）的认同度有所下降，但依然高于大一的认同水平，表明学校的社会主义核心价值观教育是取得显著成效的，大四（大五）学生出现波动可能源于就业与毕业的现实压力。其次，大学生党员对于"四个自信"的认同度与非党员表现出显著性差异，而且在"四个自信"的认同度方面均高于非党员，表明高校大学生党员的选拔与培养工作是取得实效的，也说明对中国共产党的党组织认同并积极以行动向党组织靠拢的大学生更认同中国特色的社会主义。最后，学生干部对于"四个自信"的认同度与普通同学表现出显著性差异，而且在"四个自信"的认同度方面均高于普通同学，表明学生干部的思想政治觉悟整体水平较高，可以在校园生活中较好地发挥同辈群体的模范带头作用。

第三节 新时代大学生社会主义核心价值观认同存在问题的原因分析

本研究在前一节分析大学生社会主义核心价值观认同存在的问题基础上，进一步探究问题背后的原因，旨在为提出更加切实有效的认同对策找到突破口，明确症结所在。

新时代大学生处于"世界百年未有之大变局"中，伴随着"世界怎么了，中国应该怎么办"的时代之问，新时代的大学生也面对着"我究竟处于一个怎样的世界，怎样的时代，我该怎么办"的问题。前已所述，正是因为世界的多维性，这样的"一"与"多"的嬗变，才使得"认同"成为问题，而今世界的复杂性更增加了认同的难度与复杂性。

一、大学生的价值选择与主体自觉之间存在内在张力

新时代大学生群体也表现为其自身的群体性特点，这就成为我们分析其社会主义核心价值观认同现状的成因中必须考量的主体维度。

（一）作为新时代大学生的自觉存在与多元选择

新时代的大学生思维活跃，富于创新精神、探索精神与理想主义情怀，但同时价值观尚处于逐步成熟完善阶段，思想更积极活跃呈现多元化，心态更开放、更易于接受新事物，个性张扬、主体性突出，注重自我的实现。大学生作为具有较高知识水平的群体，具备较强的思辨意识与主体自觉，这就决定了大学生的社会主义核心价值观认同必须基于大学生的群体自身特点，不能整齐划一。我们应该看到大学生习惯于从自身的经历、想当然的立场以及对世界的理想态度来审视周遭与世界，在实然世界与应然世界的落差之间常常表现为一定的认知局限、情感的缺乏以及行动的无力，这方面的一个体现就是在本章第二节表5.4与表5.8中所呈现的大学生对于社会主义核心价值观12个词的单个价值观的内涵与现实性认同度上表现出的不平衡性，因此，需要我们的国家、社会、学校、家庭一方面携手努力，在实然性的世界不断发展中为大学生们的价值认同提供更加坚实的社会基础与物质承担者；另一方面也需要各方同向发力，引导大学生能够更加客观、理性、全面的认知世界，树立科学而坚定的信仰，为实然世界走向应然世界而努力奋斗，做担当民族复兴大任的时代新人。

对国家所倡导的社会主义核心价值观的态度也与大学生的个人际遇有关。61.83%的大学生有着明确的人生目标，90.17%的大学生有着积极的生活态度，生活满意度高达89.13%，同时38.17%没有明确人生目标、9.83%生活态度不积极、10.87%对生活不满意的大学生群体也需要我们更多的关注。在第四章

的调研数据分析中表4.17新时代大学生社会主义核心价值观认同影响因素的回归分析显示，大学生生活满意度、生活态度的标准回归系数分别为0.236和0.206，对认同构成显著性影响，并进入新时代大学生社会主义核心价值观认同的多因素影响综合模型（如图4-2所示）。这就需要我们的大思政主体能够继续在世界观、人生观、价值观引导上发力，也能够格外关注少数生活态度不积极、对生活不满意的大学生群体，注意点与面的结合。

新时代大学生责任感强，但同时凸显出个性与多元的思想认识。89.91%的受访大学生认为"新时代的大学生要勇做走在时代前列的奋进者、开拓者、奉献者"；88.09%的大学生表示"以青春之我，创建青春之家庭，青春之国家，青春之民族，青春之人类，青春之地球，青春之宇宙"；同时，31.83%的大学生认为"读大学的目的在于找到好工作"；26.96%的大学生不反对"宁可在宝马车里哭，也不在自行车上笑"；16.78%的大学生对"人有没有信仰，都一样活着"的看法表示赞同。此外，调查中发现当前大学生中存在一定比例的"佛系""无感"人群，虽然比例不高，但对一切无所谓的态度，随心随性的任意选择也加大了思想政治教育工作的难度。当前一些大学生所强调的个人价值选择所呈现的多样性，往往与价值迷茫与混沌相连，是所谓的"个性""风格"意识单纯驱使，如何进行卓有成效的信仰教育就成为破解难题的关键所在。

（二）作为"数字居民"的主体性表达与被裹挟

微博、微信、微视频、微支付、微商、微贷等的出现与广泛蔓延，已经使得"微"成了理解这个新时代不可绕过的关键词，他们已经悄然地影响和改变了我们的经济、政治、文化、社会生活的各个层面。2019年中国网民突破9亿，其中百分之九十九的用户使用手机上网[①]。大数据分析表明，现代人平均每13分钟看一次手机，对手机的依赖程度可见一斑。当今的大学生正是伴随着互联网长大的一代，因此也被称为"数字居民"（digital natives）。对于

---

① 我国网民规模突破9亿 手机上网比例达99.3%[EB OL].光明网，2020-04-28.

给侧的改革与创新。思政课不是简单的传授知识，还在于影响学生的思想，它既涉及显性的知识教育过程，更涉及主体隐性的情感培养以及意志锻炼等主观世界建构过程，如何以大学生乐于接受的方式，彰显理论的魅力，增进大学生的情感认同、行动自觉，这也正是思政课的难点所在。调查中显现的某些大学生对于马克思主义的认知状况，一方面反映了一些学生只是限于出勤、拿到学分的层面；另一方面思政课对于学生的现实需求关注不够，不能够完全做到教材理论与教师的教、学生的思想需求三者之间的协调统一，如何加强思政课的吸引力、实效性已经成为迫在眉睫的问题。社会主义核心价值观的教育教学不仅是国家发展的需要，也是满足大学生成长成才的需要，价值观教育可以始于认知，但不能终于认知，它不仅是一种知性教育，更是一种以实践精神为指向的人的思想教育，这也正是其特殊性、复杂性和价值性所在。调研中发现现在的思政课基本解决了"知"的问题，能否使大学生从一般性识记的"认知"上升到"认知认同"，从"知"上升到"情"、落于"行"已然成为现阶段思政课改革面临的难题。尤其在新媒体这种立体式、全方位的传播方式里，手握电脑、手机的大学生们，连接着无数人的存在表达，这些信息以文字、声音、图像以及影像符号等载体呈现林林总总的思想文化，而我们的思政课如何应用新媒体进行课程改革，如何在多元文化中发挥引领力，如何形成话语力等都成为新形势下大学生社会主义核心价值观认同的必然选择。

（二）教师的价值观影响力尚待进一步加强

这里的教师指的高校所有教师、全学科教师，他们都是高校"三全育人"主体。在大学生思想认识形成过程中，对其影响力比较大的载体（影响程度大于30%）由高到低排列分别为父母、社会实践、网络、教师、社会氛围，其中认为教师对其思想认识影响力比较大的学生比重为35.65%，说明人的思想意识的形成是一个复杂的系统工程，需要家庭、学校、社会形成合力，信息时代更应该突出运用好网络媒介的现实作用，应继续加强教师在思想教育中的主导作用，彰显教育实效。现阶段仍旧存在一些专业课教师将育人之责单纯推给思政课教师、辅导员，将自己定位为"经师"而非完整意义的"人师"，没有发掘隐含在专业课程之下的育人要素与价值理念。正所谓"亲其师，方能信其道"，虽然教师整体队伍的水平是好的，但是个别现象与问题的出现，都直接影响广大学生对于教师的认同，也就使"信其道"大打折扣。师者，不仅传授知识，而且影响学生思想，这就不仅限于对思政课教师的要求，更要求所有的教师都能够在传道授业的过程中成为学生思想的引路人，做到同向而行，全学科育人。

（三）校园文化的价值观滋养场亟须进一步丰满

大学生80%的时间生活在大学校园里，大学阶段他们离开家人开启独立的校园生活，那么他们所生活其中的校园文化就成为直接影响他们思想与行为的重要载体。当前的校园文化活动可谓林林总总，数量繁多，调查中发现新时代的大学生比较注重参加实践活动，参加社团活动的比例高达95.30%，说明校园活动的面已经铺开，涉及绝大多数的大学生，但这其中不流于形式、赋予内涵、为学生乐于参加并深深受益的又有多少呢？有些校园文化活动，在热热闹闹退场之后又留给大学生多少营养呢？当前大学生社会主义核心价值观认同存在一定程度的知行分离倾向，一些大学生认识到了"应该做什么"，但实际中却又不愿意付诸实践。调查中显示："85%的人知道什么是正确的，可如果是自己，则不愿意去做，因为与自己无关。"[①]原因之一就是缺乏对于社会主义核心价值观的情感认同，情感上的淡薄使其没能形成付诸实践的动机，所以，高校应从大学生主体需要出发，考虑不同年级、不同专业大学生的所急所需，开展有营养、有内涵、有意义，更为广大学生所喜欢的校园文化活动。同时全媒体时代，高校的官微、公众号以及校园里的陈设也都要考虑学生的情感需要与价值需求，在"高大上"的同时也能够接地气，增加学生的好感度、满意度，在潜移默化中以生活化的方式影响大学生的思想。

---

① 欧阳永忠.道德心理和谐及其教育研究[M].北京：人民出版社，2014：115.

三、国家发展的现实性与大学生的理想性之间存在内在张力

马克思主义基本原理认为，社会存在决定社会意识。新时代大学生对于社会主义核心价值观总体认同度较高，但调查中发现依然存在一些尚待加强的方面，这与大学生们经常从理想的角度审视世界有关，也与当前中国发展的现实阶段的现状密不可分。

党的十九大上，习近平总书记庄严宣告："经过长期努力，中国特色社会主义进入了新时代，这是我国发展新的历史方位。"[1]新时代是指中国特色社会主义的发展新阶段，这是党的十九大对于我国当前所处的历史方位的新判断，其历史起点即2012年党的十八大的召开。中国特色社会主义进入"新时代"的主要标志是"三次伟大飞跃"[2]，"新时代"具有多维度的典型性，包含着综合国力显著增强的新国力、国际影响力急剧提升的新地位、奋斗目标即将转换的新征程、主要矛盾发生转化的新矛盾；同时"新时代"之下，也表现出新的时代特征，作为大学生社会主义核心价值观认同的新场域，其中也包括新挑战。

（一）社会主要矛盾投射下的不平衡性、不充分性

从现实的角度看，一方面，新中国成立以来，经过70余年的长足发展，已经建立起了雄厚的物质基础，中国已经成为世界第二大经济体，综合国力显著增强，人们的生活水平大幅度的提高，体现在吃、穿、住、用、行各个方面，这为我们今天的发展提供了很高的起点，也以雄辩的事实证明了中国特色社会主义的正确性。一年两年的发展也许存在一定的偶然性，改革开放以来长达40余年的稳健发展，足以向世界昭示中国特色社会主义的科学性与必然性。与之相对应就是大学生在蓬勃发展的新时代中获得了空前的民族自信心与自豪感，对社会主义核心价值观乃至于中国共产党、中国特色社会主

---

[1] 习近平.决胜全面建成小康社会 夺取新时代中国特色社会主义伟大胜利——在中国共产党第十九次全国代表大会上的报告［M］.北京：人民出版社，2017：10.

[2] 习近平.在庆祝改革开放40周年大会上的讲话［N］.人民日报，2018-12-19（1）.

义拥有了充分的自信。另一方面，一个国家、一个社会的发展进步又是一个螺旋式的上升过程，旧的问题解决了，还会有新的问题出现。经过长足的发展，人们的需求已经发展为对美好生活的向往，我们也总体改变了过去落后的社会生产之状况，而今需要解决的是"不平衡、不充分"的发展问题。这也说明今天的中国还需要时间，需要继续努力。当前阶段的"不平衡、不充分"体现之一，就是东中西部、城乡的发展不平衡，西部发展的不充分，农村发展的不充分，这些现实问题投射到大学生的眼里，势必会影响其对于今日中国的满意度与幸福感。这体现在本章第二节表5.4与表5.8中所呈现的大学生对于社会主义核心价值观12个词的单个价值观的内涵与现实性认同度上表现出的不平衡性，也体现在这两个表中12个词内涵认同或者现实性认同，各自内部存在的差异性、不平衡性。比如"老人倒了扶不扶"，之所以成为问题，原因也在于个别事件的蝴蝶效应，而这些个别事件投射到大学生的心里，就会使其产生这样或那样的顾虑，滋长大学生的价值冷漠，最终影响其对于社会主义核心价值观的践行。很多时候他们已经存在理性认知，也有践行意愿，但最终由于种种现实顾虑而止于行动。

（二）文化发展的阶段性与自身特性

马克思主义认为，"人的本质并不是单个人所固有的抽象物。在其现实性上，它是一切社会关系的总和"[①]。一个人作为社会存在物终其一生都在解决人与物、人与人、人与社会、人与自然、人与自身的关系问题。"五位一体"的总体布局就是着眼于以上五大关系问题，其中，经济发展的各项举措就是在解决"人与物"的关系问题，使人不为物的匮乏所累，政治、社会、文化、生态四大领域的建设所要着力解决的也正是人与社会、人与人、人与自身、人与自然的关系问题。这就需要我们立足现实，审视来自发展新阶段的挑战，专心致志搞建设，一心一意谋发展，唯有把国家建设得更好，由经济基础投射到精神文化的上层建筑才更有底气，更有支撑。在第四章的调研数据分析

---

① 马克思，恩格斯. 马克思恩格斯选集：第1卷［M］. 北京：人民出版社，2012：135.

中表4.17新时代大学生社会主义核心价值观认同影响因素的回归分析显示，大学生对于中国特色社会主义文化认同、制度认同、理论认同、道路认同的标准回归系数依次为0.255、0.222、0.124、0.114，对大学生社会主义核心价值观认同均构成显著性影响，并进入新时代大学生社会主义核心价值观认同的多因素影响综合模型（如图4-2所示）。调查表明，越认同中国特色社会主义文化、制度、理论、道路就越认同社会主义核心价值观，其中文化的标准回归系数最高，影响力也最大。作为习近平新时代中国特色社会主义思想重要内容的社会主义核心价值观，正是在当前物质文明建设取得阶段性成效的情况下，对于国人精神世界的关注，聚焦的是"如何解决个人与国家、社会、职业、自身、他人的关系"五个方面的问题。核心价值观是文化的核心，近年来国家把文化自信提升到了第四个自信的国家高度，在表明文化的重要性的同时，也在某种程度上说明了目前我国的文化建设任重而道远，因为自信的强调，恰恰与当前的某种程度的"不自信"相对应。国人的文化自信走过了从古代的高度自信、到近代的自信被击碎，再到新中国成立渐渐重拾自信的"U"形发展过程。今天我们强调文化自信建设，强调社会主义核心价值观的培育，因为文化的空场，就意味着精神的缺位。文化发展是一个漫长的循序渐进的过程，人的素质提升、思想的转变与文化一样不可能一蹴而就。历史与现实表明：社会形态可以跨越卡夫丁峡谷，经济建设也可以实现跨越式发展，比如我国未经过典型意义的资本主义社会就进入了社会主义社会，而且用40多年改革开放稳健的经济发展步伐走完了西方发达国家几百年才走完的路。但文化发展有其自身的规律性，注定是一个漫长的、循序渐进的发展过程，不可能有文化的速成班，更不可能跳跃式前行。西方文艺复兴历时三百余年，才把人从神的束缚中解放出来，成为催生后来的资本主义社会的思想解放运动。可见，文化建设之于一个城市、一个省份、一个国家、一个社会的典型意义，也足见文化发展的漫长性与复杂性。

（三）传统、现代与后现代的共时性

当今世界正处于一个由现代走向后现代的历史转折时期，正处于现代与后现代之间的新的未知领域，或者说一个广阔的历史的间隙地带。这一历史位置就意味着我们必然会遇到相应的问题、困境与差异，它们都已浮现出来，而不再隐藏在历史之中，后现代转向正处于现在进行时态。后现代转向虽然已经出现，但它作为一种新兴事物，还没有在社会中占据主要地位，仍有待于充分地展开、成长和成熟。当今中国正处于两个转向中，一是传统到现代，二是在对后现代的展望中实现现代化。因此，不能简单地认为我们已经进入"后现代社会"，现代社会的显著特征——个体化、世俗化、工业化、文化分化、商品化、城市化、科层化和理性化等仍然主导着世界。当前我们正共时性地体验着现代与后现代的诸多性征，在"一"与"多"的对撞与断裂中，新时代大学生面临的是空前眼花缭乱的选择与纷繁复杂的世界。对于当前的中国而言，在如何看待现代性与后现代性转向的问题上，一方面，我们无法对我们这个世界正在发生的后现代现实充耳不闻，必须正视它、研究它。我们必须研究、探讨后现代的话语方式。另一方面，我们也不能割断历史，将后现代视为孤立的文化事件，我们不同意断裂论。在此，美国学者道格拉斯·凯尔纳（D. Kellner）的文化批判理论对当前的文化定位——现代与后现代并存，无疑为我们提供了很好的借鉴。就我国目前来说，凯尔纳所说的两种范式的"矛盾"也正在中国本土出现。时代和社会的主题是现代化，但文化上却出现了不可抵挡的后现代趋势和倾向。这要求我们在试图分析中国的文化现象时，又必须联系世界背景进行新的审视和考虑。在全球化和信息化时代背景之下，后现代性虽然并非中国的"主流"，但这股"支流"能够反照"主流"，能够让我们更清醒地评估现代化事业。我们正在共时性地体验着传统、现代、后现代，因此，我们更有理由在强调现代的价值理念的同时，警示后现代对现代某些方面的反思，同时也要注重吸收传统中的现代因素。对此，无论是现代的还是后现代的思路都是有益的视角。

个性张扬、崇尚自我的新时代大学生而言，他们满怀欣喜地拥抱这个"微时代"带来的丰富与便捷，驰骋于这个赋予他们更多的表达和交流空间的微时代，但从某种程度上来说，他们也被这个微时代所绑架、所异化，每天大量的时间花在看微博微信、抖音快手、淘宝上，患上了手机"依赖症"。本次调查发现，当前大学生的网络依赖性，尤其是手机依赖性较高，近三分之一的学生经常打游戏，每天使用手机社交应用时长在3小时以上的比例为76.79%，其中有五分之一使用时长甚至在5小时以上，占到除去睡眠以外时间的三分之一左右；有超过四成的大学生每天超过4小时的时间花在看微博微信、刷朋友圈、玩抖音上。在第四章的调研数据分析中表4.17新时代大学生社会主义核心价值观认同影响因素的回归分析显示，大学生社交APP使用量的标准回归系数为0.063，对认同构成显著性影响，并进入新时代大学生社会主义核心价值观认同的多因素影响综合模型（如图4-2所示）。

　　研究中发现，社交APP使用的数量越少越认同社会主义核心价值观。说明在当今这个大众麦克风时代，各种观点相互碰撞，形成网络的舆论场，在一定程度上消解了社会主义核心价值观的认同力。身处网络漩涡之中的大学生们使用的社交APP越多，越被海量的碎片化、无序纷繁的信息所裹挟，出现价值取向的迷茫与混乱，变得无所适从，进而造成个体心理层面的价值冲突与行为方式的不确定性。

　　良莠不齐的各种各样信息通过"社交媒介杠杆"呈几何倍数地在移动网络平台肆意增长，"社交媒介"的效用被极大的凸显，但这也是一把双刃剑，它能在多大程度上褒扬"善"，就能在多大程度上放大"恶"。微时代的到来使得寻亲、筹款、阅读、成名变得便捷而广泛，但与此同时，裸贷、碎片化阅读、价值的虚无等问题也在不断席卷着个体，微时代中的个体看似告别了以往传统媒体时代的单一接受的观众，可以尽情表达与互动，但实际上这种主体性的凸显是被框定的，或者说是受限的。比如，碎片化阅读中的真相就至少有三个，分别是"真相本身""我眼中的真相""大众认可的真相"，这就使得新时代的大学生在"谁都可以发声"的微时代难以辨识真正的真相，但凭个人的好恶做出所谓的判断,甚至卷进网络暴力的漩涡;同时,现在的数据挖掘技术也使得主体陷于技术优选出的设定性,比如很多大学生经常使用的搜索引擎或APP,为了增加点击率,不断根据用户点开的链接进行相关性、切合度高的信息推送,这一过程中,实际上用户就在自己与数据框定的世界中越走越远,而所有诸如此类经过主观与技术筛选的世界都有可能使主体陷于偏颇,甚至走向空虚与堕落。以上均充分说明网络尤其是新媒体已经掌握大学生,已然成为影响大学生价值观形成的重要渠道,教育工作者如何从新时代大学生的需求侧出发占领网络的制高点,掌握网络话语权,发挥好、运用好网上传播阵地的网络育人功效,已然成为微时代赋予我们的新课题。

二、高校"三全育人"的实效性与思想文化主阵地之间存在内在张力

面对世界与时代性的新变化,高校作为增强大学生社会主义核心价值观认同的主体场域,一直是带领广大学生直面应对价值冲突的重要前沿阵地,它的主阵地作用、"三全育人"的实效性发挥均成为新时代大学生社会主义核心价值观认同的关键所在。当前,大学生思想政治教育实效性不足,"大思政"合力未能有效显现,校园文化活动有的流于形式,未能走进学生内心,不能获得学生情感的共鸣与认同等均是调查中显现的高校层面尚待加强的方面。

(一)思政课的价值观主渠道作用仍需进一步提升

在第四章的调研数据分析中表4.17新时代大学生社会主义核心价值观认同影响因素的回归分析显示,思政课影响度的标准回归系数分别为0.077,对认同构成显著性影响,并进入新时代大学生社会主义核心价值观认同的多因素影响综合模型(如图4-2所示)。调查表明,思政课对大学生影响度越高越认同社会主义核心价值观。本次调查发现,当前思政课的实效性与影响力尚待加强,在大学生社会主义核心价值观培育中的主渠道作用仍未完全显现,究其原因,思政课的实效性问题,需要从大学生的需求侧出发进行思政课供

（四）多元社会思潮的弥漫性与交融性

伴随着经济的大发展，人们开始追逐金钱与物质。固然，人离不开物质，然而当物已经代替理想、道德，衍生出"物的逻辑"横行于世，成为驱动人们行为选择的重要标准的时候，人类为了追求物质的丰腴，而付出的精神的代价就显得格外惨烈。如何在核心价值的视域下增强人们尤其是大学生们对中国道路的信心与信念，成为关系中国道路去往何处的重要内容。与此同时，值得我们格外关注的就是当前国内各类思潮相互激荡，可谓惊涛拍岸，几十种社会思潮暗流涌动，它们大多披着理论的、经济的、文化的外衣，但实际上无论是西方"宪政民主"、新自由主义，抑或是历史虚无主义等都剑指中国社会的发展道路，试图改变中国道路的现行方向。"意识形态决定文化前进方向和发展道路"①，道路问题更是关乎一个国家兴衰成败的关键性问题。

正是在这个多元与多样的社会现实之下，富有主体性又易于接受新事物、对实现人生发展有着强烈渴望的大学生们面对应接不暇的外部环境，陷入了一定程度的价值冲突之中，出现了一些迷茫或盲目追随的倾向，其具体表现已在前文的调研分析（详见第四章第一节中大学生群体特征分析部分）中呈现，这里不再赘述。大学生群体中出现的一些对现实的无感、及时行乐、现实主义倾向等问题，与其没有树立坚定的理想信念有关，也与正值拔节孕穗期的人生发展阶段成长之问没有得到很好的回应有关。意识是对存在的反映，正是来自现实的外在价值冲突导致了大学生们价值心理领域的内在矛盾，表现为一定程度的价值选择迷茫、价值情感的冷漠，甚至价值信仰的缺位。

四、世界大变局与意识形态安全之间存在内在张力

习近平总书记在2018年召开的中央外事工作会议上对当今国际时局做出判断——"当前，我国处于近代以来最好的发展时期，世界处于百年未有之

---

① 习近平.决胜全面建成小康社会 夺取新时代中国特色社会主义伟大胜利——在中国共产党第十九次全国代表大会上的报告[M].北京：人民出版社，2017：41.

大变局，两者同步交织、相互激荡。"[①]"大变局"之下，世界文化交流、交融、交锋，多元意识形态碰撞、纷争，其各自所倡导的价值观必然会对大学生社会主义核心价值观认同的形成产生干扰与冲击。

（一）全球化与逆全球化交叠

新航路的开辟使原本各自为政的大陆连通为今天意义的世界，作为资本主义殖民步伐在全球的开始，客观上加深了各国彼此的联系，也使落后国家成为发达国家的附庸，殖民地、半殖民地成为宗主国的原料产地和产品倾销地，伴随着独立运动的兴起与经济的发展，附属国的地位发生变化，世界秩序渐趋正常化，发展至今，世界面临前所未有的大变局，一方面，相互联系的世界更为紧密地发展为休戚与共的"人类命运共同体"；另一方面，英国的脱欧、美国的贸易保护主义等逆全球化事件，让大学生们看到全球化进程中鲜花与荆棘同在，也让其应接不暇，由此产生价值困惑，甚至价值混乱与冲突。提到"全球化"，通常人们更多地想到的还是经济全球化，但实际上，伴随着全球化的深入发展，国与国之间的联系空前密切，全球化的影响也渐渐突破单一的经济层面，席卷文化、社会生活等各个层面，尤其以互联网为代表的信息技术的迅猛发展，使商品、资本、人才、信息等的流动呈几何倍数增长。就思想文化层面而言，全球化时代的到来，使得任何个体都不可能一直生活在一个封闭的环境里。全球化时代的背景下，各国之间共同利益和冲突利益是并存的，多元文化侵袭，个体自我意识的萌发，使得人们遭遇前所未有的认同危机。多元文化刺激了人们对于文化认同的思索，但同时良莠不齐的各类文化的涌入，也给文化认同带来了危机与挑战。这就要求一方面需要客观地分析我们身处其中的文化环境，对于革命文化与社会主义文化、传统文化、外来文化分别解析，从而厘清它对于大学生社会主义核心价值观认同所产生的种种影响，为最终认同对策体系的建立提供研究基础；另一方面

[①] 习近平. 习近平在中央外事工作会议上强调 坚持以新时代中国特色社会主义外交思想为指导 努力开创中国特色大国外交新局面[N]. 人民日报, 2018-6-24（1）.

着力明晰文化认同的形成逻辑,文化认同的产生过程也正是价值观形成的过程,它在主体性与主体间性的网状结构里、外在建构与内在需要的交互作用中形成、改变和确认,文化认同也随之产生、发展、变化。

(二)西方意识形态输出与渗透

放眼世界,我们的核心价值观建设取得了阶段性成绩,但自身竞争力依然尚待加强;与之相对应,以美国为首的西方国家依靠其强大的语言、经济与科技优势,不遗余力地向全球进行价值观输出。表现之一,美国以文化输出进行意识形态渗透,多数的美国影片用英雄主义模式,强化美国的"世界警察"身份,蕴含的观念倾向显而易见——"只有美国人,才能拯救世界",所以我们看到无论是美国队长还是蜘蛛侠,他们穿的衣服的颜色永远是红与蓝,因为那是美国国旗的颜色。表现之二,美国以赤裸裸的文化侵略对我国进行和平演变,试图颠覆中国青年的价值观,美国中情局的《十条诫令》就是最有力的证明。尤其是近年来,面对中国的迅速发展,西方国家又炮制了中国梦之路就是"扩张梦""霸权梦"等一系列中国威胁论的变种,并进一步预言:中美会跌入所谓大国冲突对抗的"修昔底德陷阱"[①]。世界史表明:作为后起之秀的16个新兴大国在权力转移中,12个国家走上了战争之路,比如德国的崛起就导致了第一次世界大战,德、意、日的崛起挑起了第二次世界大战,进而抛出一个看似符合逻辑的结论——中国的崛起必然爆发第三次世界大战。这种"国强必霸"的逻辑有两个明显的错误:第一,大多数并不一定代表"完全""确定",即使在战争的时代背景下,仍旧有四分之一的国家走向了和平发展的道路;第二,正所谓"时异则事移",当今世界的主题是和平与发展,而非当年的"战争与革命"。经济一体化与政治多极化使得国与国之间的联系更加紧密,牵一发而动全身,战争爆发就注定没有赢家;同时,面对世界百年不遇的大变局,没有哪个国家能够独自应对人类面临的共同挑战,

---

① 叶自成.以中华智慧破解"修昔底德陷阱"——习近平关于构建新型大国关系的战略构想解析[J].人民论坛,2014(6):33.

全球命运与共、休戚相关，唯有建设人类命运共同体，方能建设"持久和平、普遍安全、共同繁荣、开放包容、清洁美丽"①的世界。中国梦的提出也绝非特立独行，回首整部世界史，先后出现了五个世界性的国家梦，从罗马梦、长安梦、伦敦梦到苏联梦、美国梦，都是在其社会形态具有典型意义的时候出现的，而中国当前就处在这样一个时刻。因此，中国梦作为一个世界性的国家梦，它的提出，是中国发展的必然性，也体现了世界大国发展的普遍性与必然性。

近些年来，一些国家抛出了"普世价值"之说，肯定地说，人类是有共同的价值追求的，但现在的"普世价值"一说却被某些文化强国赋予了特殊意义的、被标签化了的价值，成为"文化强权"的代名词，其背后的目的昭然若揭。他们借鼓吹自身价值的所谓"普适性"，而推演出西方道路的唯一合理性，以达到否定中国道路，清算西方社会眼中"他者"的目的。基于此，我们当前应着力提升我国核心价值观自身的认同力、竞争力，在价值观外交中争得优势，增强其对于中国道路的现实功能。

---

① 习近平.决胜全面建成小康社会 夺取新时代中国特色社会主义伟大胜利——在中国共产党第十九次全国代表大会上的报告[M].北京：人民出版社，2017：58-59.

第六章

增强新时代大学生社会主义核心价值观认同的对策

在文化价值观念日益多样化的背景之下,如何倡导和确立社会主义核心价值观,进而增进大学生的文化认同感、价值认同感,成为摆在教育工作者面前的一个现实而紧迫的问题。本研究在充分调查研究的基础上,针对当前大学生社会主义核心价值观认同的现状以及存在的问题、原因,提出方法论。社会存在决定社会意识,在原因分析中,理想与现实的差异影响了本就理想化认识世界的大学生们对于社会主义核心价值观的认同,所以从国家层面就需要我们立足现实,审视来自发展新阶段的挑战,专心致志搞建设,一心一意谋发展,唯有把国家建设得更好,由经济基础与社会现实投射到精神文化层面的上层建筑才更有底气,更有支撑。

社会主义核心价值观被大学生所认同,是一个长期的、复杂性的、系统工程,它需要国家、社会、学校、家庭、学生本人的共同努力。本研究聚焦大学生群体,考虑到作为研究对象的大学生绝大多数时间均在学校度过,高校是大学生认同社会主义核心价值观的主要场域,同时无论是时代挑战与现实应对最后都主要落在高校的肩上,因此,将高校作为对策提出的立足点。高校要努力承担起立德树人的根本任务,解决好"为谁培养人,怎样培养人,培养什么人"这一教育的根本问题,在大学生们踏入社会前的这个最后准备阶段,积极发挥"主场"优势,使大学生能够更好地应对来自复杂环境的以及来自成长过程中的价值冲突问题,成长为"德智体美劳全面发展的社会主义合格建设者和可靠接班人"。基于此,我们建立了大学生社会主义核心价值观认同的"三位一体"立体化教育模式,对新时代大学生社会主义核心价值观认同的三个维度——认知认同、情感认同、行为认同分别展开,既关注具体维度的认同提升,也聚焦整体性的协同发力,为增强大学生社会主义核心价值观认同提供引导力、驱动力、践行力,旨在为面对种种现实挑战与时代性课题的高校在社会主义核心价值观认同工作中提供实效性方案。

第一节 紧扣新时代大学生社会主义核心价值观认同的核心目标

高校对增强新时代大学生社会主义核心价值观认同的目标,是大学阶段所实施的社会主义核心价值观认同的教育活动所要达到的预期结果。这里的目标不是单一的,而是集合的,是一个目标系统。增强新时代大学生社会主义核心价值观认同所要实现的目标至少包括价值性目标、结构性目标、群体性目标以及阶段性目标。社会主流价值观认同的强化是一项合目的性与合规律性相统一的事业。新时代大学生社会主义核心价值观认同的培育与强化以回应现实的价值需求为直接指向,最终的目标指向在于通过教育的外力作用于大学生的精神世界,使其建立起对社会主义核心价值观的"自觉的信仰体系",成为德智体美劳全面发展的社会主义合格建设者与可靠接班人,实现人的全面发展。

一、抓牢价值性目标

价值是由人通过实践而建构的"为我而存在的关系",在全社会进行社会主义核心价值观的培育,归根结底是为了实现国家、社会的进步与人的全面发展。因此,高校对大学生进行社会主义核心价值观认同教育的价值性目标包括社会价值与个人价值两个层面,二者的有机统一方为价值性目标的实现。

对新时代大学生进行社会主义核心价值观认同教育的社会价值反映了其对社会的"有为",具体地说,其社会层面的价值性目标在于培育和塑造一种主流的意识形态,构筑中华民族共有的精神家园,形成精神共同体,从而推动整个社会的政治、经济、文化、生态等的协调发展，促进社会进步。社会主义核心价值观作为一种国家倡导的社会主流意识，属于精神层面的内容，一方面，通过在全社会的积极培育与践行，有利于形成价值引领、汇聚社会共识；另一方面，精神反作用于物质，通过引导大学生的行为推动改造世界的社会实践活动，最终为社会主义现代化建设服务。

对新时代大学生进行社会主义核心价值观认同教育的个人价值表现了其对个人发展的"有为"，具体来讲就是实现人的全面发展，这里具体指新时代大学生的全面发展。人的全面发展，即"以一种全面的方式，也就是说，作为一个完整的人，占有自己的全面的本质"[①]，包括主体性发展以及社会化两个层面，人的主体性发展指的是其独立性、主动性与创新性的自我发展，进而成为自觉的存在；人的社会化则是指人与人、人与社会、个人与自我、人与自然等各种关系的协调发展。同时，人的全面发展与人的片面发展相对应，实现人的全面发展就要摆脱"人的依赖关系"与"物的依赖关系"，克服"工具人""经济人"等的局限，真正成为"完整的人"。社会主义核心价值观认同教育满足了新时代大学生全面发展的需要，为大学生明确"我要什么"以及如何处理各种关系提供了价值引领，既克服了片面的价值追求，又促进了大学生思想与精神生活的全面发展。

二、实践结构性目标

从结构性的角度来看，社会主义核心价值观认同包括认知认同、情感认同以及行为认同三个组成部分，它是一个由外而内再由内而外的过程，与之相对应的结构性目标即"形成共识——产生共鸣——践于共行"。

结构性目标之一，即实现认知认同的理性自觉，形成"共识"，这是由外到内的"内化"过程的起点。表现为大学生对于社会主义核心价值观的基本内容和价值内核的系统认识与正确理解，从而产生意义引导的过程。通过教

[①] 马克思，恩格斯.马克思恩格斯全集：第42卷［M］.北京：人民出版社，1979：123.

育，使大学生们纠正原有的、存在某些偏颇的认识，建立对社会主义核心价值观科学的认知结构，由原来比较粗浅的认识走向深刻，从感性认识走向理性自觉。

结构性目标之二，即实现情感认同的内化自觉，产生"共鸣"，这是由外到内的"内化"过程的深化阶段。表现为大学生对社会主义核心价值观的价值原则、规范在情绪上所产生的移情与共鸣，是大学生个体对社会主义核心价值观的价值理想与价值构建的向往之情。情感认同以一种弥漫性的方式放大个体对社会主义核心价值观的内化与外化程度。

结构性目标之三，即实现行为认同的实践自觉，践于"共行"，这是一个由内到外的"外化"过程。表现为大学生在价值实践中，自觉践行社会主义核心价值观的要求，并用其指导自己的行为，进而升华为一种自觉的信仰体系。社会主义核心价值观教育本质上是实践的，根本的意义在于形成一种价值认识和价值信念以及与之相应的行为方式和生活方式。

三、发展群体性目标

首先，在校大学生本身是一个特殊的群体，是正在接受高等教育的新时代青年，是国家培养的具有社会新技术与新思想的前沿群体。国家对大学生的培养一直高度重视，习近平总书记强调："我们党立志于中华民族千秋伟业，必须培养一代又一代拥护中国共产党领导和我国社会主义制度、立志为中国特色社会主义事业奋斗终身的有用人才"[1]，具体到大学生群体社会主义核心价值观的培养目标，即成为社会主义核心价值观的"坚定信仰者、积极传播者、模范践行者"[2]。

其次，大学生群体依据不同的划分标准，内部可以具体化为若干不同的组成群体。按照政治面貌可以划分为学生党员、共青团员与群众；按照是否

---

[1] 习近平主持召开学校思想政治理论课教师座谈会 强调用新时代中国特色社会主义思想铸魂育人 贯彻党的教育方针落实立德树人根本任务[N].人民日报,2019-3-19(1).

[2] 习近平.在北京大学师生座谈会上的讲话[M].北京：人民出版社，2018：7.

担任学生干部可以划分为学生干部与非学生干部；按照宗教信仰的情况可以划分为有宗教信仰与无宗教信仰；按照民族可以划分为汉族与少数民族……通过第五章调研数据的分析，我们发现大学生群体内部存在着对于社会主义核心价值观认同的差异性，在不同政治面貌、不同时政关注度、不同生活状态、是否信仰宗教、是否为学生干部等方面均表现出显著性差异。

因此，大学生社会主义核心价值观认同的培育工作应聚焦不同群体的特点与现状制定群体性目标，这里突出强调两个方面的兼顾，一方面，抓住关键少数；另一方面，普遍强化大多数。通过抓关键少数，进一步强化学生党员、学生干部等群体的社会主义核心价值观相对较高的认同度，增强其创先争优意识，突显其践行社会主义核心价值观的先进性，在学生中树立起一面又一面颜色鲜红的旗帜，发挥头雁作用；与此同时，注重发挥同辈群体的典型示范与带动作用，以身边人的直接影响力辐射寝室、班级、年级、专业乃至学院、学校。再者，通过普遍性的社会主义核心价值观认同教育，在大学生中形成涵盖所有同学的、持续性的广泛认同力量，对于社会主义核心价值观认知与践行程度不高、暂时达不到先进性要求的同学，要给予持续性的关注与教育，做到广泛、持久、深入，提出不同层次的群体性目标，使不同思想状况的大学生能够获得不同程度地认同度的提升。

四、夯实阶段性目标

培养德智体美劳全面发展的社会主义建设者和接班人，是教育的根本任务，也是教育的长远目标。作为社会主义核心价值观认同培育与践行的主阵地，大、中、小学要在长远目标的引领下，加强一体化建设，做好整体规划；同时，应针对学生的身心发展阶段性特征、认识发展的一般规律将长远目标具体化为一个一个阶段性的目标。就社会主义核心价值观认同的强化而言，小学、中学到大学，既要精准定位、合理分工，更要循序渐进、螺旋上升，在有效实现一体化建设上下功夫。具体的，"小学阶段重在启蒙道德情感、初中阶段重在打牢思想基础、高中阶段重在提升政治素养、大学阶段重在增强使命担当"①。其中，大学的阶段性目标突出强调"增强使命担当"，这就需要大学的教育讲清楚"新时代的大学生承担着什么样的使命"以及"如何才能担当起这份历史与时代赋予的使命"等问题。新时代大学生担负着"建成社会主义现代化强国、实现中华民族伟大复兴的中国梦"的时代使命，大学阶段的社会主义核心价值观教育要通过"全员、全过程、全方位"的育人模式，增强大学生的使命感、责任感。

同时，大学生个体对社会主义核心价值观的认同是一个不断发展变化的动态过程。大学生个体自身的价值观念是一个多元复合体，而且不是一成不变的，这就要求高校育人主体对社会主义核心价值观认同的培育与强化要贯穿整个大学阶段的始终、常抓不懈，从大一到大四（大五）的本科阶段再到硕士研究生、博士研究生阶段不断线，逐步加强与深化。

第二节 遵循新时代大学生社会主义核心价值观认同的基本原则

社会主义核心价值观认同的过程，实质是大学生的价值追求与社会主义核心价值观目标一致化的过程，这种一致化的程度越高表明认同的程度越深。本研究将落脚点放在高校，突出教育认同体系在大学生社会主义核心价值观认同中的作用。价值观认同的形成是一个复杂的系统性工程，这就要求高校对于大学生社会主义核心价值观认同的培育与强化要遵循认同机理与思想政治教育的基本原理，全面坚持"大思政"的原则，全域落实文化育人的原则，全程贯彻知行合一的原则。

一、全面坚持"大思政"的原则

从认同发生学的角度考察，价值观认同的形成包括自然认同和教育认同。

---

① 中共中央办公厅 国务院办公厅印发《关于深化新时代学校思想政治理论课改革创新的若干意见》[EB/OL].新华网，2019-08-14.

自然认同是在主体的成长、生活过程中，潜移默化、自然而然形成的，主体的人种、民族、所处地域、原生家庭、文化习俗等在其中都发挥着价值观濡化的效用。教育认同则强调通过国家、社会、家庭、学校等外在的教育实施者，对主体施加广泛具体而又持续有效的教育行为，从而达到明确的价值观教育目的过程。因此，对新时代大学生社会主义核心价值观认同的培育与强化，在自然认同已经发生并将持续发力的情况下，必须抓住教育认同的主渠道，同时卓有成效的教育认同工作亦可以引领社会风尚，作用于自然认同，使其发挥浸润之功效。

教育认同是价值观认同的主渠道，学校则是培育与践行社会主义核心价值观的主阵地。大学生社会主义核心价值观认同的内部机理，决定了我们对其的教育工作必须坚持知行合一的整体原则；与此同时，社会主义核心价值观认同的形成又是一项长期的、复杂的、系统性工程，为了达成大学生主体对于社会主义核心价值观在观念上的自觉接受、理性认知中的充分肯定、情感上的高度依恋以及行动中的自然践行，高校的立德树人工作必须高度重视、大处着眼、动员全体、常抓不懈，这就需要高校坚持"大思政"的原则，积极打造"大思政"的整体格局，形成"全员、全过程、全方位"的育人体系。

青年大学生越来越是一种自在自为的存在，作为自觉的主体，人是意识、思想、情感支配行动的社会主体，对于教育行为从来不是简单的受体，被动接受灌输，其独立性、主体性、选择性、差异性越来越强，为高校的社会主义核心价值观认同工作带来了严峻的挑战。这就需要我们的教育关注学生的主体性，了解学生的所思、所想、所忧、所感，按照大学生社会主义核心价值观认同的形成机理，尊重大学生的身心发展规律以及思想政治教育的基本规律，将认知认同、情感认同、行为认同作为"大思政"的发力点，全员、全过程、全方位以其为导向，在"讲清理论、关注需要、注重实践"上下功夫。因此，全面坚持"大思政"的育人原则，总体要求如下：

第一，构建全员参与的育人共同体，画好育人同心圆。从某种意义上说，教育是人点亮人，在于传道授业解惑，更在于学习能力的培养、学习热情的激发与人生航向的导引,"立德树人是中心环节"。传递价值观靠的是一个一个活生生的人,在高校这个场域里传递价值观的"人"是谁呢?单单指思政课教师吗?是包括思政课教师、专业课教师、基础课教师、辅导员、行政干部及行政人员等所有人。一段时间里,大学生社会主义核心价值观认同的教育工作存在"碎片化"现象,主要体现为以下"三个不够":一些学校对于德育工作重视不够,一些思政课主渠道作用发挥不够,一些专业课教师把"教书"与"育人"结合不够,认为学生的思想政治教育工作是思政课教师与辅导员的事情,使学生的思想政治教育与专业教育之间常常泾渭分明。"培养什么人,怎样培养人,为谁培养人",一直是高等教育事业必须回答的根本问题,"培养德智体美劳全面发展的社会主义建设者和接班人"是高等教育的人才培养目标。为此,就需要专业课、基础课教师与思政课教师同向发力、合力育人,需要"课程思政"与"思政课程"两条腿走路,需要隐性教育与显性教育优势互补,需要高校高度重视,形成以思政课教师为主体,其他教师携手共画同心圆的全员育人体系,共同构筑育人共同体。

第二,穿起全过程的育人链,贯通育人新常态。人的思想与行为形成,是一个长期的动态过程,具有可变性,这就决定了社会主义核心价值观教育的可能性与长期性。大学生的思想正处于走向成熟阶段,能够受到社会主义核心价值观等正确的价值观念和道德规范的影响,同时也容易被诸多负面的、错误的价值观念所左右。因此,就高校而言,首先需要做到"时时育人""常态育人",包括从本科到硕士再到博士各学习阶段的贯穿,也包括从一个学期开始到结束,从双休日、节假日到寒暑假的具体时间点的持续跟进,不错过学生成长的任何一个关键期与关键节点,最终建立起贯通新生入学到毕业的全过程育人链,针对整个大学生在校期间的各个年级各有侧重地做到无缝衔接,满足不同阶段大学生的价值需要、情感需要与发展需要,对大学生社会主义核心价值观认同的教育工作常抓不懈,呈现贯穿全过程的育人新常态;其次,需要做到"进阶式育人",学校党委要统筹布好全程育人的大格局,与中小学形成一体化的育人链,既要避免重复性教育,又要有衔接,有新的内容、深度与高度，呈现层次性的递进，全员、全过程、全方位为大学生们上好"使命担当"的高阶课，使大学生真正形成对于社会主义核心价值观的理性认同、情感认同与行为认同。

第三，打造全方位的育人时空，提升系统教育力。全员育人解决了"谁来育人"的问题，全过程育人强调了"什么时间育人"的问题。如果说"全过程育人"为高校的社会主义核心价值观认同教育画好了一条结结实实的纵贯线的话，"全方位育人"则星罗棋布地画实了一条条横线，与"全过程育人"一起筑牢了一个点线面相结合的、牢固的育人大网。高等教育的人才培养目标突出强调"德智体美劳全面发展"，德育、体育、美育、劳动教育都是与智育一体的、不可偏废的育人方面，彼此间相互渗透、相互促进，由此建立起的中国特色社会主义德智体美劳全面发展的教育体系，必然要求是全方位立体的大系统。这里的"全方位"涉及学校、社会、家庭各个层面，就高校而言，是指学校教育的大系统，通过系统地构建层次间（学校、学院、专业、年级、班级、寝室等）、主体间（教师与教师、教师与学生、学生与学生等）、载体间（"课程育人、科研育人、实践育人、文化育人、网络育人、心理育人、管理育人、服务育人、资助育人、组织育人"[①]等）等的有机联系，形成学校系统教育力，多方协同、聚合发力，达到互补融通、相得益彰的育人实效，给予大学生以价值引领，激发其家国情怀，合力构筑育人大系统，真正"使社会主义核心价值观的影响像空气一样无所不在、无时不有"，让学生们浸润式地沉浸在其中，达到润物细无声之功效。

二、全域落实文化育人的原则

无论是个体还是群体的价值观形成，都是在一定的文化基础之上建立起来的，既是主体接受文化熏陶和影响的过程，同时也是价值观自觉认同的形

---

① 中共教育部党组.中共教育部党组关于印发《高校思想政治工作质量提升工程实施纲要》的通知［EB/OL］.中华人民共和国教育部网站，2017-12-05.

成过程[①]，二者同向同行。正如曼纽尔·卡斯特（M. Castells）所说："认同是在文化特质或相关的整套文化特质的基础上建构意义的过程"[②]。因此，本研究将增强新时代大学生社会主义核心价值观认同对策的提出，放在文化育人的整体原则下，彰显其作为促进社会主义核心价值观认同形成的滋养场作用。

当前，部分大学生对于多元文化中的价值选择存在一定程度的迷茫（前文5.2.4已有论述）。进入新时代的中国已经形成了集中华优秀传统文化、革命文化和社会主义先进文化于一体的中国特色社会主义文化格局，加之以西方文化为代表的他文化侵袭，身处于多元文化交叠之中的大学生，如何在多元价值观的冲击与挑战中坚守社会主义核心价值观立场，如何形成根深蒂固的对于中国特色社会主义文化的认同，拥有一份理性的文化自觉与文化自信显得尤为重要。大学生是具有较高知识水平的群体，他们具有独立的思考问题和解决问题的能力，对于知识的汲取与观点的形成表现出极大的主观能动性与自主性；同时，大学生阶段也是价值观渐趋成熟的关键阶段，对其进行的社会主义核心价值观教育必须着眼于大学生的实际展开，既要兼顾其主体性的发挥，又要体现教育引导力的发挥。尤其面对当前纷繁复杂的文化现象，提高其文化认知能力、传承力与鉴别力，才能够形成广大学生对于中国特色社会主义先进文化的文化自觉和文化自信，坚定价值观自信，成为社会主义伟大事业坚定的建设者和可靠接班人。因此，我们在坚持以中国特色的社会主义先进文化为指导的同时，既要注重横向坐标中国与世界文化的交融，也要重视纵向坐标现代中国与传统的交汇，保持独立性、开放性、先进性与多样性。因此，全域落实文化育人的原则，总体要求如下：

第一，强化对革命文化与社会主义先进文化的主流文化引导力。一个国家有什么样的文化，就会弘扬什么样的核心价值观，换言之，一个国家大力

[①] 洪晓楠，何美子.当代大学生社会主义核心价值观的培育研究——基于文化认同的维度[J].高校辅导员学刊，2015（4）：3.

[②] 曼纽尔·卡斯特.认同的力量[M].夏铸九，等译.北京：社会科学文献出版社，2003：2.

弘扬的核心价值观一定是与其主流文化相适应、相匹配的，同时，一个国家要形成自己基本的社会认同、构成休戚相关共同体，必须有统一的指导思想。东欧剧变、苏联解体、中亚国家和阿拉伯国家相继发生的"颜色革命"的原因错综复杂，其中之一即是这些国家的指导思想出现了动摇，忽视价值观建设，逐渐丧失了意识形态的领导权，进而迷失了方向。

中国的近现代史表明：中国选择马克思主义、选择中国共产党、选择社会主义道路、选择改革开放具有深刻的历史必然性。中国自从选择了马克思主义之后，一直以其作为革命与建设指导思想，并不断与中国实际相结合实现着中国化，究其原因就在于它与中国人民的价值追求相吻合，是中国人民争取民族解放、获得民主自由权利、建设公平正义制度、构筑和谐社会的思想武器。社会公平和正义是社会主义制度的本质要求，民主与法治是社会主义制度的内在要求，社会和谐是中国特色社会主义的本质属性，中国共产党的这一系列论述表明：富强、民主、文明、和谐、自由、平等、公正、法治，是中国特色社会主义事业所追求的核心价值目标。因此，新时期进行社会主义核心价值观培育必须坚持对中国特色的社会主义先进文化——主流文化的引导力建构，坚持把马克思主义放到社会主义核心价值体系建设的灵魂的位置，坚持把中国特色社会主义放在共同理想的高度进行建设。《意见》指出："培育和践行社会主义核心价值观的指导思想是：高举中国特色社会主义伟大旗帜，以邓小平理论、'三个代表'重要思想、科学发展观为指导，深入学习贯彻党的十八大精神和习近平总书记系列讲话精神，紧紧围绕坚持和发展中国特色社会主义这一主题"[①]。作为大学生社会主义核心价值观培育主阵地的高校，更要自上而下地、坚定地坚守住马克思主义这块思想的阵地，从课上到课下，不遗余力地对大学生进行行之有效的马克思主义教育。同时，也要注重将我们宝贵的红色基因、红色文化发扬光大，2019年中共中央、国务院印发的《新时代爱国主义教育实施纲要》就把"广泛开展党史、国史、改革开

---

① 关于培育和践行社会主义核心价值观的意见［M］.北京：人民出版社，2013：5.

放史教育"[①]作为一项基本内容来突出强调。另外，学校、家庭、社会应积极推进"三全育人"新模式，在加深对于革命文化与社会主义先进文化的理解中，进一步深化新时代大学生对于伟大中国、对于中华民族、对于中华文化以及对于中国共产党、中国特色社会主义的认同。

第二，提升对中华民族优秀传统文化的根文化传承力。中华文明绵延数千年，有其独特的价值体系，是中华儿女精神相通、心心相印、价值趋同的牢固纽带，潜移默化地影响着中国人的思想方式和行为方式。24个字的社会主义核心价值观深深地植根于中华民族的传统文化，汲取着五千年华夏文明的营养因子，也印证着中华民族"根文化"的生命力。格物致知、诚意正心、修身齐家、治国平天下乃中华文化的重要内容，格物致知、诚意正心、修身是个人层面的要求，齐家是社会层面的要求，治国平天下是国家层面的要求。因此，我们提倡和弘扬社会主义核心价值观，必须大力增强对于我们的"根文化"——中华民族的优秀传统文化的传承力与创新力，否则就不会有认同力与生命力。

就大学生的社会主义核心价值观认同而言，可以从以下两个方面进行增强对中华民族的优秀传统文化——根文化的传承力：首先，以中国传统节日为契机，加深广大学生对于中国传统文化的认同与反思，例如通过端午节，透视韩国端午祭申遗事件，强化大学生对于我国传统文化阵地的坚守、捍卫与传承；通过重阳节，组织适当形式的活动，弘扬作为中国传统文化基石的孝文化等；其次，大力弘扬国学，高校应适当开设国学的选修课和国学讲座，鼓励大学生阅读国学经典，汲取传统文化的合理内核及优秀因子，对于唤起广大学生的文化自觉，恢复文化自信，实现文化认同，增强民族凝聚力，具有重要的现实意义；最后，传统文化中的"仁、义、信"等核心价值观念，也是提高广大学生的道德水准与文化素养的思想来源。总之，高校要采取多种形式加强大学生的传统文化教育，促进大学生对自身传统文化的认同，也

[①] 新时代爱国主义教育实施纲要［M］.北京：人民出版社，2019：13.

是实现文化自觉的最根本途径。

这里尤其强调的就是要警惕文化虚无主义，注重加强对大学生的"历史观、民族观、国家观、文化观"的教育，当前一些大学生对于传统文化的认同感并不强烈，原因是历史的，也是现实的。我国是世界上少有的历史记载从未间断的文明古国，拥有着历史悠久而又光辉灿烂的文化积淀，因此，漫长的古代，中国独领风骚，文化更是高度自信的；但是步入近代，清王朝闭关锁国，伴随着一次次外敌的入侵、一场场抗争的失败、一份份不平等条约的签订，整个民族面临近代文化自信的急转直下，到自信重拾与高扬必然是一个缓慢而且漫长的过程。当前在后现代、现代、传统并时同轨的多重复合作用之下，一些大学生对于传统的敬畏感出现一定程度的减弱，比如时下历史虚无主义的蔓延，尤其需要我们格外重视大学生历史观的教育，加强传统文化教育，重视基本的历史素养培育，增强其人文底蕴。对于肆虐叫嚣的论调，我们应该引导学生运用科学的理论知识、客观的分析方法论去直面它、剖析它、批判它，从而才能真正达到理清问题、培育价值观、启迪人生的核心要义。

第三，增强对以西方文化为代表的他文化鉴别力。文化认同问题只有在不同文化相遇的条件下才有可能出现，也就是说，只有在面对不同于自己的"他者"时，人们才会有"我是谁？""我在哪里？""我有什么用处？"等追问。全球化使中国面临着一个外在的"他者"，这既使我们的文化认同面临挑战，也催生和强化着中国民族认同的产生和发展，体现在大学生中，表现为对于我国优秀传统文化的认知存在一定程度的疏离、对于中国社会的主流意识形态认同存在一定程度的弱化以及对于多元文化中的价值选择存在一定程度的迷茫。由此可见，面对多样性文化与多元价值观的冲击与交锋，如何进行文化选择来成功应对"价值观危机"，在包容多样性中博采世界文明的优秀成果，坚守社会主义核心价值观的阵地，已经成为关系国家安全的重要命题。

这就需要做好以下两方面的工作：一方面，在坚持马克思主义立场和批判力的同时亦要具备开放和统摄的文化品格，兼容并包。因为任何一种文化或理论，均是在前人文化的基础上创立和发展起来的，马克思主义也不例外。因此，中国文化发展亦离不开对差异性和多样性的他文化的尊重和包容，历史表明，封闭自大不会有任何出路与发展，要在多元文化对比中着力提升大学生的文化理解力、文化选择力和文化创造能力，让广大学生在探索认知中坚定对于中国特色社会主义文化的信仰。在这里我们反对文化认同的激进主义，反对全盘西化，亦反对一味地为资本主义高唱赞歌，但是我们应增强对他文化的鉴别力，以合理、客观、理性、科学的态度对待他文化，取其精华弃其糟粕，吸收外来文化的合理内核为我所用，吸收世界文明的有益成果，努力为建设有中国特色的社会主义先进文化注入活力与营养。另一方面，建设文化强国，构筑新时代大学生的社会主义核心价值观，必须深深根植于这片广袤的中华大地获取深厚的文化滋养，包括对优秀的传统文化的创造性转化与创新性发展、对革命文化与社会主义文化的继承与发扬。民族的才是世界的，构筑中国特色社会主义文化的自觉与自信，是培育大学生对于社会主义核心价值观文化认同的重要维度。

三、全程贯彻知行合一的原则

马克思主义认识论与实践论为大学生社会主义核心价值观认同教育工作提供了方法论指引。实践是主观见之于客观的活动，在"认识、实践、再认识、再实践"的无限循环中，通过认识与实践的相互作用，人们认识世界、改造世界的能力获得了波浪式前进和螺旋式上升，这也正是马克思主义以实践为基础的知行合一原则。就新时代大学生对社会主义核心价值观的认同而言，认同的主体是新时代大学生，客体是社会主义核心价值观，大学生社会主义核心价值观认同实现的实质是主体客体化，即社会主义核心价值观通过外在的教育、宣传作用于大学生，内化为大学生的思想意识和行为动机，再由大学生将其外化为良好的行为与品德，从而得到进步与发展。因此，大学生社会主义核心价值观认同的过程是一个辩证的、运动的过程，既是价值观念被认识、理解的过程，也是价值行为被选择、被践行的过程。判断大学生

第六章 增强新时代大学生社会主义核心价值观认同的对策

对社会主义核心价值观是否认同,不仅要看其是否真正认知、理解了社会主义核心价值观,还要看其是否将社会主义核心价值观付诸实践,是否做到知行合一。高等学校培养人才的目标之一就是要把大学生培养成为社会主义核心价值观的"坚定信仰者、积极传播者、模范践行者"[①]。因此,高校在增强大学生社会主义核心价值观认同的培育工作中必须坚持知行合一的整体原则,不能只停留在"主知主义"的知性德育阶段,应从"知"拓展到"情"落实到"行"。从现实来看,"认知认同"在"新时代大学生社会主义核心价值观认同的多因素影响综合模型"中的标准回归系数最高,情感认同维度次之,与行为认同均进入模型,验证了研究假设,证明了认知认同、情感认同、行为认同是影响大学生社会主义核心价值观认同的三大重要维度。

基于以上理论与调研分析,新时代大学生社会主义核心价值观认同的"三位一体"教育模式得以建立,即把认知认同、情感认同、行为认同作为增强大学生社会主义核心价值观认同的基本途径,对认同的引导力、驱动力与践行力进行全方位提升,并注重协同发力,最终实现大学生对社会主义核心价值观的深度认同。大学生社会主义核心价值观认同的教育不是单纯的智育,最终是要通过大学生的主体建构来实现的,包含认知认同、情感认同、行为认同三个维度相互作用的内部运行机理。现实生活中大学生首先认识了社会主义核心价值观,并在多次的学习中形成了对于社会主义核心价值观的一般认知,进而上升到理性认知,这并不是一次性完成的,而是在多次、反复的学习、生活实践中不断加深理解的,最终把对其价值内核、地位作用的理解上升到必要性、意义的层面,实现认知认同;情感认同则是大学生从主观出发对社会主义核心价值观做出相关的肯定性评价,在个人主观意识上与社会主义核心价值观达成内在共识,继而以社会主义核心价值观的价值内核来调整、重构自身的价值观体系,从情感上愿意将社会主义核心价值观作为自己的价值准则,并形成新的、与社会主义核心价值观相一致的价值体系的过程;

---

① 习近平.在北京大学师生座谈会上的讲话[M].北京:人民出版社,2018:7.

最终，大学生在符合社会主义核心价值观的、新的价值观体系的作用下，自觉地将其付诸实践，见之于良好的行为，并形成稳定的行为习惯，实现行为认同。而这种将社会主义核心价值观外化的生活实践又会作用于主体的认知与情感，进而深化认知认同，升华情感认同，进一步强化行为认同……正是在这种知行合一的循环往复中，大学生对于社会主义核心价值观自觉的信仰体系得以建立。因此，要实现大学生对于社会主义核心价值观完全意义上的、高层次的认同，需要实现认知认同、情感认同和行为认同"三位一体"的全面强化，需要坚持知行合一的整体性原则。

在今后的工作中，高校要在"合规律性"与"合目的性"的前提下，着眼于大学生形成社会主义核心价值观认同的内在机理，以认知认同、情感认同、行为认同三个维度的协同发力，强化社会主义核心价值观认同的认知认同力、情感认同力、行为认同力，不断提升大学生认知认同的契合度、情感认同的浓烈度以及行为认同的深化度，进而增强大学生认同社会主义核心价值观的引导力、驱动力和践行力，以此形成认同社会主义核心价值观的巨大聚合力。其中，在大学生的社会责任观、情感满意度、社会归属感等维度指标的培养和提升方面，我们也应加大力度，以突出发挥其对于社会主义核心价值观认同的显著影响力。全程贯彻知行合一的整体原则，总体要求如下：

第一，讲好理论。新时代大学生社会主义核心价值观认同的多因素影响综合模型表明认知认同对大学生在价值冲突中做出认同社会主义核心价值观的思想与行为选择影响力最大。这就要求我们不能只是教材结论的复读机，要着重在把理论"学懂弄通讲清"上下功夫，力争做到"以透彻的学理分析回应学生，以彻底的思想理论说服学生，用真理的强大力量引导学生，实现政治性与学理性相统一"[1]，不但使学生入耳，更要实现入脑、入心。马克思曾说："理论只要说服人，就能掌握群众；而理论只要彻底，就能说服人"[2]。大

---

[1] 习近平主持召开学校思想政治理论课教师座谈会 强调用新时代中国特色社会主义思想铸魂育人 贯彻党的教育方针落实立德树人根本任务[N].人民日报,2019-3-19(1).
[2] 马克思,恩格斯.马克思恩格斯选集：第1卷[M].北京：人民出版社，2012：9.

学生具有相对完整的知识结构与独立性、判断力，简单的结论复制已经不能满足其学习理论、践行理论的需要，只有从学理上、价值中进行严密地推演论证，讲清马克思主义理论的"历史逻辑""理论逻辑""实践逻辑"，才能真正彰显其理论本身的力量，彻底地说服人。

第二，关注需要。情感认同是"新时代大学生社会主义核心价值观认同的多因素影响综合模型"中居于第二位的影响因素，然而，情感非一日之功，更非外力所能强加，而是一个日积月累、自然习得的过程，因此，我们应该着力从引导大学生积极的情感体验与迸发情感共鸣上下功夫，告别生硬的理论宣讲，从大学生主体需要出发，关注其思想动态、现实困惑与精神需求，以唤起满足感促进情感累积。同时思政课的"打开方式"也要告别单一的"坐而论道"：其一，应积极搭乘新媒体的快车，主动融入网络时代，打造高质量的"互联网+思政"的教育教学体系，从网络"失声"到形成"强回声"，"网上""网下"共同发力，以春风化雨的亲切感走入大学生内心；其二，要拓展思政课的表现形式，通过拍摄微视频、编排参演红色剧目、集体唱红歌诗朗诵、社会调研、定制作业等大学生们喜闻乐见的方式拓展思政课宽度，形成"课上"与"课下"相结合的立体化育人体系。

第三，注重实践。本次调研数据表明，新时代的大学生对于社会主义核心价值观的认同呈现出"高知晓、高情感、低行动"的特点，这就要求我们在社会主义核心价值观的认同工作中要突出解决"低行动"的问题。大学生在行为层面的相对偏低的认同度，表明了当前大学生对于社会主义核心价值观的认同还存在着"知行不统一"的问题，很多时候止步于思想意识层面。或缺少付诸实践的动力，抑或是缺乏付诸行动的路径，这都为高校的社会主义核心价值观培育工作指明了方向。价值观的培育与养成，绝不能仅限于"经院"，止于"经院"，而应走向社会的大课堂，深入到社会主义新农村的田间地头，置身于红色基地"曾经的战火与艰难场域"……通过志愿服务、参观访问、实地调研、公益行动等方式，以震慑心扉的现实冲击力，提升社会实践的实效性，告别形式化、走过场，防止风过了无痕，从而在实践中形成稳定和深化的行为。

第三节 优化新时代大学生社会主义核心价值观认同的实施路径

综合前面章节的理论与实证分析，本研究基于价值性、结构性、群体性、阶段性的目标导向，以"分别提高，协同整合"为基本思路，在"大思政"、文化育人以及知行合一的原则下，建立了大学生社会主义核心价值观认知认同、情感认同以及行为认同的"三位一体"立体化教育模式（如图6-1所示）。

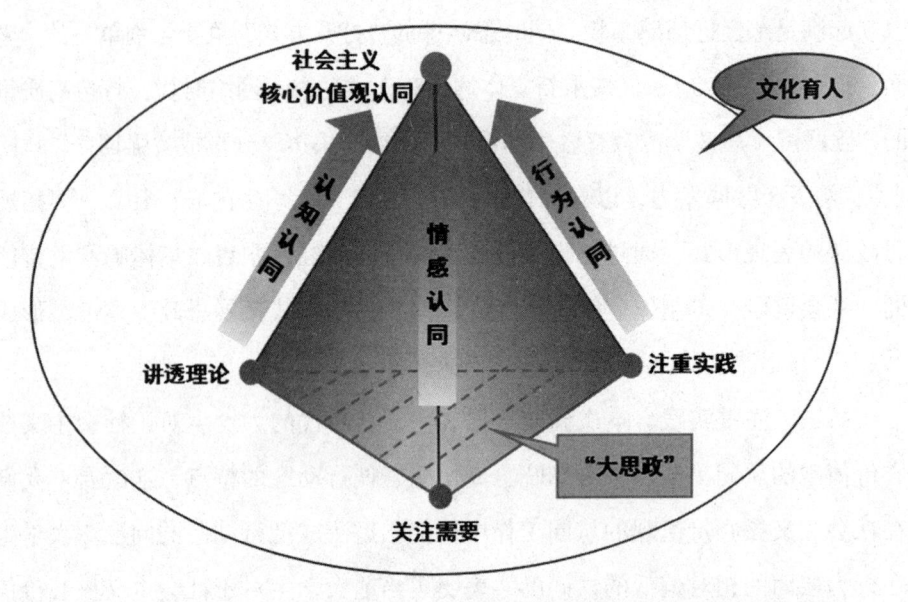

图6-1 新时代大学生社会主义核心价值观认同的"三位一体"立体化教育模式

认知认同、情感认同、行为认同是支撑该立体化教育模式的三根"立柱"，"讲透理论""关注需要""注重实践"是高校进行大学生社会主义核心价值观认同教育的三大落脚点，其与"三大立柱"在"大思政"格局中分别一一对应。由此，本节在"大思政"的依托下，如图6-2所示，对立体化模式中三根"立柱"所形成的基本面，围绕三个落脚点分别进行了延展，具体探索了优化新时代大学生社会主义核心价值观认同的实施路径。

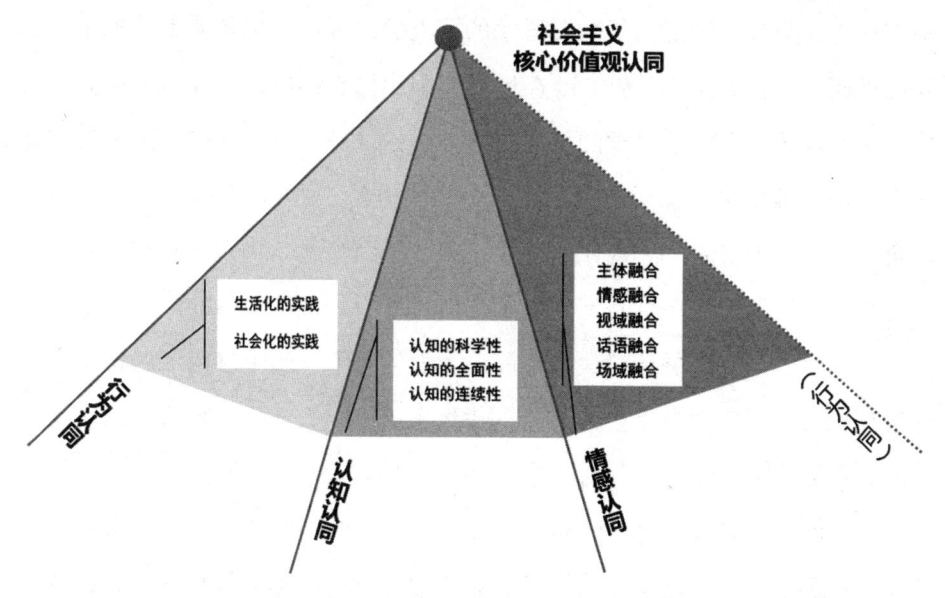

图6-2 新时代大学生社会主义核心价值观认同"三位一体"立体化教育模式三个基本面展开图

一、以认知认同"三性"为主线增强认同的引导力

认知认同是影响新时代大学生社会主义核心价值观认同的第一影响力。认知是行为的先导,错误的认知会带来思想的混乱以及行为的偏颇,只有科学而全面的认知才能使人透过现象看到事物的本质,才能使人心明眼亮、坚定理想信念。这就要求高校的育人主体以认知认同的科学性、全面性、连续性为主线,围绕"讲透理论"的着力点,增强认同的引导力。

(一)着力提高认知的科学性

认知的科学性,这里具体指认知的立场、观点与方法,即站在什么样的立场上,使用什么样的观点,运用什么样的方法来进行主体认知与社会主义核心价值观认知,最终形成怎样的认知认同。大学生的身心发展特点决定了他们在面对错综复杂的问题时,容易以偏概全、以点概面,甚至存在脸谱式认知以及认知情绪化的倾向,导致认知偏差。

那么持有何种立场、观点、方法才能将大学生的认知认同引向科学呢?

马克思主义是被实践证明了的、科学的、人民的理论，也是认识的理论、实践的理论，是人们认识世界、改造世界锐利的思想武器，为大学生社会主义核心价值观认同提供了科学的世界观与方法论。马克思主义以人民为根本立场，以辩证唯物主义和历史唯物主义为根本方法，提出了一系列关于自然、社会、人类思维发展一般规律的科学认识。正因为此，我们在找到马克思主义的理论武器以后，在将其不断中国化的过程中，积贫积弱的旧中国才迎来了独立、解放与发展的新时代。目前，大学生对于"四个自信"的认同度总体较高，表明在新中国成立70多年的辉煌成就中，大学生们形成了高度的自信心和自豪感，也强化了其对于中国特色社会主义乃至于马克思主义的整体认同。这就为更好地推进大学生对马克思主义以及中国特色社会主义的认同工作，提供了最好的现实逻辑，当前需要做的就是以此为依托，讲好、讲清楚马克思主义，尤其是中国化的马克思主义的历史逻辑与理论逻辑，使马克思主义的认同彻底在大学生群体的脑海里生根发芽。学生们掌握了马克思主义的立场、观点、方法，学会客观地、全面地、发展地、系统地看问题、处理事情，就能够透过现象看到事物的本质，能够更好地认识自己、认识社会、认识国家、认识世界，从而也就避免了在这个纷繁复杂、瞬息万变的世界中迷茫、迷失甚至被裹挟。

具体地说，如何使学生建立对社会主义核心价值观以及自身的认知科学性以达到深层次的认知认同呢？主要渠道就在于思政课，关键在于思政课教师。

关于精品思政课建设。作为高校意识形态教育主阵地的思政课，如何在培育大学生的社会主义核心价值观过程中发挥出主渠道作用，是值得认真思考和积极探索的重要课题。多维度建立起大学生社会主义核心价值观的立体化教学体系，倾力打造精品思政课，更好地承担起对大学生进行系统的社会主义核心价值观教育的任务，无疑是提升思政课的教育教学实效性的有效途径。作为高校价值观教育主渠道的思政课堂要尊重学生的主体性，打破旧有的一味灌输宣讲模式，通过参与式教学、创新教学手段、综合运用多种教育教学方法等，着力提升课堂的教育实效性，将社会主义核心价值观贯穿始终，突出思政课教学的思想性，真正使广大学生"入耳、入脑、入心"。当前的思政课距离社会主义核心价值观培育的主渠道作用、价值引领的高地重要站位还相差很远，需要进一步深化改革创新。这就需要各高校高度重视，认真贯彻落实中共中央印发的《关于深化新时代学校思想政治理论课改革创新的若干意见》《新时代学校思想政治理论课改革创新实施方案》等文件精神，从主体、方法、载体、模式各方面完善高校的社会主义核心价值观教育教学体系，"要坚持政治性和学理性相统一；坚持价值性和知识性相统一；坚持建设性和批判性相统一；坚持理论性和实践性相统一；坚持统一性和多样性相统一；坚持主导性和主体性相统一；坚持灌输性和启发性相统一；坚持显性教育和隐性教育相统一"[1]，打造使学生"听得懂"，并且"喜欢听""用得上"的思政金课。

关于高质量思政课教师队伍的建设。思政课教师是大学生社会主义核心价值观认同教育的主力军，建设一支政治强、情怀深、思维新、视野广、自律严、人格正的思政课教师队伍[2]是上好思政课的关键。"让有信仰的人讲信仰"才有感染力和信服力，这就要求思政课教师对马克思主义真学、真知、真懂、真信，讲好、讲通、讲透马克思主义的三重逻辑，即历史逻辑、理论逻辑、现实逻辑。思政教师队伍建设，首先要严格选拔标准，告别"剜筐就是菜"的低门槛；其次要建立终身学习的理念，加大岗前培训与在职学习的力度，不仅是理论本身的学习，还包括教学水平的提升，使其真正"强于理论、精于专业、本于学生、先于时代"，真正做到"用真理的力量感召人，用人格的力量感染人，用真挚的情感打动人，用生动的形式吸引人"[3]。其次，要重视博士后备人才的培养，国家要加大力度向马克思主义理论学科博士培养

---

[1] 习近平主持召开学校思想政治理论课教师座谈会 强调用新时代中国特色社会主义思想铸魂育人 贯彻党的教育方针落实立德树人根本任务[N].人民日报,2019-3-19（1）.

[2] 中办国办印发《意见》深化新时代学校思想政治理论课改革创新[N].人民日报,2019-8-15（1）.

[3] 卢丽君,纪秀君.看高校"两课"教学如何创新[N].中国教育报,2004-6-27（1）.

倾斜，重点培养一批对马克思主义理论"真学真懂真信真用"的思政课教师后备力量；最后，作为教育主体的思政课教师，要发挥思政课教师的个人魅力与团队协作整体优势，提升在思政课教学中的主导作用，思政课教师应注重优势互补，合力打造高、精、尖的教学团队，彰显课程实效。

（二）大力提升认知的全面性

认知的全面性，具体来说是对社会主义核心价值观相关认知内容的全面性理解问题，包括对于社会主义核心价值观本身的意义、内容、内核等认知的全面性，也包括大学生对于自身主体认知的全面性，涉及大学生的自我身份感、存在意义感以及社会归属感。

那么，为了实现这种认知的全面性，形成全面性的认同，高校的大学生社会主义核心价值观认同教育应从哪些内容着力呢？

一方面，就社会主义核心价值观认知的全面性而言，要通过思政课的主渠道系统而全面地讲授社会主义核心价值观的理论逻辑、历史逻辑与现实逻辑，使学生对社会主义核心价值观建立起全面的、系统的理性认知。教学安排上，大学阶段从本科、硕士到博士研究生阶段一共开设七门思政课，这就要求思政课教师在准确把握课程内容与教学目标的基础上，紧密地融入社会主义核心价值观，纠正学生对于社会主义核心价值观的曲解与误解，不能把社会主义核心价值观讲浅了，要讲清楚社会主义核心价值观的前世、今生乃至未来指向，讲清楚社会主义核心价值观12个词基本内容的内涵与外延、提出的意义、发展的源流、与社会主义核心价值体系的关系、与中国梦的关系、与其他国家核心价值观的比较优势等一系列问题。思政课要担当起培育与践行社会主义核心价值观的主渠道之责，从社会主义核心价值观的整体性、全面性知识链条中来把握社会主义核心价值观，不能将社会主义核心价值观"三个倡导"割裂开，不能将社会主义核心价值观与社会主义核心价值体系割裂开，要把社会主义核心价值观放在马克思主义中国化的历史进程中，放在实现中华民族伟大复兴的中国梦征程里，放在科学社会主义的价值追寻中，坚

<<< 第六章 增强新时代大学生社会主义核心价值观认同的对策

持理论与实践相联系、历史与现实相贯通、国内与国外相对比,把社会主义核心价值观讲清、讲透、讲深、讲活、讲实。近些年,思政课进行了一些创新与改革,取得了实效,然而也出现了"技术过热""片面追求形式"等问题,无论何时"内容为王"都是教学改革创新之本,形式再花哨、气氛再热烈、技术应用再娴熟,也不能以形式代替内容,形式永远是为内容服务的。

另一方面,就大学生主体认知的全面性而言,要重点加强大学生的理想信念教育,以激发大学生的主体觉醒与价值觉醒。"新时代中国青年处在中华民族发展的最好时期,既面临着难得的建功立业的人生际遇,也面临着'天将降大任于斯人'的时代使命"[1]。当代大学生是同新时代共同前进的一代,作为知识分子的一员,比其他群体应该对国家、社会承担更多的责任。当前,一定比例的大学生对于中国社会的主流意识形态认同存在一定程度的弱化、对于理想信念的设定存在一定程度的偏离、对于价值选择存在一定程度的迷茫。表明:在"价值的碎片化""多元价值冲突"的今天,如何通过课堂、校园文化、社会实践等诸多方式进行行之有效的理想信念教育,进而加强大学生的群体情感,强化广大学生的"我们感",增强其社会主义建设者和接班人的使命感,这样一系列问题变得迫切而重要。

理想信念的建立,对社会主义核心价值观信仰的确立,需要真理与价值两个维度的双重构建[2],是否是真理解决的是"是否具有科学性"的问题,而是否有价值解决的则是"是否值得去做"的问题。社会主义核心价值观为人们勾画了国家、社会与个人发展的目标,是国家、社会与个人三个层面理想的集合,它的发展指向是富强民主文明和谐之国家、自由平等公正法治之社会、爱国敬业诚信友善之个人,并以实现共产主义为终极目标。"富强民主文明和谐""自由平等公正法治""爱国敬业诚信友善"分别为大学生成长成才提供国家保障、社会保障以及自我保障;同时国家与社会发展目标的实现,

---

[1] 习近平.在纪念五四运动100周年大会上的讲话[M].北京:人民出版社,2019:6.
[2] 黄慧珍.信仰及其危机和转机——从真理和价值的视角看[J].哲学动态,2002(12):21.

155

又需要一个又一个"爱国敬业诚信友善"之个体的努力，在社会主义核心价值观中，国家、社会和公民三者是和谐统一的整体，是相互依赖而存在。社会主义核心价值观所勾画的"理想世界"可以让大学生以之为现实所处世界的补充，在为之奋斗的过程中实现自我超越，满足大学生成长成才、实现全面发展的需要。可见，社会主义核心价值观是真理性与价值性的统一。高校的育人体系要力争使学生深层次、系统地对社会主义核心价值观的科学性、崇高性、价值性实现全面的认知认同，将其理想信念的追逐建立在科学与价值的基础上。讲好理论的同时，也要注重"党史、新中国史、改革开放史、社会主义发展史"教育，十九届四中全会明确把"理想信念教育常态化、制度化"作为"社会主义核心价值观引领文化建设制度"的第一条要义，明确加强"四史"教育，让学生在大历史中读懂中国发展的脉络，史论结合，在历史的厚重里讲授理论的深度，在铭记历史中审视现在、展望未来，使学生真正读懂、读透社会主义核心价值观的理论体系，彰显社会主义核心价值观信仰本身的理论魅力。同时，理想信念教育，在注重"立"的同时，也要敢于"破"，所谓"不破不立"。思政工作者要敢于对非马克思主义、反马克思主义等的错误思想亮剑，既旗帜鲜明，又有理有据，帮助大学生辨明是非，提高自觉抵制力。另外，要注重弘扬民族精神与时代精神，让一个又一个鲜活的、承载着民族精神与时代精神的人物或人群走进学生的心里，使大学生们从历史的、世界的视野中找到自己的位置，明确自己的责任，为理想、信念奠基活的灵魂。

（三）全力推进认知的连续性

认知的连续性是指认知教育的连续性，认知教育的连续性供给可以形成串联起大学生整个大学生涯的纵贯线，供给的连续性是大学生形成对社会主义核心价值观认知认同连续性的保障。认知教育的连续性包含三个基本的方面：

一是突出时间上的连续性，从贯穿单门课程教学的全过程，到贯穿大学学习的全过程。以新生入学为开端，以毕业离校为收尾，贯穿整个大学生活，体现高校"大思政"在全过程育人中全员参与、全方位推进。时时、处处，让大学生浸润在社会主义核心价值观的滋养中，发挥"盐"的功效。

二是强调课程内容设置的连续性，以保证在为大学生提供持续性的认知供给的同时，亦能满足不同年级、不同阶段学生的不同层次的需求。这里的连续性不是简单地、机械地重复相同内容，而是注重时间上的不间断，兼顾学生不同阶段需求侧的变化进行不同层次性内容的递进式供给。

"研究生阶段重在开展探究性学习，本专科阶段重在开展理论性学习。"[①] 贯穿本科、硕士、博士阶段的七门必修思政课，其内容均深深根植于社会主义核心价值观，但侧重点各有不同，呈梯度递进，这是国家对高等教育阶段大学生社会主义核心价值观培育与践行的连续性供给的政策性安排，要求思政课教师能够从各门课程的学理属性与授课目的的角度，融入社会主义核心价值观，有针对性地进行不同层次的解读。本科阶段："思想道德与法治"课程侧重从人生观、道德观、法治观教育的角度解读社会主义核心价值观的实践性与规范性；"中国近现代史纲要"课程侧重从中国近现代史的历史进程阐明社会主义核心价值观的历史必然性；"毛泽东思想和中国特色社会主义理论体系概论"课程侧重从马克思主义中国化的维度阐释社会主义核心价值观的实践基础与现实意义；"马克思主义基本原理"课程从科学社会主义的视野讲授社会主义核心价值观的价值追寻；"形势与政策"课程从国内外时政热点解读以及中西方价值观比较中揭开社会主义核心价值观的现实意蕴；硕士研究生阶段的"新时代中国特色社会主义理论与实践研究"课程以系统性的中国特色社会主义理论逻辑与实践逻辑全面展现社会主义核心价值观的理论与现实进路；博士研究生阶段的"中国马克思主义与当代"课程运用当代中国马克思主义的世界观与方法论，深度说明社会主义核心价值观的世界眼光与战略思维。

三是确保多维载体的同向发力，发挥协同效应，消解此消彼长的内耗，

---

① 中共中央办公厅 国务院办公厅印发《关于深化新时代学校思想政治理论课改革创新的若干意见》[EB/OL].新华网，2019-08-14.

增强育人效果的连续性。"三全"育人关键在于"育"，依托于"全"，对于社会主义核心价值观认同的教育工作是将其贯穿起来的红线。无论是课程育人、学科育人，还是教师育人、学生同辈群体育人，抑或是环境育人、网络育人都要同向同行，减少彼此间的弥散与消解，实现课上与课下、网上与网下协同育人的合力，即空间层面的"全域育人"。对社会主义核心价值观认知认同的连续性供给还体现在专业课、基础课与通识课的课程之间的协同育人，体现在科研育人、管理育人、服务育人等十大育人体系各个方面的相互有效衔接。社会主义核心价值观不是思政课与思政教师的独角戏，需要全员发力，比如，可以鼓励在全校开设社会主义核心价值观为主题的公选课，来拓展社会主义核心价值观的影响力以及覆盖的强度与密度。当然，这里要避免与其他思政类必修课内容上的重复性，重在多角度对社会主义核心价值观进行诠释，比如上海高校开设的中国系列通识课程邀请校领导、专家、学者合力为学生从多层面解读中国，达到了很好的育人效果，也可以为我们所借鉴、效仿。

　　课程思政与思政课程的育人连续性是实现大学生社会主义核心价值观认知认同连续性的重要衔接问题。课程思政之课程包括专业课、公共基础课以及通识课，三者不像思政课具有明显的意识形态性，将社会主义核心价值观与其课程内容深度融合，学生更容易被其影响。高校教师要从思想的高度认同社会主义核心价值观，真学、真懂、真信、真用，以身作则，要不断增强理论引导能力、学术研究能力、课程教学能力。现代思想政治教育学将思想政治教育分为主体、客体、介体、环体四个方面，就社会主义核心价值观认同教育而言，其"主体"是指施教者，即全体大学教师，在这个教育教学过程中发挥主导作用；与之相对应的"客体"，是受教育者，即教育对象——大学生。亲其师，方能信其道，所以教师的水平、修养、价值观、人格魅力等均直接影响到教育教学的效果。首先，广大教师要高度重视大学生社会主义核心价值观认同工作的重要性。只有教师对培育大学生社会主义核心价值观发自内心的认同，才能将其融进课程、注入课堂，真正武装学生的头脑，发挥课程思政的育人实效。中共中央《关于培育和践行社会主义核心价值观的意见》强调要"建设师德高尚、业务精湛的高素质教师队伍"[①]。教师之责乃"传道授业解惑也",大思政之下每位教师都应守好自己的那段渠,种好责任田,与思政课同向同行、合力育人,同时,"身教重于言传",教师要率先垂范,"做社会主义核心价值观的坚定信仰者、积极传播者、模范践行者"[②]。这就要求高校在教师队伍建设方面,首先要严格选拔标准,重视思想政治素质的考核;其次要加大岗前培训与在职学习的力度,不仅是教学水平的提升与专业素养,还包括思想政治理论的学习;学校要建立全校教师的育人共同体,既包括思政课教师显性教育与其他教师隐性教育的聚合,也包括思政课教师之间的共享、共建与共进。

二、以情感认同"五融合"为着力点增强认同的驱动力

情感认同紧随"认知认同"其后,构成影响新时代大学生社会主义核心价值观认同的第二大影响力。认知认同解决了"能不能"的问题,情感认同聚焦的则是"愿不愿"的问题。社会主义核心价值观认知认同使大学生明确了其价值内核,明确了"我们这个国家、这个社会到底要什么",也明确了其对公民个人的要求是什么,实现了对于社会主义核心价值观以及自我的理性认知,但很多时候人们认识到了却未必真的去践行,这就需要通过情感认同去推动实现,从外在的要求"应该做"过渡到内在的情感驱动——"愿意去做"。因此,高校要充分考虑大学生的现实需求与情感需要,给予价值关怀与人文关怀,围绕"关注需要"的落脚点,做到主体融合、情感融合、视域融合、话语融合、场域融合等"五融合",增强认同的驱动力,以此激发大学生的情感这一非理性因素,进一步促进其将社会主义核心价值观内化,重构自身的价值体系,最终外化为稳定的实践行为。

[①] 关于培育和践行社会主义核心价值观的意见［M］.北京:人民出版社,2013:14.

[②] 习近平.抓住培养社会主义建设者和接班人根本任务 努力建设中国特色世界一流大学［N］.人民日报,2018-5-3(1).

（一）自觉实践师生共育的主体融合

伊曼努尔·康德（I. Kant）说，"人是目的"，高校的大学生社会主义核心价值观认同的培育与强化必须站在"人的高度"来审视自身，从大学生的主体需要出发，马克思强调："人——不是抽象概念，而是作为现实的、活生生的、特殊的个人——就是这种存在物。"①在高校的大学生社会主义核心价值观认同教育系统中，教师是教的主体，起主导作用；大学生是学的主体，起主动作用。大学以"立德树人"为根本任务，人才培养的效果如何，关键还是要看离开校园时，学生持有什么样的价值观。大学生社会主义核心价值观认同教育的目标是影响大学生的思想与行为，教育的效果最终要在学生身上体现出来，这一过程中社会主义核心价值观是否被接受、被认同是关键，大学生并非是被动的受体，他具有主动性、选择性。大学生社会主义核心价值观认同教育的过程是"双主体"——教师与学生，也是教与学双向互动的过程，学生主动性的发挥、积极性的调动决定着认同的层次、程度和水平，因此，教师首先要发挥自身的主体性进行教学改革与创新，探索能够激发学生主体性的教学方法与教学模式。

综合运用多种教育教学方法，增加大学生的参与度，满足其主体需要，提升思政课教学的实效性。思政课是意识形态课程，不仅是知识教育，更是思想教育、信念教育。传统的思政课堂主要为教师一人的独白，一味地灌输，既忽视了学生的主动性与思想实际，也大大削弱了教学效果。思政课如何在授课过程中，完成培育大学生社会主义核心价值观的政治任务，其关键就在于思政课教师是否了解学生所思所想，关注学生的思想动态，是否走进学生的内心。大学生是一个具有高度主体自觉性的群体，只有让学生真正地参与进来，变被动为主动，引导发挥他们的主观能动性，才能让学生真正地将课程内容入脑、入心，实现教学目的。这就要求思政课教学过程中要综合运用

---

① 马克思，恩格斯.马克思恩格斯全集：第42卷［M］.北京：人民出版社，1979：25.

多种教育教学方法,增加学生的参与度,变"旁观者"为"参与者",提升思政课教学的实效性。访谈问答、课堂微辩论、小班讨论、网络互动、主题实践、课前剧、定制作业等丰富多彩的形式对于提升思政课的教育教学效果大有裨益。访谈问答、网络互动,让学生提出问题、表达感受、确证认识、阐述观点;定制作业,使学生发挥专业所长,用语言、刻刀、画笔表达对课程内容的省思;课堂微辩论、小班讨论,让学生们各抒己见,在思想的交锋中梳理个人观点;主题实践、课前剧、参加学生讲师团,让学生通过亲身经历或角色扮演,生动体会、深切感受。简言之,思政课要根据课程内容综合运用多种教育教学方法,发挥学生的主体性作用,调动学生的积极性、主动性,进而提升思政课教学的实效性。

同时,教师与学生"双主体"的教学模式构建是对传统课堂教师是唯一主体的超越,除了综合运用多种教学方法以外,教师应积极进行教学模式的探索与创新。思政课教师不应是孤独的朗读者,而应成为一根学生爬向更高山峰的拐杖。社会主义核心价值观学生高中已经学习过,对其基本内容是熟悉的,结论也是既定的,那么如何激发学生学习的主动性呢?社会主义核心价值观的"三个倡导"学生是知道的,关键是让他们不能单纯停留在背诵几个定义、"及格万岁"的层面,要实现由"要我学"到"我要学"的转变,使学生"真的懂",懂得其丰富的内涵,懂得其内在的生成逻辑,更懂得其未来指向与现实意义,最终转化为学生的思想体系与行为逻辑。"内容为王"的翻转课堂就是对学生主体地位的一种彰显,是"双主体"模式的一种有益探索。清华大学李蕉老师的"中国近现代史纲要"翻转课堂为我们提供了很好的启示,大班授课(教师宏观引领)+小组讨论(协作学习,精读著作进行模块化的探究式讨论)+助教辅导(精准到个人的进度跟进)的协同发力,形成教师与学生、助教三位一体的学习共同体,将原来"师→生"的单向传输转变为师生与生生的多向交互作用,完成学习者、讲述者到思考者的蜕变,引导学生展开小组学习与延展,去发现理论背后的逻辑与穿透力。实践表明:李蕉老师的翻转课堂受到了学生的高度认可,实现了从动脑到入脑最后入心的递进,课程的考核要求每名同学上交3000字以上的读书报告,包括小组汇报的成绩,还引入了学生、助教的互评机制等,极大地激发了学生的积极性与主动性。真正地把思政课从教师"我的课"变成了教师与学生"我们的课"。

(二)重点激发师生共鸣的情感融合

情感是社会主义核心价值观认同中的非理性要素,情感融合既指教师对学生的情感,也指学生对教师的情感,感情是相互的,教师爱学生,学生感受到教师的爱,给予情感的回馈,产生亲近感,所谓"亲其师,信其道"。教育从来都是有温度的,从一定程度上来说教育是一个灵魂唤醒另一个灵魂,因此,非理性要素作用发挥得好,可以推动主体活动水平的提高,由情感产生动机,由动机产生行为,从而促进主体自身的发展。将情感这一非理性因素引入大学生社会主义核心价值观认同的培育与强化过程,为当前解决社会主义核心价值观认同教育的渗透性问题提供了现实的可能性,并促进了教育方式的多样性。情感非一日之功,更非外力所能强加,而是一个日积月累、自然积累的过程,因此,我们应该着力从引导大学生积极的情感体验与迸发情感共鸣上下功夫,告别生硬的理论宣讲,从大学生主体需要出发,关注其思想动态、现实困惑与精神需求,以满足感的唤起促进情感累积,打通大学生社会主义核心价值观认同的"最后一公里"。

思政课教师要对学生有情感,对课程有情感。首先感动自己才能打动别人,以对国家、对社会、对人民的深情激励学生、感染学生、打动学生的心,才能诠释好"以情动人"。习近平总书记曾经回忆,一位初中政治课老师讲授焦裕禄的事迹时数度哽咽,给同学们带来巨大的心灵震撼,这节课在其一生中留下深刻印记,并对树立坚定的理想信念产生了很重要的影响[1]。教育是人

---

[1] 一堂特殊而难忘的思政课——习近平总书记主持召开学校思想政治理论课教师座谈会侧记[N].人民日报,2019-3-19(4).

点亮人，成功的教育将为学生点亮一盏盏指引前行的明灯，激发潜力与活力，找到努力的方向。上海交通大学的施索华老师用爱与责任讲活了思政课，成为学生心目中"最迷人的课"，更为广大思政课教师指明了努力的方向，她以优美的语言、深厚的家国情怀，将45分钟的课上得既充满感情又富有哲理，同时，还设立施索华工作室，开通24小时电话热线"51863344（我要帮侬生生世世）"随时为学生答疑解惑。清华大学的李蕉老师在课时以外每学期会安排40场读书沙龙、大约200人次的午餐会，还有连续8小时的助教培训会，没有对学生、对讲台的热爱是不可能坚持下来的，她说"传递价值观靠活生生的人"[1]，她也以自己的身体力行影响着身边的学生，将"人课合一"，全情投入，被学生两度选为"最喜欢的老师"，她的课也成为清华园里学生最难选上的课之一。大连海事大学的曲建武老师从教近40年，无论是做一名辅导员还是领导干部，始终把学生放在心上，56岁主动辞去副厅级领导职务做回一名辅导员、一名思政课教师，更见他对学生、对思政工作的热爱。多年来，他为学生写的信息有260余万字，为困难学生筹集爱心基金20余万元，20多个省份、上百个家庭遍布他的家访足迹，他为学生24小时开机，开通微信公众号、博客，以多种方式为学生解开思想之惑，也为学生化解现实之忧，被称为"曲爸爸"。学生在教师的"爱"里学到知识，受到触动，体验愉快，体味平等，感受真诚，获得价值关怀与情感关注，最终达到教师与学生的情感融合。

上述三位老师，以对学生的爱，站好了讲台，赢得了学生，以实践印证了"南风效应"（亦称"温暖效应"）。社会主义核心价值观认同的培育与强化中实行温情教育，给学生以爱，既满足了学生的情感需要，又激发了学生的情感，更能实现教育的目标。温情教育强调的是在人本教育的基础上，尊重学生，理解学生，从而彰显教育实效。学校也要因时因事，以适当的形式对学生进行情感培养。比如，仪式感就是触动学生情感浓烈度的情感爆发点。

---

[1] 李蕉.传递价值观靠活生生的人［N］.中国青年报，2020-8-7（3）.

作为一名大学生，对大学生的身份认知，对大学的归属感以及什么才是读大学的意义等的追问可能都从收到大学录取通知书那一刻开始迸发，那一刻是高中生迈向大学生的身份转折。基于此，各个大学在学生们对大学的懵懂与热切盼望中开始了大学第一课饱含情感的用心设计，南开大学附送2枚莲花种子，一颗种在家乡，初心不改，一颗带到校园，见证成长；中央美术学院的高考录取通知书是一本尚待书写的空白画册，以416页、一周两页记录大学四年的编年史；陕西师范大学坚持15年由老教授毛笔手写高考录取通知书，被称为饱含中华文化的"成人礼"；深圳大学的高考录取通知书，以"你好，新生"为主题拉近了学校与新生的距离感，"新生始于新生"的封面语敦促学生思考自己的大学新生活，礼盒的每个物件均富有深意并配有一行文字催人奋进，最后的落款在盒底"清空了，才能装下更大的梦想"。可以看出，一份学生即将开启大学生活的高考录取通知书带给学生的是一份开启崭新世界的仪式感，这份沉甸甸的神圣让学生们对大学乃至人生充满着的希冀与憧憬。高校应把诸如开学典礼、毕业典礼这样庄严的仪式神圣化、情感化、意义化，通过用心的设计与安排，用仪式感激发学生的身份认同、国家认同。

（三）持续深化师生共进的视域融合

哲学中的"视域"，包括"看视的区域"以及"标示思想与其有限规定性的联系以及扩展看视范围的步骤规则"[①]。因此，高校的大学生社会主义核心价值观认同教育的体系既包括主体视力所及的范围——物理层面的"看"，也包括思想层面的所指——精神世界的"观"。因此，"视域融合"强调高校的大学生社会主义核心价值观认同教育的关注点，应当是与学生密切相关的"真问题"，包括学生关注的社会热点话题、国内外时政问题以及大学生成长过程中关注的学习问题、就业问题、恋爱问题、人际关系问题、心理问题等。情

---

① GENIUSAS S.The Origins of the Horizon in Husserl's Phenomenology [M].New York：Springer, 2012：2-10.

<<< 第六章　增强新时代大学生社会主义核心价值观认同的对策

感的产生，往往以需要的满足为基础，正如毛泽东所说："一切群众的实际生活问题，都是我们应当注意的问题……满足了群众的需要……群众就会真正围绕在我们的周围，热烈地拥护我们。"[1]

在全球化浪潮、互联网波涛的冲击下，一些大学生开始出现价值选择的迷茫。社会主义核心价值观正是在应对国内外多元价值叠加与冲击的背景下提出的，其功能之一就是为国家、社会、个人提供价值引领，它在一个社会发展过程中提供的是判断是非曲直善恶的标准。由此可见，大学生对于社会主义核心价值观的认同是对大学生成长成才过程中价值需要的满足。个体对于价值的取舍、评判，充斥在我们的生活中，可以说，我们时时刻刻都在做出价值的判断与选择。比如：有人说"民主是个好东西"，也有人说"民主是个坏东西"，因为苏格拉底因它而死；老人倒了该不该扶？花2000块钱买一部高仿手机值不值？……诸如此类，关乎"好与坏""应该与不应该""值与不值"等的选择与取舍都是关乎价值观的问题。由此，就决定了我们的社会主义核心价值观认同的教育教学工作，必须关注大学生的成长成才过程中的价值需要，贴近实际、贴近生活、贴近大学生。

作为主渠道的思政课就要将教材体系转换为教学体系，通过专题式教学，跟进时政，将社会主义核心价值观贯穿始终，突出思政课教学的思想性、价值性，做到"因事而化、因时而进、因势而新"[2]。思政课教学要将教材与学生的理论关切相融合，从学生的关注点入手，提升其理论思维能力，切合学生实际展开教学。通过随堂反馈、问卷调查、网上互动等多种渠道，针对教材的每一章内容收集学生们广泛关注的热点问题，而后教师对问题进行深入研讨、分析，使之与思政课的教学内容有效对接，进而丰富和延展思政课教学内容。上海推出的高校思政课"超级大课堂"直面"为什么要有社会主义核心价值观，与我们大学生有何关系？""为什么大学生要有理想信念，做一

---

[1] 毛泽东.毛泽东选集：第1卷[M].北京：人民出版社，1991：137.
[2] 习近平.习近平谈治国理政：第2卷[M].北京：外文出版社，2017：378.

个平凡人就是胸无大志吗？"等学生的现实困惑，作为一种有益的尝试给广大思政课教师带来了很好的启迪。另外，时政问题也理应成为思政课与时俱进的延展内容，对于时政问题的剖析与探讨，能够将理论拉进现实，增加现实指引，也能够及时地解开学生们的思想上的扣子，不能把时政问题"丢"给"形势与政策"课。大学生总体来说是非常关心国家、社会的，上海大学"大国方略"课程能够受到广大学生的追捧就是一个很好的证明，该门课程以"中国梦，谁的梦""中美真的能坐在一张椅子上吗？""中国道路能引领世界吗？""一带一路能带来什么？"等专题展开教学，教学内容与中国的当下热点和未来趋势紧密结合，把习近平总书记系列重要讲话全面且有机地融合进入课程，更为思政课教学注入了新的活力与动力。2020年抗击新冠肺炎疫情的过程中，全国大学生同上一堂疫情防控的思政大课也收到了非常好的效果，当日5027.8万人次进行了"云观看"，四位教师分别从除"形势与政策"课以外四门思政课的角度对疫情的发生、应对、启示等内容进行了教学，既是一次将马克思主义理论应用于实践的生动诠释，又是一堂生动的爱国主义大课。很多学生在留言区纷纷表示很受鼓舞，加深了对于中国的社会主义制度、人类命运共同体以及家国情怀的理解与认识。总而言之，专题式教学将教学目标的实现、学生的思想困惑、热点的时政问题与教学内容设计紧密地联系在一起，主题鲜明、重点突出、教学针对性强，有效地发挥了思政课在培育大学生社会主义核心价值观中的主渠道作用。

同时，结合学生关注的热点，适时组织讨论，让学生们各抒己见，说出自己的真实想法，针对其思想现实状况，及时给予引领，进而进行理论提升，会达到事半功倍的效果。比如，2018年以来因美国禁令引发国人关注的"中兴事件""华为事件"，思政课堂以及党团组织的师生座谈会，应及时对此事件进行回应。首先对事件做以简单梳理，而后通过抛出问题引领学生不断深入思考，问题包括"既然是禁令，为什么美国对中兴的禁令限定为7年有效期？美国决定对华挑起贸易摩擦，为什么'中兴'和'华为'首当其冲？为什么'华为'没有步'中兴'之后尘?"等。通过这样一系列问题的回答,最终学生们透过单个事件看到美国背后的真正目的,认识到事物的本质。当然,答案应该是学生们在老师的引领下自己得出的,而不是老师自问自答。学生们对于事件的进程是比较熟悉的,只是往往停留在现象级以及情绪化的结论层面,教师要带领学生思考事件背后的逻辑关系,通过教师合理设置问题引导学生从简单的"知道"深入到"思考"的层面,在环环相扣探寻问题答案的过程中,学生们不自觉地运用马克思主义的立场观点方法去思考、去分析,不是教条地得到一个结论,而是在事实中探寻明晰了问题。由此,学生们看清了美国遏制中国的真正用意,也明晓了"关键核心技术是买不来的"的真正意蕴,自然迸发出强烈的"学好专业科技报国"之情。

这里必须注意的是,视域的融合不是单纯迎合学生,而是既要关注学生的"视域",给予现实的引领,让社会主义核心价值观的理论照进大学生"视域"中的现实;又要以教师、教材的"视域"引领学生思考、理解,从而达到教师、学生、教材三者"视域"的深度融合。对于后者,思政课要想方设法,增强学生的带入感,通过情境的创设,将学生带入价值观选择的具体场域中,进行讨论,回答"你怎么看""你会怎么办""你觉得应该怎么办"等一系列问题,把理论具象化为学生生活化的情景,在讨论、总结到理论讲授的过程中,学生完成从具体到一般的知识接受过程,也充分体会了被尊重、被重视的主体地位,不再把理论简单理解为高高在上的、只可以被奉为神祇的教条,是有血有肉的现实存在,由此,拉近了学生与社会主义核心价值观理论体系的距离,由原来的"无感"走向亲近,从这个意义来看,在实现视域融合的过程中,同时实现了文本与人本的统一。

另外,高校也要关注学生来自成长,来自人际关系,来自学习等生活方面的、心理层面的困惑与问题,给予价值关怀与人文关怀,清除学生的堵点、痛点、盲点。比如,一些学校所施行的大学生双导师制或导生制就是很好的做法,由专业课教师与优秀毕业校友共同担任大学生的导师,给以专业学习与未来就业双向指导，选拔高年级在校学长担任导生，为学生的学习与生活提供直接的学习经验与有效建议。双导师制与导生制的施行，解决了学生多层次的学习、就业、生活、心理等方面的困惑与迷茫，满足了其情感的需要。

（四）积极促进师生共享的话语融合

话语是语言和思想的结合体，话语融合指的是社会主义核心价值观的话语体系与大学生所使用的话语体系相互作用、趋近一致，实现相互融合的过程，它强调的是社会主义核心价值观的话语表达方式问题。12个词的基本内容是社会主义核心价值观的"核心话语"，其与对社会主义核心价值观的阐释、传播一起构成了社会主义核心价值观的话语体系。话语权即话语表达的权利，大众麦克风时代，人人拥有话语权，对于社会主义核心价值观的话语权，主体也是多元的，包括：党和政府的权威话语、教师的解读话语、学生的认知话语、大众的理解话语、西方的意识形态话语等等。话语是价值观认同的先声，大学生社会主义核心价值观认同的关键性前提在于谁的话语具有话语影响力，形成真正的话语力。

"赢得青年才能赢得未来，塑造青年才能塑造未来。"[①]西方一些国家依靠先发优势极力进行价值观输出，将其价值观标榜成"普世价值"话语，以此来冲淡青年对本国主流价值观的认同，因此，社会主义核心价值观的提出，既是中国价值自信的体现，也是在话语层面应对意识形态较量的有力回应。米歇尔·福柯（M. Foucavlt）将话语与权力联系在一起，道出了话语的力量与背后的权力支配，所以"传统马克思主义的标志性话语决不可随意弃用，流行的西方主导性话语决不可盲目套用，面对各种敌对的意识形态话语决不可沉默失语"[②]。

---

① 中共中央国务院印发《中长期青年发展规划（2016-2025年）》[N].人民日报，2017-4-14（1）.

② 侯惠勤.意识形态的变革与话语权——再论马克思主义在当代的话语权[J].马克思主义研究，2006（1）：50.

有了中国的价值观话语体系,如何在大学生中形成话语力呢?当前,社会主义核心价值观话语体系,一定程度上仍旧存在着口号化、标题化、表面化等问题,存在空洞说教、亲和力不够等倾向,造成了社会主义核心价值观在某些领域、某些时刻的失语、失踪,甚至失声。列宁曾指出:"最高限度地马克思主义最高限度的通俗和简单明了"[①]。也就是社会主义核心价值观的话语表达方式要大众化、通俗化,使用符合大学生思维方式和解读心理的"亲近性文本",话语形式接近于大学生的生活习惯,以生活叙事的方式呈现,让理论性的话语接地气,减少与大学生的隔阂与距离感,做到言之有物、言之有理、言之有情。社会主义核心价值观认同教育是人的思想的工作,比起居高临下的生硬说教,大学生更容易接受将其平等视之的对话、交流。以大学生为对象的话语融合,旨在以话语共享模式的构建,增加社会主义核心价值观的亲和力与感染力,继而发挥出自身的话语力。南京航空航天大学的徐川老师一篇《答学生问:我为什么要入党》公众号文章单日阅读量超过200万次,如此严肃的话题,缘何会引起大学生们如此广泛的阅读与传播呢?在于它是来自于学生们内心的"真问题",直面学生思想的关切;其实关键更在于徐川老师回答问题的逻辑与话语体系,他总会从身边事讲起,常把自己摆进问题里,像一位邻家大哥哥在讲自己切身的经历、自己的成长,有自己的摸爬滚打,有自己的跌跌撞撞,也有自己的思想困惑,给学生展现的是一位有血有肉的朋辈角色。徐老师摆事实讲党史,在自己的一路成长中,在一些追问中从感性认识讲到理性认知,逐步推进,真情实感跃然纸上,语言风格也非常贴近学生,不是一味板起面孔的长辈说教,使学生感受到信任与平等,从而达到与学生的思想共识与情感共鸣。徐老师以其共情性话语、生活叙事的话语体系,把中国故事说进了学生的心坎上,把中国价值烙在了学生的脑海里,赢得了学生的信任与感情,成为学生们口中的"川哥",他的公众号"南航徐川"目前已有30万人关注,学生的提问48小时之内必回,3年已经累计回答

---

① 列宁.列宁全集:第36卷[M].北京:人民出版社,1959:467.

了近10万个问题。徐老师把教师定义为学生的同路人与陪伴者,他的公选课三秒钟被抢空,一些人印象里略显枯燥的党课他却上得有意义又有意思。徐老师的成功有三件法宝:知道学生要什么——以学生为中心,知道自己有什么——终身学习,知道怎么给——话语方式的转换。

对社会主义核心价值观进行传播话语的创新,一方面,要以大学生所喜闻乐见的语言进行话语体系转换与表达;另一方面,要引领话语,形成话语力。这个过程不是一个被动的迎合大学生的语言风格的单一过程,而是在将"高高在上的宏大叙事"实现"简时新"的语言风格转换之后,以新的话语引领新的风尚,形成话语力,直达人心。比如,"撸起袖子加油干""我们都是追梦人"等等表达,既接地气,又充满温度,更能激励人。

另外,社会主义核心价值观话语的传输方式应是教师与学生之间平等的对话,不应只有教师的话语霸权,要促进学生话语权的回归,告别教师话语的"一言堂"。有效的话语传输不是"我说你听"的单向路径,而应在教师与学生之间建立起畅通的交流与对话机制,实现话语交往。正如哈贝马斯所说:"只有在一种具有普遍意义的话语的交往前提下,才能建构起一种较高层次的主体间性,让每个人的视角与所有人的视角相互重合"[①]。所以教师应学会"留白",比如,通过读书会、研讨会以及网络平台的留言互动等等形式,让学生能够有渠道表达自己的内心话语,以教师的话语与学生的话语的交流、讨论实现有效对话,产生思想与感情的共鸣与共振,进而形成社会主义核心价值观认同的话语力。

(五)主动强化师生共在的场域融合

场域融合指的是大学生社会主义核心价值观认同培育与强化的空间指向,即凡是大学生活跃的场域均是高校社会主义核心价值观宣传、教育的主场,

---

① 哈贝马斯.对话伦理学与真理的问题[M].沈清楷,译.北京:中国人民大学出版社,2005:85.

<<< 第六章　增强新时代大学生社会主义核心价值观认同的对策

首先要占有场域的一席之地,实现"有位",继而适当以显性教育或隐性教育的方式,做到"有为"。历史与实践表明:"思想文化阵地,马克思主义、无产阶级的思想不去占领,各种非马克思主义、非无产阶级的思想甚至反马克思主义的思想就会去占领"[①]。新媒体时代的到来,改变了信息的传播方式,也改变了受众的信息行为,人们既受益于海量信息的丰富、便捷,享受着手握"麦克风"的赋权,又身陷这个眼花缭乱的信息爆炸世界,感到迷茫与无措。尤其在今天这个教育越来越便捷化、网络化、全民化的时代,社会主义核心价值观在一定场域中存在着"失踪""失语""失声"的现象,如校园里专业课的课堂、热闹非凡的社团活动、短视频分享平台以及视频弹幕网站等等。因此,如何使社会主义核心价值观一直"在场",自觉走出某种"缺位"的困境,亦成为大学生社会主义核心价值观认同培育与强化的重要时空维度。

那么,如何做到"教"与"学"双主体场域的有效融合?首先需要树立"学生在哪儿,阵地就在哪儿"的思想意识,依托"大思政"平台对大学生进行社会主义核心价值观认同的培育与强化,强调全员、全过程、全方位,突出全域性,着力点在一个"全"字上,要始终"在场","有位"进而"有为"。

一方面,让学生"身在其中"的社会主义核心价值观显性教育场域——思政课堂、党团培训及活动真正发挥教育实效,使其"心亦在其中"。思政课通过教学改革创新、提升教学质量,使学生不再停留在拿学分的"应付"阶段,或是死记硬背的"应试"阶段,应致力于打造学生真心喜欢听、听得进去、听得有收获的思政金课;党团的培训与活动,在注重接地气的多样化活动形式之外,更要注重内容的深度,要精心设计,包括:培训由谁来主讲?讲些什么?在哪儿讲?活动的目的是什么?用什么样的形式能直抵学生心灵?等等一系列环节都要精心雕琢,力争在热闹的活动退场之后,让学生们思想受到洗礼、觉悟上有所提高。

另一方面,要填补一些场域的暂时"缺位",实现"有位"而"有为"。

---

① 江泽民.江泽民文选:第3卷[M].北京:人民出版社,2006:97.

重点是抓好"两个阵地"建设——课程思政与网络思政，发挥隐性教育之功效，使学生始终沉浸在社会主义核心价值观弥漫性存在的场域，日用而不觉。其一是课程思政阵地，强调所有课都上出思政味，无论是专业课抑或是通识课均有育人之责，尤其是专业课教师在学生心目中是专业权威，其人格、价值观均会对学生产生根深蒂固的影响，因此发挥专业课程的隐性育人功能，保证所有课程中社会主义核心价值观"不缺位"，是首当其冲要建设好的阵地（前文已经论述，此处不再赘述）。

其二是网络思政阵地的建设问题。网络的泛在化使得今天的社会成为一个无网不在的存在，也正因为此，网络成为一个巨大的公共能量场，在这个能量场里良莠不齐的各种思想并存，纷繁复杂的种种话语交锋。网络化生活已经成为新时代大学生的生活常态。本次调研中发现，对大学生影响最大的载体中，网络的影响力仅次于父母、社会实践，位列第三，网络的影响力可见一斑。尤其对于被称为"数字居民"的大学生而言，他们满怀欣喜地拥抱这个"微时代"带来的丰富与便捷，更沉醉于这种来自微时代的所谓主体性表达，调查表明，有超过四成的大学生每天超过4小时的时间花在看微博微信、刷朋友圈、玩抖音上。因此，社会主义核心价值观的"打开方式"，应积极搭乘新媒体的快车，打造高质量的"互联网+思政"的教育教学体系，具体可以从以下三个方面来加强社会主义核心价值观的网络影响力：

一是主动搭建网络平台，传播社会主义核心价值观的好声音，讲好中国价值的故事。学习强国学习平台就是其中杰出的代表，目前注册用户总数已经超过2.57亿人，以"全党办、大家办"的理念，优化学习资源的供给，既满足了建设学习型政党的需要，也成为普通大众日常学习的供给站。

二是精准筛选、重点培养网络意见领袖，作为大学生心中最为活跃、最富有影响力的群体，成为其践行社会主义核心价值观的领路人。高校培养网络意见领袖应以教师为主体，同时可以吸纳少数思想先进又有影响力的学生。尤其是教师要主动融入，活跃在不同的网络平台，或在微信公众号，或在群里、微博、论坛里，或在抖音、B站。比如，大连海事大学的曲建武老师，他通过公众号"仍然在路上"累计发表公众号文章40余万字，为学生和全国的思政工作者们答疑解惑，敢于对热点问题亮剑，进行入情入理地剖析；南京航空航天大学的徐川老师，公众号"南航徐川"目前关注用户已经超过30万，关注学生关心的热点问题甚至敏感话题，并给予及时的、正向的引导，使对大学生社会主义核心价值观认同的提升工作生活化、常态化。

三是倾力打造社会主义核心价值观始终"在场"的网络文化精品。其一，鼓励专家学者走上大众传媒，增强权威声音，例如，复旦大学张维为教授主讲的《这就是中国》在电视台、视频平台、弹幕网同步播出，告别了理论宣讲的单向形式，以大众的语言回应热议话题，仅在B站就获得6110.9万播放量，100.5万受众的追剧数字更是反映了该节目留住了青年，也影响了青年；其二，微时代里快餐式文化与碎片化阅读的盛行，短视频受到追捧，应制作微视频的用心精良之作，发挥社会主义核心价值观"公益广告"的传播效应，比如"中国一分钟"系列微视频，线上阅读播放量超24亿，线下覆盖用户超2.5亿；2020年五四青年节B站青年宣传片《后浪》总计约3000万的播放量，110万的转发。五四话语的"在场"，在特定节日里，契合节日主题讴歌与激励，收获了追捧与热议，成为具有引领意义的"热词"；其三，传播弘扬中华文化，富含正能量的电视综艺节目、电视剧、电影及音频，以大学生喜闻乐见的形式弥漫在其生活里，发挥社会主义核心价值观"盐"的功效。比如：电视节目《经典咏流传》《中国诗词大会》《朗读者》《我是演说家》等；电视剧《人民的名义》《亮剑》以及四大名著的经典电视剧版等；电影《长津湖》《我和我的祖国》《战狼2》《流浪地球》等的高票房，从一个侧面说明作为观影主体的90后、00后深植内心的中国特色社会主义核心价值观，他们是在我国国力迅猛提升，日渐走近国际舞台中心的时代背景下成长起来的，他们自信，他们拥有浓重的家国情怀。《我和我的祖国》中小人物与新中国成立70年中大事件的回放燃爆了国人的爱国情；《战狼2》中激昂澎湃的爱国心与爆棚的集体荣誉感;《流浪地球》中对人类命运共同体与集体主义精神的高扬,都引起了新时代大学生广泛的共鸣,反映出新时代大学生思想情绪的基础色调依然是积极向上的,也说明正能量的文化制成品不但有市场,而且契合大学生们的思想现实。音频载体是典型的口袋思政的有效形式,复旦大学陈果老师的音频课程播放量超过1500万,音频载体以其独特优势长盛不衰,也说明"收听"与"收看"一样,需要我们的思政工作者悉心经营,发出属于社会主义核心价值观的引领之声。

三、以行为认同"两个实践"为依托增强认同的践行力

知行合一才是认同的根本要义所在。马克思说:"人的思维是否具有客观的真理性,这不是一个理论的问题,而是一个实践的问题。人应该在实践中证明自己思维的真理性。"[1] 大学生社会主义核心价值观认知与情感的认同最终是要体现在行动上、落到实处的,这就需要学校围绕"注重实践"的落脚点,增强认同的践行力,为大学生创设条件、搭建平台解决"具体应该怎么做""去哪儿做"等一系列问题,并通过保障机制去强化、固化,最终实现稳定的、深层次的行为认同。

(一)充分开展行为认同的生活化实践

价值观的认同不是一种单纯的知识教育,更大程度上是一个主体自我建构的过程,社会主义核心价值观的认同需要经历一个从"内化"到"外化",进而加强"内化"的过程。正如习近平总书记所言:"一种价值观要真正发挥作用,必须融入社会生活,让人们在实践中感知它、领悟它"[2]。大学生的校园生活,一刻也离不开校园文化的浸润。校园文化是学生接受教育的第二课堂,是第一课堂的延伸、补充和完善,是最重要的隐性课程资源,大学生在学校

---

[1] 马克思,恩格斯.马克思恩格斯选集:第1卷[M].北京:人民出版社,2012:134.
[2] 习近平.习近平谈治国理政:第1卷[M].北京:外文出版社,2014:165.

中，不仅在教室里、课堂上接受教育，更是在校园文化的"濡化"与"熏陶"中学习和成长的。所谓校园文化是"以大学为载体，在长期的办学过程中，学校成员所共生、共享、传递的价值取向、生活方式和行为方式，其核心是大学精神"[①]，包括精神文化、物质文化、制度文化和行为文化四个方面。教育家涂又光先生曾提出著名的"泡菜论"，即泡菜的味道取决于泡菜汤，校园文化就好比这泡菜汤一样，学生们每天生活在其中，它无时不在，无处不有，潜移默化地影响着学生们的价值取向、思维方式和行为方式，达到"日用而不自知"的效果。

因此，高校应着力打造优秀的校园文化，从静态的校园景观、师生员工、典章制度，到党团活动、科技竞赛等动态的文化载体活动，多渠道培育优质的大学校园文化，以突出其在中国特色社会主义文化认同培育中的引领导向功能、陶冶美化功能、凝聚激励功能、约束规范功能以及辐射带动功能。大学生社会主义核心价值观教育要积极探索在大学校园文化中的表达方式和作用发挥，注重官微、校媒等新媒体的打造，培育能够彰显社会主义核心价值观的大学校园文化，同时高校应制定弘扬社会主义核心价值观的制度规范，营造风清气正的校园风气，以校园文化建设促进大学生对于中国特色社会主义文化的行为认同，最终使广大学生自发、自觉地提升对于社会主义核心价值观的认同度。

校园文化活动从举办主体的角度来说涵盖团学活动、党建活动，班会、级队会、党建工作、团学活动等，它们是学生日常实践的载体，需要我们发掘其中的价值观要素，在学生们的实践参与中给予其价值引领，真正发挥"十大育人"体系的合力效应。其中，良好的党建工作与团学工作是增强大学生社会主义核心价值观认同的重要支点。调研中发现，是否为学生干部、中共党员对社会主义核心价值观的总体认同与三个维度的认同度均表现出显著性差异，总体趋势均为学生干部、中共党员的认同程度显著高于普通大学生。

---

① 张德祥. 认清大学的双重文化使命[N]. 光明日报，2012-2-6（7）.

这说明高校的学生干部、学生党员的选拔与培养机制是成效显著的，可以在工作中进一步拓展、发扬。一方面，可以更好地发挥学生党员、学生干部的模范带头作用，包括党员挂牌制、导生制等，彰显优秀同辈群体的正向影响力；另一方面，可以发扬优势，把工作面做大，工作进一步做细。总体来说，学生干部占到在校生的比例约30%，党员平均占到3%—4%，入党积极分子比例20%—30%，入学初的一次入党申请率在70%以上。就高校的党建、团学工作而言，一方面抓好学生党员、团学干部的先进性教育，一以贯之，常抓不懈；另一方面应拓宽工作思路，把全体大学生均作为其工作对象，要区分不同的对象——党员、入党积极分子以及其他同学；团学干部与其他团员等，分门别类地开展针对性教育，要把工作做细，不能搞"一刀切"。大学生群体的思想成熟程度具有不同步性，要关注不同层次学生的思想动态与现实需要，及时、适时以多样的形式给予引领与疏导。基于上述情况，高校的党课教育、团校培训以及各种党团活动也应将普遍性教育与重点性教育相结合，依照不同学生群体的思想成熟情况开展贯穿整个大学阶段的递进式教育。

　　大学校园文化日常性的活动，应聚焦大学生思想实际，以恰当的表现形式弘扬正能量，提升校园文化的现实功能。演讲比赛、辩论赛、才艺大赛、研讨会、知识竞赛、主题晚会等等常规性活动要通过创新让学生收获不常规的感受，不能流于程式或仅限于完成规定动作，要增加活动的内涵性与思想性。比如清华大学学生自编自演的话剧——《马兰花开》就是一个很好的典范，它以我国"两弹元勋"邓稼先为原型，深情讴歌了我国老一辈科学家无私奉献、报效祖国的崇高精神。巡演行程6000千米，参演学生逾220人，累计观众十余万人，清华学子们通过人物的塑造以及台前幕后的大量工作，将邓稼先的精神充分内化，与观众一起产生震撼心灵的情感共鸣，以行为深化了认知、强化了情感。另外，选拔、成立大学生讲师团，与教师一起参与校园巡讲，以讲的实践来升华认知，并发挥"赶帮带"的作用，深化青年大学习的效果。学生讲师有别于教师，他们来自学生的身边，与学生同龄，看问题的视角更容易产生共鸣，大多为感同身受的个人经历，也更能发挥同辈群体的示范效应，可以成为教师讲授的有益补充。作为大学生讲师团的成员是一种荣誉更是一种责任，一定要优中选优，不仅是语言的表达能力，还包括理论的运用能力以及个人的思想道德水平、学习成绩等等，因为一名讲师团的学生讲师相当于在学生中树立起了一面旗帜、一个标杆。

发挥生活化的校园文化活动的实践育人功能，注重抓细、抓小、抓常态、抓内涵式发展，还要注重结合重要时间节点的实践育人功效。2019年时值新中国成立70周年，全国高校的大学生用各种形式以"青春告白祖国"，以国庆为名全国千万大学生共同参与并接受了一次为之热血沸腾的爱国主义教育，也是一堂意义重大、全员参与的思政大课。大学生们通过诗歌朗诵、主题宣讲、与祖国同框合影、观看盛大的阅兵式、现场合唱"今天是你的生日，我的祖国"、校园剧等多种多样的形式，表达了对于中国无限热爱的深厚感情的同时也在被这种浓浓的爱国情所深深的教育、感染。行为认同进一步强化的同时，更深化了对社会主义核心价值观的情感认同。尤其是辽宁高校组织在校师生数千人举行"同升国旗、共唱国歌"的开学第一课，现场震撼而催人奋进，很多学生表示"这是一次有着特别意义的超燃思政课""立志做担当民族大任的时代新人"。这充分说明了结合重大节日，开展沉浸式的校园文化活动成效是显著的，也为校园文化活动如何开展得深入人心、彰显实效提供了可借鉴的思路。

（二）深入推动行为认同的社会化实践

社会实践是大学生实现社会化，在"实践—认识—再实践—再认识"进程中共享、确证、升华社会主义核心价值观的过程。本次调研显示：超过三成的大学生认为父母、社会实践、网络、教师等载体对其思想认识影响力比较大。其中，父母是孩子终其一生的陪伴，影响力显而易见，认同比例最高；

社会实践的影响力紧随其后，它可以形成感同身受的现场冲击力。有效的社会实践活动可以直达学生心灵，唤起强烈的认同情感。

价值观的认同教育而从理论课堂应走向社会的大课堂，将理论与实践贯通。高校应为学生搭建平台，通过志愿服务、参观访问、实地调研、爱心支教等方式，以震慑心扉的现实冲击力，增强"要我做"到"我要做"的可行性，打通社会主义核心价值观行为认同的"最后一公里"。社会公益类实践能够培养学生的服务意识、奉献精神和爱国情感，有益于科学把握"小我"与"大我"的相互关系；体验性的实践活动或让大学生看到、听到战火中前辈的信仰与坚守，或使其切身感受伟大祖国的发展变化，增强社会责任意识，深化思想认识，坚定实现中华民族伟大复兴的决心。

社会实践是大学生认识与接触社会的窗口。目前，我国大学生中还在一定程度上存在"被动实践"的形态，如何将其转变为"主动实践"，彰显实效是当前强化社会主义核心价值观行为认同的关键所在。"被动实践"究其原因，在于社会实践的内容流于形式，学生规模比较大，单纯为了凑够课外实践学时，停留在走马观花、打卡式的走过场，所以很难形成现实感染力，行为体验不深刻，导致行为稳定与深化无从谈起。另外，本次调研中发现，"行为体验"与大学生社会主义核心价值观认同之间没有显著关系，而行为认同的其他两个维度指标"行为稳定"与"行为深化"则对价值冲突中大学生做出认同社会主义核心价值观的思想与行为选择具有显著正向影响。认同成于思想，落于行动，如何增加行为体验的获得感与现实冲击力，进而稳定地呈现在行为习惯上，已然成为摆在当前社会主义核心价值观培育工作的一大难题。

基于此，高校的社会实践工作可以着重加强以下几个方面：第一，应配备充足的指导教师，强化指导力量。实践基地的稳定运行与社会实践的有效开展离不开高素质的指导队伍，创建一支由思政课教师、辅导员、导师以及有志于此的专业课教师组成的社会实践指导团队，是社会实践工作有序高效运行的组织保证。专业的指导团队可以对社会实践进行精心的设计与安排，过程中给予实时指导,实践结束进行反馈跟踪与提升,达到行为体验、理性提升与情感激发的多重功效。第二,应加大力度建设稳定的实践基地群,以推动社会实践能够持续深入地推进。当前,高校的社会实践仍旧存在"打一枪换一个地方"的做法,社会实践基地不同程度地存在稳定性不足、持续性缺乏等问题,造成了实践基地建设成本的增加,也不利于开发实践育人的基地功能。对此,高校党委应合理统筹,进行顶层设计与总体规划,建立健全大学生社会实践的长效机制,与社区街道、企业、志愿服务机构、红色教育基地、农村、西部中小学校等积极联系,挂牌建立社会实践基地,将其作为增强大学生社会主义核心价值观认同的根据地。在铺开面的同时加强稳定性地长期合作,并签订明确双方权利与义务的基地建设合同,以实现实践基地的长效运行与机制化管理。第三,社会实践平台的面铺开以后,高校应对在校生做四年不断线、不重样的社会实践活动规划,覆盖全体学生,比如:大一学生的实践活动以参加志愿类活动与校内勤工助学岗类工作和参观访问活动为主;大二学生的实践活动尽量结合学生的专业特点以社会调研类为主;大三学生以增强专业技能和实践能力的专业素质拓展为主,参与岗位体验或者见习;大四(大五)学生以毕业实习为主,以此达到职业确定与深化认同的目的与效果。与此同时,着力做好寒暑假两个假期的社会实践工作设计与安排,因为持续时间长,大学生们可以更加全面、深入地参与、了解、感悟,可以安排社会调研或者支教等持续性的社会实践活动。第四,应开拓各类实践活动丰富的活动内容,增强学生的自主选择性与积极性。学校要尊重学生的主体性与多样性,精心设计各类社会实践的具体实施方案,包括参观考察类、社会调研类、勤工助学类、专业实习类以及志愿服务类等等,各类的内部也应有多种方案,由学生自主选择。第五,应建立考评与验收机制,进行制度性供给。一方面,鼓励先进,宣传典型人物与事迹,给予表扬与奖励,引领风清气正的校园氛围;另一方面,建立负面清单,稳固校园底线思维。

综上,大学生在校园文化生活中,既作为社会主义核心价值观生活化、日常化的主体参与其中，又作为受体被影响、被浸润着，以"日用而不自知"的方式落于行，形成稳定的行为习惯。同时，富有直观感受与冲击力的社会实践，作为大学生的必修课，成为其完成社会化的前奏，大学生直接面对曾经的战火与艰难、如今的社会主义新农村、志愿服务的大舞台……也是确证与深化社会主义核心价值观的过程。马克思主义认识论认为，实践是认识的"源头活水"，通过生活化与社会化的"两个实践"，大学生实现着社会主义核心价值观的知行合一，也在"内化—外化—内化"过程的反复践行中锤炼良好的思想道德修养，实现全面发展。

结论与展望

本研究针对新时代中国大学生社会主义核心价值观认同的理论梳理、现状与影响因素分析，基于文化认同的理论视域，对"新时代大学生社会主义核心价值观认同"这一主题进行了系统研究，主要得出了如下结论：

一、研究结论

第一，量表信度、效度良好，能够作为新时代大学生社会主义核心价值观认同现状探源的测量工具，为提出面向新时代大学生社会主义核心价值观认同的对策，进一步做好大学生社会主义核心价值观的培育工作提供了客观依据。

本研究在理论梳理的基础上，主要借鉴乔纳森等人编制的 *AIQ-IV*、施瓦茨等人编制的价值观量表、佘双好等人编制的不同社会群体对中国特色社会主义理论体系认同分析表、万资姿编制的社会主义核心价值观在当代大学生中的认同状况调查问卷以及邓明智编制的大学生社会主义核心价值观量表等，随后请教校内外专家，在此基础上，从影响大学生价值冲突行为选择的主要内外部成因中，剥离出主要涉及的认知认同、情感认同、行为认同三大维度，并进一步挖掘提炼出这些维度中具体的11个维度指标，设计出问卷初稿。通过试测、数据分析以及再次请教专家最终完成了题项筛选，编制了"新时代大学生社会主义核心价值观认同的调查问卷"。运用随机抽样与非随机抽样的方法，选取我国东、中、西部地区以及东北地区四个代表性城市为样本，相应地对上海、武汉、成都、大连地区不同层次高校大一至大四（大五）在读的1427名大学生进行问卷调查，问卷有效回收率为80.59%，具有良好的信度与效度，能够作为新时代大学生社会主义核心价值观认同现状探源的测量工具。

第二，分析总结了新时代大学生社会主义核心价值观认同的现状与特征，并剖析了存在问题的原因。

本次调查表明，大学生对社会主义核心价值观的总体认同度、情感认同度、认知认同度与行为认同度依次为 4.04±0.44、4.40±0.53、4.16±0.52、4.04±0.51（$\bar{x}\pm s$），满分为5，说明新时代大学生对于社会主义核心价值观的认同水平良好，也反映出社会主义核心价值观是与广大学生的世界观、人生观、价值观相契合的，是符合具有较高认知水平与判断力的大学生主体需要的，更肯定了一直以来从中央到地方，从传统媒体到新媒体，从学校到社会的铺天盖地式的宣传工作，总体达到了入眼、入脑的效果。在认同总体水平向好的前提下，大学生对社会主义核心价值观的认同呈现出以下特点：一是大学生认同社会主义核心价值观呈现较高知晓度、情感认同度以及低行动的特点；二是大学生对国家、社会、个人层面的社会主义核心价值观表现出较高的认同度，但仍存在不平衡性；三是大学生对社会主义核心价值观12个词内涵高度认同，但同时存在与现实性认同之间的不平衡性；四是大学生群体内部存在着对于社会主义核心价值观的差异性认同。在此基础上，本研究从社会外部、国家发展现实、高校内部以及大学生的自身四个方面剖析了存在问题的原因，包括大学生的价值选择与主体自觉之间存在内在张力、高校"三全育人"实效性与思想文化主阵地之间存在内在张力、国家发展的现实性与大学生的理想性之间存在内在张力、世界大变局与意识形态安全之间存在内在张力。

第三，探索划分了新时代大学生社会主义核心价值观认同的三个维度（一级指标），三者分别为大学生认同社会主义核心价值观提供引导力、驱动力和践行力。

从文化认同理论中析出认知认同、情感认同和行为认同三大维度，将对象聚焦为社会主义核心价值观认同，进一步揭开了社会主义核心价值观认同形成的内部机理。认知认同是主体认知水平对内与向外的确指,就社会主义核心价值观认同而言,即"我是谁"与"我怎么看社会主义核心价值观"的问题,包含主体对于自身的觉醒与定位,主体的世界观、人生观、价值观与社会主义核心价值观在价值层面的理性契合;情感认同是主体对于社会主义核心价值观在情感上产生的满意、喜爱以及肯定的态度,是对于社会主义核心价值观所形成的某种精神依恋以及内心深厚的情感积累,简单说来就是"我对社会主义核心价值观的感情怎么样"的问题;行为认同是主体对于社会主义核心价值观的践行层面,是认知与情感的外化阶段,主体或基于自我的意识,或基于价值的考量、抑或基于情感的迸发,都会将其付诸行动,一言以蔽之,社会主义核心价值观的行为认同回答的是"我如何践行社会主义核心价值观"的问题。本研究将这三个维度分别单独考量其与大学生社会主义核心价值观认同的相关性,通过实证研究进一步验证了研究假设,主体的认知认同、情感认同、行为认同与新时代大学生社会主义核心价值观的认同密切相关,构成影响新时代大学生社会主义核心价值观认同的三大主要维度,为其提供引导力、驱动力与践行力。

第四,对影响大学生社会主义核心价值观认同的三维度11个维度指标(二级指标)进行具体考查,得出结论:除"行为体验"之外的10个指标均显著影响大学生社会主义核心价值观认同。

基于社会主义核心价值观认同三个维度的划分,本研究进一步将其细化为11个维度指标具体考查,使用SPSS22.0软件中的逐步回归分析法对数据进行处理,将每个维度作为自变量,进行多元线性回归分析。由数据分析可知,自变量"行为体验"的显著性水平 P 值为0.166,大于0.05,表示其与因变量——大学生社会主义核心价值观认同量表总分之间没有显著关系,这也是与实际情况相符的,一个人的行为只有上升到稳定和深入的层面,它才能形成和深化为思想层面的认同与相对固定的行为习惯,过去有过某种行为不代表现在和未来都会一成不变,单次的行为体验具有临时性、不确定性、多变性,但是"行为稳定"与"行为深化"的形成又离不开一次又一次印象深刻

183

的行为体验，认同成于思想，落于行动，如何增加行为体验的获得感与现实冲击力进而稳定为行为习惯成为摆在当前社会主义核心价值观培育工作面前的一大难题；"存在意义感""行为稳定"的显著性水平 P 值均小于0.05，表明这二者分别与因变量之间密切相关；其余8个自变量的显著性水平 P 值均为0.000，小于0.001，说明其对因变量具有显著的解释力。与此同时，除不构成显著关系的"行为体验"之外的10个自变量，其回归系数均为正数，说明对大学生在价值冲突中做出认同社会主义核心价值观的思想与行为选择均有正向的显著影响。"社会责任观"的标准回归系数明显高于其他指标的回归系数，表明其对认同的影响最大；三个维度的其他维度指标中，按影响程度从强到弱依次是"情感满意度、社会归属感、文化对象感、自我身份感、精神世界观、情感喜欢度、行为深化、行为稳定、存在意义感"。

第五，对影响大学生社会主义核心价值观认同的主体因素进行全面分析，得出结论：社会主义核心价值观认同的三个维度、"四个自信"的认同度以及样本基本情况变量中的7个变量均显著影响大学生社会主义核心价值观认同。

通过理论研究，从主体性维度系统建构新时代大学生的社会主义核心价值观认同的理论模型，并在半开放型访谈、调查研究、数据分析的基础上验证并拓展了该理论模型，以全面、科学地阐释新时代中国大学生社会主义核心价值观认同，何以发生，何时发生。为了更为全面地考察大学生主体维度对社会主义核心价值观认同的影响因素，进一步提高自变量对效标变量的解释力，本研究采用增加自变量阶层和数量的方法，通过逐步回归分析，最终建立了新时代大学生社会主义核心价值观认同的多因素影响综合模型。社会主义核心价值观认同的三个维度，即认知认同、情感认同、行为认同，"四个自信"的认同度以及样本基本情况变量中的7个变量进入模型，表明社会主义核心价值观认同的三个维度、"四个自信"的认同度、样本的7个基本情况变量均与新时代大学生形成社会主义核心价值观认同之间关系密切，对于因变量——新时代大学生形成社会主义核心价值观认同均具有显著的解释力。

第六，在对大学生的主体维度进行全面与深度考查的基础上，建立起认知认同、情感认同、行为认同"三位一体"的立体化教育模式，进一步增强新时代大学生社会主义核心价值观认同的教育效果。

本研究聚焦高校，基于价值性、结构性、群体性、阶段性的目标导向，以"分别提高，协同整合"为基本思路，在"大思政"、文化育人以及知行合一的原则下，建立了大学生社会主义核心价值观认知认同、情感认同以及行为认同的"三位一体"立体化教育模式。一是以认知认同的"三性"为主线增强认同的引导力，包括认知认同的科学性、全面性以及连续性三个方面；二是以情感认同的"五融合"为着力点增强认同的驱动力，包括主体融合、情感融合、视域融合、话语融合以及场域融合五个维度；三是以行为认同的"两个实践"为依托增强认同的践行力，包括生活化的实践与社会化的实践两个层面。社会主义核心价值观认同是一个复杂的系统性工程，这就要求我们既要关注具体维度的认同力提升，也要聚焦整体的协同发力。一方面，培育大学生的认知认同、情感认同、行为认同是增强大学生社会主义核心价值观认同的基本途径，应着重在大学生的社会责任观、情感满意度、社会归属感的培养和提升方面下功夫，从而为大学生社会主义核心价值观认同提供引导力、驱动力、践行力；另一方面，需要我们以整体性原则大处着眼，遵循认同机理与思想政治教育的基本原理，将高校视为"大思政"的育人整体，将文化育人视为内含价值观认同的场域整体，将社会主义核心价值观认同视为知行合一的整体，全面坚持"大思政"的原则，全域落实文化育人的原则，全程贯彻知行合一的原则。

二、主要创新点

第一，立足文化认同理论，提出了新时代大学生社会主义核心价值观认同的三个维度（一级指标）以及11个维度指标（二级指标），构建了研究和分析新时代大学生社会主义核心价值观认同的理论框架。

价值观乃文化之核心，核心价值观决定着文化的根本性质与深层意义。文化认同是新时代大学生社会主义核心价值观认同的基础，二者的形成具有内在的同一性。本研究使用文献研究、系统分析、逻辑与历史相统一等方法，在文化认同的视域下，厘清了新时代大学生社会主义核心价值观认同的内涵与要义：新时代大学生社会主义核心价值观认同是指处在新时代的大学生对于社会主义核心价值观在观念上的自觉接受、理性认知中的充分肯定、情感上的高度依恋以及行动中的自然践行，最终形成与社会主义核心价值观相契合的思维模式、价值信仰与行为范式，它包含认知认同、情感认同、行为认同三个维度。

　　本研究将大学生社会主义核心价值观认同这个复杂的过程具体化为认知认同、情感认同和行为认同的三个维度，三者并非一个严格意义的、时间上的、顺序性的线性关系，也并非是一个三维度的闭路循环，任何一个维度都有可能单方面促成大学生对于社会主义核心价值观认同的形成。当然这种认同是不同程度的，也是不同层次的，要实现对于社会主义核心价值观完全意义上的、高水平的认同，需要实现认知认同、情感认同和行为认同"三位一体"的全面强化。进而，将这三个维度具体化为11个维度指标，分别为认知认同维度的社会归属感、自我身份感、存在意义感、社会责任观、精神世界观、文化对象观；情感认同维度的情感满意度、情感喜欢度；行为认同维度的行为体验、行为稳定、行为深化。据此，制定了新时代大学生社会主义核心价值观认同的总量表以及认知认同、情感认同、行为认同三个维度的分量表，并通过SPSS22.0软件对影响大学生社会主义核心价值观认同的三个维度11个指标进行具体考查，通过实证研究进一步验证了三个维度作用于广大学生社会主义核心价值观认同的内部机理。

　　第二，从大学生主体的角度，探明了影响其社会主义核心价值观认同的多维因素，进而明晰了新时代大学生社会主义核心价值观认同的特点。

　　为了更为全面地考查大学生主体维度对社会主义核心价值观认同的影响因素，进一步提高自变量对效标变量的解释力，本研究采用增加自变量阶层和数量的方法，通过逐步回归分析，最终建立了新时代大学生社会主义核心价值观认同的多因素影响综合模型。社会主义核心价值观认同的三个维度，即认知认同、情感认同、行为认同，"四个自信"的认同度以及样本基本情况变量中的7个变量进入模型，表明社会主义核心价值观认同的三个维度、样本的7个基本情况变量、"四个自信"的认同度均与新时代大学生形成社会主义核心价值观认同之间关系密切，对于因变量——新时代大学生形成社会主义核心价值观认同均具有显著的解释力。由此，我们从大学生主体维度完成了对于社会主义核心价值观认同的全面考查，14个影响因素进入新时代大学生社会主义核心价值观认同的多因素影响综合模型。最终验证了研究假设，正是在认知认同、情感认同、行为认同维度的共同作用下，大学生获得了认同社会主义核心价值观的引导力、驱动力和践行力，实现着对于社会主义核心价值观认同的认知引领、情感驱动和行为沉淀。同时，从"四个自信"认同度的影响力来看，由高到低分别是中国特色社会主义文化认同、制度认同、理论认同、道路认同，表明大学生对于社会主义核心价值观的认同与其对"四个自信"的认同度密切相关。此外，从调查样本的基本资料来看，我们考查了25个变量，7个变量对大学生社会主义核心价值观认同构成显著性影响，其中，宗教信仰与认同形成显著负相关，其他6个变量均为显著正相关，即学习成绩越好、对现在生活的满意度越高、现实生活中对生活的态度越积极、对时政的关注度越高、思政课影响度越高、社交APP的使用数量越少越认同社会主义核心价值观。与此同时，生活满意度标准回归系数明显高于其他变量，表明其对大学生社会主义核心价值观认同的影响力最大，生活态度对其的影响次之。现实逻辑亦是如此，一个人对于现实生活非常满意或拥有积极的生活态度，就会有相对不错的生活状态，对待周遭也会有相对积极的态度，做出肯定性的评价，包括对于社会主义核心价值观的认同。

通过实证研究的数据分析，对新时代大学生社会主义核心价值观认同的现状与特点进行了解析，新时代大学生对社会主义核心价值观形成了较高的认同度，同时也表现出了自身的特点：一是大学生认同社会主义核心价值观呈现较高的知晓度、情感认同度以及低行动的特点；二是大学生对国家、社会、个人层面的社会主义核心价值观表现出较高的认同度，但仍存在不平衡性；三是大学生对社会主义核心价值观12个词内涵高度认同，但同时存在与现状认同之间的不平衡性；四是大学生群体内部存在着对于社会主义核心价值观的差异性认同。

第三，基于价值性、结构性、群体性、阶段性的目标导向，建立了大学生社会主义核心价值观认知认同、情感认同以及行为认同的"三位一体"立体化教育模式。

通过调研全面分析新时代大学生社会主义核心价值观认同的现状，进而聚焦社会主义核心价值观认同的内在维度，以"影响新时代大学生社会主义核心价值观认同的多维因素"为总抓手，增强大学生的主体认同；同时着眼于大学生主体以及外在因素，以"新时代大学生社会主义核心价值观认同存在的问题"为突破口，探明原因，对症下药。双管齐下，为找到增强新时代大学生社会主义核心价值观认同的有效路径提供方向性指引，最终，本研究以高校为立足点，探索建立了面向新时代大学生社会主义核心价值观认同的"三位一体"的立体化教育模式。

本研究提出的对策力求在遵循大学生的社会主义核心价值观认同形成的内在机理的前提下，优化外在促成机制，提升新时代大学生社会主义核心价值观认知认同的契合度、情感认同的浓烈度以及行为认同的深化度，进而使大学生对社会主义核心价值观从一般性的认知上升为理性认知，加强情感认同并外化为具体的行为认同，力争具有可行性、可操作性、学理性。同时，社会主义核心价值观的认同是一个复杂的系统性工程，这就要求我们既要关注具体维度的认同力提升，也要聚焦整体性的协同发力。因此，需要我们遵循认同机理与思想政治教育的基本原理，将高校视为"大思政"的育人整体，将文化育人视为内含价值观认同的场域整体，将社会主义核心价值观认同视为知行合一的整体。由此，本研究在"大思政"、文化育人以及知行合一的原则下，建立了大学生社会主义核心价值观认同的"三位一体"立体化教育模式，认知认同、情感认同、行为认同是支撑该立体化教育模式的三根"立柱","讲透理论""关注需要""注重实践"是高校进行大学生社会主义核心价值观认同教育的三大落脚点,具体路径:一是以认知认同的"三性"为主线增强认同的引导力,包括认知认同的科学性、全面性以及连续性三个方面;二是以情感认同的"五融合"为着力点增强认同的驱动力,包括主体融合、情感融合、视域融合、话语融合以及场域融合五个维度;三是以行为认同的"两个实践"为依托增强认同的践行力,包括生活化的实践与社会化的实践两个层面。

三、展望

党的十八大以来,对于社会主义核心价值观的研究一直是一个热点问题,国内外有关社会主义核心价值观认同的研究成果已经不少,其中不乏对于大学生群体的聚焦。从文化认同的维度,对于增强大学生社会主义核心价值观认同的具体操作路径研究仍显不够,这是当前学术界需要努力的探索方向。本研究试图做这样的努力与探索,但由于作者水平有限,仍存在以下不足,这也为今后的研究指明了方向:

第一,被试取样问题。由于作者人力、时间、精力和对高校样本掌握的有限性,本研究只选取了东中西部以及东北地区各1个代表性城市,每座城市选取"985高校""211非985高校"以及其他普通本科类高校各1所。为提高样本的准确性群体特征,本研究聚焦大学本科生,并没有把专科生、硕士生、博士生纳入此次调研范围,因此,下一步研究可以将研究成果进一步推广,在样本选择上进行拓展、优化,或者继续对专科生、硕士生、博士生进行聚焦单独特定群体的社会主义核心价值观认同研究。既关注所研究群体的具体性,又注重增强样本的普遍代表性,继续推进本研究。

第二,问卷题量问题。社会主义核心价值观认同的形成注定是一个系统的、复杂的、长期的过程,本研究站在大学生主体维度进行全方位的考查,涉及的内容必定是多维的。一是因为聚焦的是以12个词为基本内容的社会主义核心价值观;二是因为考查认同的三个维度涉及11个维度指标,这就决定了问卷的题量是比较大的,从而使学生会产生一定的畏难情绪或者降低认真的态度。另外,题项中比如说上网时长、学习成绩好坏、是否作过弊等问题上,回答者出于安全和隐私顾虑,填答可能出现与事实不符的情况,这都会对后期的数据分析造成一定影响。因此,未来将在本次问卷的基础上再做进一步的优化处理。

参考文献

一、马克思主义经典著作、党的文献类

[1]马克思,恩格斯.马克思恩格斯全集:第1卷[M].北京:人民出版社,1995.

[2]马克思,恩格斯.马克思恩格斯全集:第2卷[M].北京:人民出版社,2005.

[3]马克思,恩格斯.马克思恩格斯全集:第3卷[M].北京:人民出版社,2002.

[4]马克思,恩格斯.马克思恩格斯全集:第19卷[M].北京:人民出版社,2006.

[5]马克思,恩格斯.马克思恩格斯全集:第23卷[M].北京:人民出版社,1972.

[6]马克思,恩格斯.马克思恩格斯全集:第30卷[M].北京:人民出版社,1995.

[7]马克思,恩格斯.马克思恩格斯全集:第31卷[M].北京:人民出版社,1998.

[8]马克思,恩格斯.马克思恩格斯全集:第40卷[M].北京:人民出版社,1982.

[9]马克思,恩格斯.马克思恩格斯选集:第1-4卷[M].北京:人民出版社,2012.

[10]列宁.列宁全集:第2卷[M].北京:人民出版社,2013.

[11]列宁.列宁全集:第25,36,55卷[M].北京:人民出版社,2017.

[12]毛泽东.毛泽东文集:第2卷[M].北京:人民出版社,1993.

[13]毛泽东.毛泽东文集:第8卷[M].北京:人民出版社,1999.

[14]邓小平.邓小平文选:第1,2卷[M].北京:人民出版社,1994.

[15]邓小平.邓小平文选:第3卷[M].北京:人民出版社,1993.

[16]江泽民.江泽民文选:第2,3卷[M].北京:人民出版社,2006.

[17]胡锦涛.坚定不移沿着中国特色社会主义道路前进为全面建成小康社会而奋斗——在中国共产党第十八次全国代表大会上的报告[M].北京:人民出版社,2012.

[18]习近平.青年要自觉践行社会主义核心价值观——在北京大学师生座谈会上的讲话[M].北京:人民出版社,2014.

[19]习近平.习近平谈治国理政:第1卷[M].北京:外文出版社,2014.

[20]习近平.共倡开放包容共促和平发展:在伦敦金融城市长晚宴上的演讲[M].北京:人民出版社,2015.

[21]习近平.决胜全面建成小康社会 夺取新时代中国特色社会主义伟大胜利——在中国共产党第十九次全国代表大会上的报告[M].北京:人民出版社,2017.

[22]习近平.习近平谈治国理政:第2卷[M].北京:外文出版社,2017.

[23]习近平.在北京大学师生座谈会上的讲话[M].北京:人民出版社,2018.

[24]习近平.在纪念马克思诞辰200周年大会上的讲话[M].北京:人民出版社,2018.

[25]习近平.在庆祝改革开放40周年大会上的讲话[M].北京:人民出

版社，2018.

[26]习近平.在纪念五四运动100周年大会上的讲话[M].北京：人民出版社，2019.

[27]习近平.在全国抗击新冠肺炎疫情表彰大会上的讲话[M].北京：人民出版社，2020.

[28]习近平.习近平谈治国理政：第3卷[M].北京：外文出版社，2020.

[29]习近平.在庆祝中国共产党成立100周年大会上的讲话[M].北京：人民出版社，2021.

[30]关于培育和践行社会主义核心价值观的意见[M].北京：人民出版社，2013.

[31]十八大以来重要文献选编：上[M].北京：中央文献出版社，2014.

[32]十八大以来重要文献选编：中[M].北京：中央文献出版社，2016.

[33]十八大以来重要文献选编：下[M].北京：中央文献出版社，2018.

[34]十九大以来重要文献选编：上[M].北京：中央文献出版社，2019.

[35]中共中央宣传部编.习近平新时代中国特色社会主义思想三十讲[M].北京：学习出版社，2018.

[36]中共中央宣传部编.习近平新时代中国特色社会主义思想学习纲要[M].北京：学习出版社，人民出版社，2019.

[37]中共中央关于坚持和完善中国特色社会主义制度、推进国家治理体系和治理能力现代化若干重大问题的决定[M].北京：人民出版社，2019.

[38]关于深化新时代学校思想政治理论课改革创新的若干意见[M].北京：人民出版社，2019.

[39]新时代公民道德建设实施纲要[M].北京：人民出版社，2019.

[40]新时代爱国主义教育实施纲要[M].北京：人民出版社，2019.

[41]中共中央国务院关于全面加强新时代大中小学劳动教育的意见

[M].北京：人民出版社，2020.

[42]中共中央关于制定国民经济和社会发展第十四个五年规划和二〇三五年远景目标的建议[M].北京：人民出版社，2020.

[43]十九大以来重要文献选编：中[M].北京：中央文献出版社，2021.

[44]中共中央关于党的百年奋斗重大成就和历史经验的决议[M].北京：人民出版社，2021.

二、中文文献

(一) 著作

[1]陈国俭.简明文化人类学词典[M].杭州：浙江人民出版社，1990.

[2]陈万柏，张耀灿.思想政治教育学原理[M].3版.北京：高等教育出版社，2015.

[3]杜兰晓.大学生国家认同研究[M].北京：中国社会科学出版社，2019.

[4]费孝通.中国文化的现代化[M].北京：高等教育出版社，2004.

[5]高长山.荀子译注[M].哈尔滨：黑龙江人民出版社，2003.

[6]宫志峰，李纪岩等.大学生社会主义核心价值体系建设研究[M].北京：人民出版社，2012.

[7]郭维平.社会主义核心价值观生成与认同研究[M].北京：学习出版社，2016.

[8]韩震.社会主义核心价值观五讲[M].北京：人民出版社，2012.

[9]韩震.全球化时代的文化认同与国家认同[M].北京：北京师范大学出版社，2013.

[10]韩震.社会主义核心价值观新论[M].北京：中国人民大学出版社，2014.

[11]韩震.教育的价值与价值的教育[M].北京：人民出版社，2015.

［12］韩震.社会主义核心价值观与中国文化国际传播［M］.北京：中国人民大学出版社，2017.

［13］韩震，章伟文.中国的价值观［M］.修订版.北京：中国社会科学出版社，2018.

［14］洪晓楠，等.当代西方社会思潮及其影响［M］.北京：人民出版社，2009.

［15］洪晓楠.提高国家文化软实力的哲学研究［M］.北京：人民出版社，2013.

［16］洪晓楠.当代西方社会思潮研究［M］.北京：人民出版社，2017.

［17］洪晓楠，邱金英.当代文化帝国主义思潮研究［M］.北京：人民出版社，2018.

［18］胡海涛.大学生马克思主义认同及其与思政课实践教学关系研究［M］.北京：经济日报出版社，2020.

［19］金盛华.社会心理学［M］.北京：高等教育出版社，2009.

［20］李伯黍.教育心理学［M］.上海：华东师范大学出版社，1993.

［21］李纪岩.当代大学生社会主义核心价值观培育研究［M］.济南：山东人民出版社，2013.

［22］李晓东，刘丹，石芳.社会主义核心价值观认同研究［M］.成都：四川人民出版社，北京：学习出版社，2018.

［23］刘小新.当代大学生主导价值观研究［M］.北京：首都师范大学出版社，2005.

［24］林晖.断裂与共识：网络时代的中国主流媒体与主流价值观构建［M］.上海：复旦大学出版社，2013.

［25］吕开东，张彬.大学生社会主义核心价值观认同教育［M］.北京：中央编译出版社，2019.

［26］孟轲.社会主义核心价值观的大众认同问题研究［M］.北京：人民

出版社，2019.

［27］欧阳永忠.道德心理和谐及其教育研究［M］.北京：人民出版社，2014.

［28］平凡.大学生道德认同与培育研究［M］.北京：中国社会科学出版社，2020.

［29］沙莲香.社会心理学［M］.2版.北京：中国人民大学出版社，2006.

［30］沈壮海，王培刚，王迎迎.中国大学生思想政治教育发展报告2016［M］.北京：北京师范大学出版社，2017.

［31］司马云杰.文化价值论：关于文化建构价值意识的学说［M］.西安：陕西人民出版社，2003.

［32］田海舰，邹卫.社会主义核心价值观论纲［M］.北京：人民出版社，2010.

［33］田海舰.培育和践行社会主义核心价值观多维研究［M］.北京：人民出版社，2015.

［34］万资姿.社会主义核心价值观在当代大学生中的认同状况调查问卷［M］.北京：人民出版社，2018.

［35］王成兵.当代认同危机的人学探索［M］.北京：中国社会科学出版社，2004.

［36］王嘉，戴艳军.高校社会主义核心价值体系教育的理论与实践［M］.北京：人民出版社，2012.

［37］吴晨.当代大学生对社会主义核心价值观的认同机制与践行路径研究［M］.长春：东北师范大学出版社，2018.

［38］吴莹.文化、群体与认同：社会心理学的视角［M］.北京：社会科学文献出版社，2016.

［39］吴玉军，江怡.现代性语境下的认同问题［M］.北京：中国社会科

学出版社，2012.

［40］吴玉军.社会主义核心价值观与国家认同建构［M］.成都：四川人民出版社，北京：学习出版社，2018.

［41］谢宏忠.大学生价值观导向：基于文化多样性视野的分析［M］.北京：社会科学文献出版社，2010.

［42］谢晓娟，等.社会主义核心价值观研究［M］.北京：中国社会科学出版社，2012.

［43］邢鹏飞.大学生中国特色社会主义理论体系认同研究［M］.北京：社会科学文献出版社，2019.

［44］徐斌.社会主义核心价值观培育与认同机制研究［M］.广州：广东经济出版社，2019.

［45］薛焱.当代中国主流文化认同研究［M］.北京：社会科学文献出版社，2016.

［46］杨建义.大学生文化认同与价值引领［M］.北京：社会科学文献出版社，2016.

［47］杨业华.当代中国大学生社会主义核心价值观研究［M］.北京：人民出版社，2011.

［48］俞国良.社会心理学［M］.北京：北京师范大学出版社，2006.

［49］张进辅.现代青年心理学［M］.重庆：重庆出版社，2002.

［50］张军成.价值观的力量：大学生社会主义核心价值观教育研究［M］.北京：光明日报出版社，2016.

［51］张平功.全球化与文化身份认同［M］.广州：暨南大学出版社，2013.

［52］张耀灿，郑永廷等.现代思想政治教育学［M］.北京：人民出版社，2006.

［53］郑永廷.思想政治教育方法论（修订版）［M］.北京：高等教育出版

社，2010.

［54］朱小蔓.儿童情感发展与教育［M］.南京：江苏教育出版社，1998.

［55］［美］埃里克·H.埃里克森.同一性：青少年与危机［M］.孙名之译，北京：中央编译出版社，2015.

［56］［英］安东尼·吉登斯.现代性与自我认同［M］.赵旭东，方文，译.北京：三联书店，1998.

［57］［加］查尔斯·泰勒.自我的根源：现代认同的形成［M］.韩震，译.南京：译林出版社，2012.

［58］［德］哈贝马斯.对话伦理学与真理的问题［M］.沈清楷，译.北京：中国人民大学出版社，2005.

［59］［美］克莱德·克鲁克洪.文化与个人［M］.高佳等，译.杭州：浙江人民出版社，1986.

［60］［英］罗素.中国问题［M］.秦悦，译.上海：学林出版社，1996.

［61］［美］曼纽尔·卡斯特.认同的力量［M］.夏铸九等，译.北京：社会科学文献出版社，2003.

［62］［美］乔纳森·弗里德曼.文化认同与全球性过程［M］.郭建如，译.北京：商务印书馆，2003.

［63］［美］塞缪尔·亨廷顿，劳伦斯·哈里森.文化的重要作用：价值观如何影响人类进步［M］.程克雄，译.北京：新华出版社，2010.

［64］［美］塞缪尔·亨廷顿.谁是美国人？美国国民特性面临的挑战［M］.程克雄，译.北京：新华出版社，2010.

［65］［英］休谟.道德原则研究［M］.曾晓平，译.北京：商务印书馆，2001.

［66］［德］雅斯贝尔斯.什么是教育［M］.邹进，译.北京：三联书店，1991.

［67］［德］雅斯贝尔斯.历史的起源与目标［M］.魏楚雄，俞新天，译.北

京：华夏出版社，1989.

[68][美]约翰·罗尔斯.正义论[M].何怀宏，译.北京：中国社会科学出版社，1988.

（二）期刊论文

[1]E.拉兹洛.文化与价值[J].闵家胤，摘译.哲学译丛，1986（1）.

[2]陈光.大学生社会主义核心价值体系教育的路径探析[J].中国高等教育，2009（6）.

[3]陈佳薇.心理认同机制在当代大学生思想政治教育中的运用——论社会主义核心价值观的培育[J].漳州师范学院学报（哲社版），2011（3）.

[4]陈坤，李旖旎.论大学生认同社会主义核心价值观的三个维度[J].思想理论教育导刊，2019（4）.

[5]程为民，熊建生.当代大学生中华优秀传统文化认同状况分析——基于国内十余所高校700名大学生的问卷调查[J].教育研究与实验，2016（4）.

[6]戴木才，黄士安.论"富强民主文明和谐"[J].马克思主义研究，2010（5）.

[7]邓军彪，秦晴.传播学视域下大学生社会主义核心价值观认同研究[J].学校党建与思想教育，2018（20）.

[8]杜坤林.公民道德价值观生成机制与培育路径研究[J].学校党建与思想教育，2013（6）.

[9]樊娟.新生代大学生文化认同危机调查研究[J].中国青年政治学院学报，2009（6）.

[10]樊娟.新生代大学生文化认同危机及其应对[J].中国青年研究，2009（7）.

[11]盖琪."微时代"与"裸贷"：移动互联网语境下的媒介文化症候审思[J].探索与争鸣，2017（2）.

[12]高琪琪，陈巧玲.大学生社会主义核心价值观认同规律探寻[J].

人民论坛，2014（20）．

［13］弓克．五个文明论［J］．今日中国论坛，2008（5）

［14］顾钰民．深化社会主义核心价值观研究的几个问题［J］．中国特色社会主义研究，2013（4）．

［15］顾钰民．铸造让学生终身受益的高校"思政课"［J］．红旗文稿，2015（3）．

［16］郭建宁．培育核心价值观促进文化大发展大繁荣［J］．思想政治工作研究，2012（12）．

［17］郭建新．社会主义核心价值观大众认同路径与机制研究［J］．江苏社会科学，2014（1）．

［18］韩丽颖，杨晓慧．当代大学生核心价值观的凝练［J］．思想教育研究，2012（11）．

［19］韩震，吴玉军．当代和谐社会建构中的文化认同问题论纲［J］．山东社会科学，2008（11）．

［20］韩震．积极培育社会主义核心价值观［J］．理论视野，2013（1）．

［21］韩震．让文化灵魂驱动中国——积极培育社会主义核心价值观［J］．人民论坛，2012（33）．

［22］韩震．以文化认同熔铸国家认同［J］．中国党政干部论坛，2014（5）．

［23］韩振峰．社会主义核心价值观的基本内涵与重大意义［J］．思想政治工作研究，2012（12）．

［24］何大隆．英国：合力传播核心价值观［J］．瞭望，2007（22）．

［25］何美子，洪晓楠，方明豪．大学生社会主义核心价值观认同实证研究［J］．思想理论教育导刊，2020（1）．

［26］何美子，范希春，洪晓楠．以供给侧结构性改革为主线建设现代化经济体系［J］．红旗文稿，2019（23）．

［27］何美子．大学生社会主义核心价值观的立体化教学体系构建［J］．

继续教育研究，2015（4）.

[28]何彦新，古帅.基于文化认同的大学生社会主义核心价值观培育[J].思想理论教育导刊，2017（7）.

[29]洪晓楠，何美子.当代大学生社会主义核心价值观的培育研究——基于文化认同的维度[J].高校辅导员学刊，2015（4）.

[30]洪晓楠，何美子.中国特色社会主义核心价值观内涵阐释[J].高校辅导员学刊，2013（1）.

[31]洪晓楠.如何看待西方所谓的"普世价值"[J].大连理工大学学报（社会科学版），2017（4）.

[32]洪晓楠.我的中国道路观——基于中国共产党例次全国代表大会报告的研究[J].国家发展战略研究，2018（1）.

[33]洪晓楠，蔡后奇.文化强国"五力互动"论纲[J].江海学刊，2019（3）.

[34]侯惠勤.意识形态的变革与话语权——再论马克思主义在当代的话语权[J].马克思主义研究，2006（1）.

[35]侯劭勋.互联网环境下大学生认同与践行社会主义核心价值观的思考[J].思想理论教育，2018（4）.

[36]胡宝平，万书玉.社会主义核心价值观互动生成研究[J].学术论坛，2013（11）.

[37]黄慧珍.信仰及其危机和转机——从真理和价值的视角看[J].哲学动态，2002（12）.

[38]黄士安，戴木才.富强·民主·文明·和谐——我国社会主义核心价值体系现实目标的形成历程[J].科学社会主义，2010（2）.

[39]黄晓宁.新时代大学生中国特色社会主义道路认同教育研究[J].学校党建与思想教育，2019（8）.

[40]黄莹莹.论当代大学生核心价值观的构建[J].教育与现代化，

2009（2）.

[41]本刊记者.积极培育和践行社会主义核心价值观的若干问题——访中宣部思想政治工作研究所副所长戴木才研究员[J].思想教育研究,2013（2）.

[42]吉喆,谢春虎,钟京凤.当代大学生核心价值观论析[J].思想教育研究,2012（7）.

[43]贾英健.多样价值观态势与主导价值观的确立[J].山东社会科学,2002（1）.

[44]金荣,姜永志.大学生社会主义核心价值观认同教育研究[J].继续教育研究,2014（12）.

[45]李景源,孙伟平.价值观和价值导向论要[J].湖南科技大学学报（社会科学版）,2007（4）.

[46]李素华.对认同概念的理论述评[J].兰州学刊,2005（4）.

[47]李爽,周玲微,刘芳.大学生社会主义核心价值观认同践行长效机制探究[J].学校党建与思想教育,2018（17）.

[48]李晓丹.自媒体视域下的大学生社会主义核心价值观认同培育[J].学校党建与思想教育,2020（4）.

[49]李馨宇,李菡婷.全媒体时代大学生主流意识形态认同与调适[J].思想理论教育导刊,2019（12）.

[50]李振跃.大学生社会主义核心价值观认同教育研究[J].学校党建与思想教育,2013（16）.

[51]刘占奎,岳冬青.网络时代大学生社会主义核心价值观文化认同探析[J].马克思主义与现实,2019（1）.

[52]林丹.中华优秀传统文化核心价值观的历史渊源、发展脉络与基本走向[J].文化软实力,2017（2）.

[53]林丹.民族文化的自我认同与现时代文化创新路径——以吉登斯的自我认同理论为分析框架[J].人文杂志,2016（10）.

[54] 林少红. 加强大学生对社会主义核心价值观认同的思考 [J]. 吉林省教育学院学报（学科版），2011（7）.

[55] 刘贝贝，林建成. 知识社会学视角下青年核心价值观认同探究 [J]. 郑州大学学报（哲学社会科学版），2014（3）.

[56] 刘斌. 中国当代法治文化的研究范畴 [J]. 中国政法大学学报，2009（6）.

[57] 刘书林. 培育社会主义核心价值观的基本原则 [J]. 思想理论教育，2013（2）.

[58] 刘新庚，刘峥. 社会主义核心价值观认同的动力要素与过程机制探索 [J]. 中南大学学报（社会科学版），2012（3）.

[59] 刘兴华. 大学生社会主义核心价值观行为认同的内涵及价值 [J]. 学校党建与思想教育，2018（1）.

[60] 罗迪. 文化认同视角下的大学生社会主义核心价值观教育 [J]. 思想教育研究，2014（2）.

[61] 马福运. 大学生社会主义核心价值观认同的提升路径探析 [J]. 学校党建与思想教育，2013（9）.

[62] 莫诗浦. 增强大学生对社会主义核心价值观认同的路径研究 [J]. 学校党建与思想教育，2014（9）.

[63] 潘清. 探索认同机制培育大学生社会主义核心价值观 [J]. 中国高等教育，2013（12）.

[64] 沈洁. 大学生网络素养与核心价值观认同 [J]. 当代青年研究，2018（4）.

[65] 沈壮海. 社会主义核心价值观培育和践行的着力点 [J]. 思想政治工作研究，2012（12）.

[66] 盛红，史献芝. 新时代大学生社会主义核心价值观认同路径建构 [J]. 江苏高教，2018（6）.

[67] 史蓉蓉. 社会主义核心价值体系与大学生核心价值观培育 [J]. 思想教育研究, 2010 (10).

[68] 孙体楠. 改革开放以来大学生价值观状况与教育对策 [J]. 中国青年研究, 2009 (2).

[69] 唐文清, 张进辅. 中外价值观研究述评 [J]. 心理科学, 2008 (3).

[70] 唐志龙. 价值观的生成机制及实践指向 [J]. 南京政治学院学报, 2008 (5).

[71] 万资姿. 社会主义核心价值观与青年信仰教育 [J]. 科学社会主义, 2017 (2).

[72] 万资姿. 核心价值观教育的基本遵循 [J]. 思想政治工作研究, 2014 (7).

[73] 王栋梁, 龙波宇. 网络时代大学生文化认同的特点及应对策略 [J]. 学校党建与思想教育, 2018 (5).

[74] 王晓晖. 积极培育和践行社会主义核心价值观 [J]. 求是, 2012 (23).

[75] 魏晓文, 修新路. 大学生社会主义核心价值观认同的影响因素与培育对策 [J]. 大连理工大学学报（社会科学版）, 2018 (5).

[76] 吴欣遥, 曾王兴, 秦凯. 大学生社会主义核心价值观教育文化认同研究 [J]. 思想理论教育导刊, 2016 (9).

[77] 邢鹏飞. 大学生社会主义核心价值观认同现状与培育对策调查研究 [J]. 高校教育管理, 2018 (2).

[78] 杨晓燕. 少数民族地区大学生社会主义核心价值观认同研究——以宁夏地区为例 [J]. 人民论坛, 2015 (2).

[79] 叶自成. 以中华智慧破解"修昔底德陷阱"——习近平关于构建新型大国关系的战略构想解析 [J]. 人民论坛, 2014 (6).

[80] 虞崇胜. 凝练社会主义核心价值观应把握其生成规律 [J]. 中国党政干部论坛, 2013 (2).

[81]张国祚.实施文化强国战略的思考[J].红旗文稿,2011(21).

[82]张进辅.论青年价值观的形成与引导[J].西南大学学报(社会科学版),2007(3).

[83]张利华.试析中国特色社会主义核心价值体系的结构与内涵[J].中国特色社会主义研究,2007(4).

[84]张琼.网络境域下大学生社会主义核心价值观认同探析[J].思想教育研究,2013(4).

[85]张耀灿.关于社会主义核心价值观凝练问题的思考[J].重庆工商大学报(社会科学版),2013(3).

[86]张忠春,李万斌,张思军.中国特色社会主义核心价值观的认同机制探析[J].四川文理学院学报,2011(3).

[87]张蓓蓓.大学生社会主义核心价值观认同与培育探究[J].学校党建与思想教育,2020(12).

[88]张晶,秦在东.大学生社会主义核心价值观认同研究文献的定量研究——基于CiteSpace的可视化分析[J].学校党建与思想教育,2020(14).

[89]赵果.大学生社会主义核心价值观形成的内化机制浅探[J].创新与创业教育,2013(2).

[90]赵欢春.大学生社会主义核心价值观认同路径研究[J].江苏社会科学,2014(3).

[91]赵雷,陈红敏.当代大学生社会主义核心价值观认同的心理结构[J].中国青年社会科学,2018(6).

[92]赵秋野,王金凤.基于联想实验的大学生社会主义核心价值观认同与接受研究[J].上海交通大学学报(哲学社会科学版),2019(6).

[93]郑必坚.中国和平发展与两岸关系的回顾和前瞻——在"两岸一甲子"学术研讨会开幕式上的讲演[J].毛泽东邓小平理论研究,2010(1).

[94]周宏.论加强社会主义核心价值观认同机制建设[J].理论导刊,

2014（4）.

[95]周静.微时代环境下大学生主流文化认同危机及其治理[J].湖北社会科学，2018（2）.

[96]周莉.论个体价值观形成发展的机制[J].河南社会科学，2005（3）.

[97]周文彰.深刻理解切实践行社会主义核心价值观[J].前线，2013（1）.

[98]朱志明，陈虹，朱百里.大学生对社会主义核心价值体系认同度调查及对策[J].中国青年研究，2010（4）.

[99]左殿升，冯锡童.新时代大学生社会主义核心价值观认知认同实证研究——以全国30所高校为例[J].思想教育研究，2019（3）.

（三）博士学位论文

[1]蔡后奇.哲学视域下的"文化自觉"思想研究[D].大连：大连理工大学，2017.

[2]陈华文.立德树人维度下的大学生社会主义核心价值观教育研究[D].北京：中国地质大学，2016.

[3]方爱东.社会主义核心价值观的发展历程及其当代建构[D].合肥：安徽大学，2010.

[4]郭朝辉.大学生社会主义核心价值观的培育和践行研究[D].徐州：中国矿业大学，2015.

[5]户可英.大学生社会主义核心价值观教育方法研究[D].成都：电子科技大学，2014.

[6]李纪岩.当代大学生社会主义核心价值观培育研究[D].济南：山东师范大学，2010.

[7]李琳.约瑟夫·奈"软实力"理论及其对中国的启示[D].大连：大连理工大学，2014.

[8]刘峥.大学生认同与践行社会主义核心价值观研究[D].长沙：中南

大学，2012.

［9］马英.高校辅导员职业价值观与工作绩效关系研究［D］.大连：大连理工大学，2017.

［10］彭俊桦.大学生社会主义核心价值观践行研究［D］.福州：福建师范大学，2014.

［11］王丽丽.社会主义核心价值体系与大学生核心价值观构建研究［D］.长春：东北师范大学，2013.

［12］武文颖.大学生网络素养对网络沉迷的影响研究［D］.大连：大连理工大学，2017.

［13］徐园媛.大学生社会主义核心价值观教育"四位一体"课程实施路径研究［D］.重庆：西南大学，2017.

［14］詹丽萍.社会主义核心价值体系与社会主义核心价值观引领大学生思想道德建设研究［D］.长春：东北师范大学，2016.

［15］张存达.非正式约束视域下领导干部利益冲突治理研究［D］.大连：大连理工大学，2016.

［16］张振兴.新媒体境遇下大学生社会主义核心价值观教育研究［D］.武汉：华中师范大学，2017.

［17］周蓉辉.中国特色社会主义核心价值观研究［D］.北京：中共中央党校，2011.

（四）报纸

［1］把劳动教育落到实处［N］.人民日报，2020-7-16（12）.

［2］程恩富.21世纪：重建中国经济学［N］.社会科学报，1994-4-7（3）.

［3］龚群.三层次社会主义核心价值观及其内在关系［N］.光明日报，2013-1-5（11）.

［4］洪晓楠.从文化资源大国走向文化强国［N］.中国社会科学报，2014-9-17（8）.

[5]李蕉.传递价值观靠活生生的人[N].中国青年报,2020-8-7(3).

[6]李中元.社会主义核心价值观需倡导更需践行[N].光明日报,2013-2-23(11).

[7]卢丽君,纪秀君.看高校"两课"教学如何创新[N].中国教育报,2004-6-27(1).

[8]吴潜涛.积极培育和践行社会主义核心价值观[N].中国教育报,2012-12-7(5).

[9]习近平同党外人士共迎新春[N].人民日报,2016-1-31(1).

[10]习近平在全国教育大会上强调坚持中国特色社会主义教育发展道路 培养德智体美劳全面发展的社会主义建设者和接班人[N].人民日报,2018-9-11(1).

[11]习近平主持召开学校思想政治理论课教师座谈会 强调用新时代中国特色社会主义思想铸魂育人 贯彻党的教育方针落实立德树人根本任务[N].人民日报,2019-3-19(1).

[12]习近平.抓住培养社会主义建设者和接班人根本任务努力建设中国特色世界一流大学[N].人民日报,2018-5-3(1).

[13]须晨燕.兴国之魂:社会主义核心价值体系[N].中国青年报,2012-10-29(2).

[14]徐显明.十八大报告关于法治建设的十大亮点[N].光明日报,2012-12-3(2).

[15]张德祥.认清大学的双重文化使命[N].光明日报,2012-2-6(7).

[16]中办国办印发《意见》加强和改进新形势下高校宣传思想工作[N].人民日报,2015-1-20(1).

[17]中办国办印发《意见》深化新时代学校思想政治理论课改革创新[N].人民日报,2019-8-15(1).

[18]中共中央国务院发出《关于进一步加强和改进大学生思想政治教育

的意见》[N].人民日报,2004-10-15(1).

[19]中共中央国务院印发《关于加强和改进新形势下高校思想政治工作的意见》[N].人民日报,2017-2-28(2).

[20]中共中央国务院印发《中长期青年发展规划(2016-2025年)》[N].人民日报,2017-4-14(1).

[21]中共中央国务院印发《关于新时代加强和改进思想政治工作的意见》[N].人民日报,2021-07-13(1).

三、外文文献

（一）著作

[1]ADAMS G R.Adolescent Identity Formation[M].London:Sage Publicatons,1992.

[2]BROOME J.Ethics out of Economics[M].Cambridge:Cambridge University Press,1999.

[3]DAMON W.The Moral Advantage:How to Succeed in Business by Doing the Right Thing[M].California:Berret-Koehler Publishers,2004.

[4]DUNN R G.Identify Crisis:A Social Critique of Post-modernity[M].Minneapolis:University of Minnesota Press,1998.

[5]DURKHEIM E.The Elementary Forms of Religions Life[M].Trans.By Swain J W,New York:Free Press,1965.

[6]ERIKSON E H.Identity and the life-cycle[M].New York:W.W Norton,1959.

[7]FAIRFIELD P.Why Democracy?[M].New York:State University of New York Press,2008.

[8]FRIEDMAN J.Culture Identity and Global Process[M].London:Sage Publications,1994.

［9］GENIUSAS S.The Origins of the Horizon in Husserl's Phenomenology［M］.New York：Springer，2012.

［10］GERGEN K J.The Saturated Self：Dilemmas of Identity in Contemporary Life［M］.New York：Basic Books，1991.

［11］HALL S.The Questions of Cultural Identity［M］.Milton Keynes：Open University Press，1996.

［12］JENKINS R.Social Identity［M］.London：Routledge，1996.

［13］KATZENSTEIN J P.The Culture of National Security：Norms and Identity in World Politics［M］.New York：Columbia University Press，1996.

［14］KLUCKHOHN C.Value and Value-Orientation in the Theory of Action：An Exploration in Definition and Classification, In T.Parsons, E.Shils（Eds）, Toward a General Theory of Action［M］.Cambridge，MA：Harvard University Press，1951.

［15］POLANYI M.The Tacit Dimension［M］.London and Henley：Routledge & Kegan Paul，1966.

［16］POOLE R.Nation and Identity［M］.London：Routledge，1999.

［17］RICOEUR P. "Civilisation and National Culture", in History and Truth, Evanston, Ⅲ［M］.Evanston：North-western University Press，1965.

［18］SAID E W.Culture and Imperialism［M］.New York：Alfred A.Knopf，1993.

［19］SAID E W.Orientalism［M］.New York：Vintage Books，1978.

［20］WATERMAN A S.Identity in Adolescence：Processes and Contents［M］.London：Jossey-Bass Publishers，1985.

［21］WELCHMAN K.Erik Erikson：His Life，Work and Significance［M］.Buckingham：Open University Press，2000.

［22］WILLIAM E.Connolly.Identity/Difference：Democratic Negotiation of

Political Paradox [M].Ithaca N.Y.: Cornell University Press, 1991.

(二)论文

[1]ALUJA A, GARCLA L F.Relationships Between Big Five Personality Factors and Values [J].Social Behavior & Personality: An International Journal, 2004(32).

[2]BOEHNKE K, STROMBERG C, REGMI M P, et al.Reflecting the World "Out There": A Cross-Cultural Perspective on Worries,Values and Well-being[J]. Journal of Social and Clinical Psychology, 1998(2).

[3]BARDI A, SCHWARTZ S H.Values and Behavior: Strength and Structure of Relations [J].Personality and Social Psychology Bulletin, 2003(10).

[4]COLOZZI E A.Depth-Oriented Values Extraction [J].Career Development Quarterly, 2003(2).

[5]DAVIDOV E, SCHMIDT P, SCHWARTZ S H.Bringing Values Back in the Adequacy of the European Social Survey to Measure Values in 20 Countries [J]. Public Opinion Quarterly, 2009(4).

[6]EGRI C P, RALSTON D A.Generation Cohorts and Personal Values: A Comparison of China and the United States [J].Organization Science, 2004,(2).

[7]HE M Z, HONG X N.On the Position and Function of Core Values in the Construction of National Cultural Soft Power [J].Studies in Sociology of Science, 2015(1).

[8]HEIM E, STEINMETZ H, ZEIGENFUSE M D, et al.The Circular Structure of Values: The Case of China [J].International Journal of Psychology, 2016(5).

[9]HOFSTEDE G.The Cultural Relativity of the Quality of Life Concept [J]. Academy of Management Review, 1984,(9).

[10]SCHWARTZ S H.Are There Universal Aspects in the Structure and

Content of Human Values？［J］.Journal of Social Issues，1994（4）.

［11］SUPER D E.A life-span，Life-space Approach to Career Development［J］.Journal of Occupational Psychology，1980,（52）.

［12］WILSON T D，LINDSEY S，SCHOOLER T Y，A Model of Dual Attitudes［J］.Psychological Review，2000（1）.

附 录

附录 A　新时代大学生社会主义核心价值观认同的调查问卷

亲爱的同学：

您好！诚挚地感谢您能够参与本问卷的填答，谢谢！

本问卷旨在调查研究新时代大学生社会主义核心价值观认同的现状，全面总结党的十八大明确提出"三个倡导"的社会主义核心价值观基本内容以来，大学生社会主义核心价值观认同的具体情况，找到其影响因素、存在的问题与原因，进而提出合理化对策建议，更好地推动我国社会主义核心价值观培育与践行工作。为此，我们进行了本次抽样调查，非常高兴地邀请您，作为新时代大学生的代表参与本次调查。

您的看法对于我们非常重要，敬请您独立思考、如实填写，感谢您的参与！

这是一份学术性问卷，以匿名方式收集数据，没有是非对错之分，直接如实作答即可（在没有特殊说明的情况下，该题为单选题），以下题目中，请在符合您情况的"□"内打"√"。

非常感谢！敬祝：学业有成！

第一部分　个人基本资料

1. 您的性别：

□男　　　　　□女

2. 您是否为少数民族：

□是　　　　　□否

3. 您的信仰是：

☐有宗教信仰　　　　☐无宗教信仰

4. 您认为自己的性格是：

☐内向　　　☐偏内向　　　☐说不清　　　☐偏外向　　　☐外向

5. 您是否为独生子女：

☐独生子女　　　　☐非独生子女

6. 您的家庭所在地：

☐大中小城市　　　　☐县城　　　　☐乡镇　　　　☐农村

7. 您家庭的月收入情况：

☐2000元以下　　　☐2001—5000元　　　☐5001—8000

☐8001—10000元　　　☐10000元以上

8. 您所在学校是：

☐985高校（985同时是211高校仅填此项）　　　☐211高校

☐其他普通本科类高校

9. 您的学校是：

☐大连理工大学　　　☐上海交通大学　　　☐东华大学

☐上海海事大学　　　☐华中科技大学　　　☐武汉理工大学

☐武汉科技大学　　　☐四川大学　　　　　☐西南交通大学

☐西华大学　　　　　☐大连海事大学　　　☐大连大学

10. 您学习的专业属于：

☐理工科类　　　　　☐文史哲类　　　　　☐政经法管类

☐艺术、体育类　　　☐其他

11. 您目前所在的年级是：

☐大一　　　☐大二　　　☐大三　　　☐大四或大五

12. 您的政治面貌：

☐中共党员（含预备党员）☐共青团员　　　　☐群众

13. 您是否为学生干部：

☐ 是　　　　　　　☐ 否

14. 您的学习成绩总体：

☐ 优秀　　　　☐ 良好　　　　☐ 中等　　　　☐ 较差　　　　☐ 差

15. 您是否有社会兼职工作经历：

☐ 是　　　　　　　☐ 否

16. 您经常使用社交应用——微信、QQ、微博、快手等直播APP中的几个：

☐ 4个或以上　　☐ 3个　　　　☐ 2个　　　　☐ 1个　　　　☐ 0个

17. 您每天使用社交应用的时长（零散时间累积）：

☐ 5小时以上　　☐ 4—5小时　　☐ 3—4小时　　☐ 1—2小时

☐ 1小时以下

18. 您是否经常浏览时政新闻：

☐ 是　　　　　　　☐ 否

19. 您打游戏的频率是：

☐ 从来不　　　☐ 偶尔　　　　☐ 经常　　　　☐ 几乎天天

20. 您平均每个月读书（课程教材除外，包括纸质与电子版书籍）：

☐ 0本　　　　　☐ 1—2本　　　☐ 3—4本　　　☐ 5本及以上

21. 您参加学校社团活动的频率：

☐ 从来没有　　☐ 偶尔　　　　☐ 一般　　　　☐ 经常

22. 对您的思想认识影响力比较大的载体是（请选前三名）：

☐ 思政课　　　　　☐ 社会实践活动　　　　☐ 社团活动

☐ 专业课　　　　　☐ 网络　　　　　　　　☐ 父母　　　　☐ 教师

☐ 朋友　　　　　　☐ 权威　　　　　　　　☐ 偶像　　　　☐ 社会氛围

☐ 家风　　　　　　☐ 校风

23. 您是否有明确的人生目标：

☐ 是　　　　　　　☐ 否

24．您是否有积极的生活态度：

□是　　　　　　　□否

25．您对现在的生活：

□非常不满意　　　□不满意　　　□一般　　　□满意

□非常满意

26．您何种程度上认同中国特色社会主义的优越性：

□完全不认同　　　□不认同　　　□持中立态度　　　□基本认同

□高度认同

27．您何种程度上认同以下关于"四个自信"的判断，请根据您的真实想法在相应的"□"内打"√"。

题项内容	非常不认同	不认同	中立	认同	非常认同
1. 中国特色社会主义道路是实现社会主义现代化、创造人民美好生活的必由之路。	□	□	□	□	□
2. 中国特色社会主义理论体系是指导党和人民实现中华民族伟大复兴的正确理论。	□	□	□	□	□
3. 中国特色社会主义制度是当代中国发展进步的根本制度保障。	□	□	□	□	□
4. 中国特色社会主义文化是激励全党全国各族人民奋勇前进的强大精神力量。	□	□	□	□	□

第二部分　新时代大学生社会主义核心价值观认同的现状调查

（以下题目中，请在符合您情况的"□"内打"√"）

题项内容	非常不认同	不认同	中立	认同	非常认同
1. 我认为，社会主义核心价值观与我的学习、生活密切相关。	□	□	□	□	□
2. 我认为"富强、民主、文明、和谐"的中国能早日实现。	□	□	□	□	□
3. 我认为，中国特色社会主义事业能使我们的社会变得自由、平等、公正、法治。	□	□	□	□	□
4. 我认为，各级人大代表能够代表广大人民群众的根本利益。	□	□	□	□	□
5. 我认为，当前社会矛盾都能够得到有效化解。	□	□	□	□	□
6. "富强"即民富国强，共同富裕是其应有之义。	□	□	□	□	□
7. "民主"的实质与核心是人民当家作主。	□	□	□	□	□
8. "文明"包括物质文明、政治文明、精神文明、社会文明、生态文明。	□	□	□	□	□
9. "和谐"包括人自身的身心和谐、个人与他人的和谐、个人与国家的和谐、个人与社会的和谐以及个人与自然的和谐。	□	□	□	□	□

续表

题项内容	非常不认同	不认同	中立	认同	非常认同
10."自由"可以从三个层次来概括，即人与自然——人的生存发展能力；人与社会——享有法律规范的权利；人与自身——实现个人的全面发展。	□	□	□	□	□
11."平等"包括：权利平等——国家保障所有公民享有广泛而平等的权利；机会平等——社会为每个公民平等地提供其实现自我完善与发展的机会和条件；结果平等——每个公民可以平等地分配全社会的劳动产品和价值物。	□	□	□	□	□
12."公正"的内涵包括三方面：一、它涉及经济公平，政治、文化平等以及社会公正等各个方面内容；二、它表现为以程序正义为核心的法治精神；三、它体现于国家在法制基础上对社会利益的调控。	□	□	□	□	□
13."法治"具有以下三层内涵：其一，建立完备的法律体系，并在整个社会规范体系中确立"法律至上"的原则；其二，对包括政府权力、政党权力、司法权力、军事权力、议会权力等所有的公权力的合理配置与制约。其三，对公民个人权利和自由的确认、保护和规范。	□	□	□	□	□
14."爱国"即爱祖国的大好河山、爱自己的骨肉同胞、爱祖国的灿烂文化、爱自己的国家。	□	□	□	□	□
15."敬业"包括：一是热爱本职工作；二是忠于本职工作；三是勤于本职工作；四是精于本职工作。	□	□	□	□	□
16."诚信"的主要内容是：第一，诚实。即实事求是，与人交往不欺骗、不隐瞒，经商不出尔反尔、不欺瞒消费者，为官不欺上瞒下、不贪污腐败。第二，守信。一诺千金，言必信，行必果，用信誉赢得一切。	□	□	□	□	□

续表

题项内容	非常不认同	不认同	中立	认同	非常认同
17. "友善"包含：关爱他人、团结合作、救助急难、推己及物。	☐	☐	☐	☐	☐
18. 我认为，真正的自由就是想干什么就干什么。	☐	☐	☐	☐	☐
19. 在公正待遇与特殊优待中，我更愿意被优待。	☐	☐	☐	☐	☐
20. 我认为，现实中权力与人情比法大。	☐	☐	☐	☐	☐
21. 当前，美国不断升级中美贸易摩擦，我认为中方应该及早妥协，以免贸易战愈演愈烈，毕竟美国是"老大"。	☐	☐	☐	☐	☐
22. 我认为，工作就是多做多错，少做少错，不做不错。	☐	☐	☐	☐	☐
23. 我认为，一个人太诚信容易吃亏。	☐	☐	☐	☐	☐
24. 我认为，工作不只是养家糊口的手段。	☐	☐	☐	☐	☐
25. 我认为，雷锋精神已经不适合社会主义市场经济的发展要求了。	☐	☐	☐	☐	☐
26. 我周围的同学很讲文明、懂风尚。	☐	☐	☐	☐	☐
27. 我认为，在现实中我和周围的同学是平等的。	☐	☐	☐	☐	☐
28. 我周围的同学都很诚信。	☐	☐	☐	☐	☐
29. 我和我的同学们都很有"爱"。	☐	☐	☐	☐	☐

第三部分　新时代大学生社会主义核心价值观认同三个维度的现状调查

（以下题目中，请在符合您情况的"□"内打"√"）

认知认同现状调查（表一 主体认知认同现状调查）

题项内容	非常不认同	不认同	中立	认同	非常认同
1. 我是有理想、有明确发展目标的新时代大学生。	□	□	□	□	□
2. 我在全球化各种文化的碰撞中开始思考"我是谁"的问题。	□	□	□	□	□
3. 我是新时代大学生，是知识分子的一员，比其他群体应该对国家、社会承担更多的责任。	□	□	□	□	□
4. 我认为自己是一名合格的新时代大学生。	□	□	□	□	□
5. 我对我所在的大学有强烈的归属感。	□	□	□	□	□
6. 我会自觉地在课外给自己安排学习，比如学语言、考级或专业认证。	□	□	□	□	□
7. 我认为，新时代的大学生要勇做走在时代前列的奋进者、开拓者、奉献者。	□	□	□	□	□
8. 我认为，新时代大学生要树立对马克思主义的信仰、对中国特色社会主义的信念、对中华民族伟大复兴中国梦的信心，到人民群众中去，到新时代新天地中去，让理想信念在创业奋斗中升华，让青春在创新创造中闪光。	□	□	□	□	□
9. 我认为，新时代大学生要自觉树立和践行社会主义核心价值观，锤炼品德修为。	□	□	□	□	□

续表

题项内容	非常不认同	不认同	中立	认同	非常认同
10. 中国人自古就有"天下一体"的理念,今天衍生为建构"人类命运共同体",我们既是中国公民,又是世界公民。	□	□	□	□	□
11. 我们身处多重文化的交叠中,文化走向融合的同时,也凸显出鲜明的民族特色。	□	□	□	□	□
12. 我对中国能够顺利解决中美贸易摩擦非常有信心。	□	□	□	□	□
13. 我们开辟的中国特色社会主义道路不是偶然的,是我国历史传承、文化基因决定的,更是人民选择的。	□	□	□	□	□
14. 新时代大学生是炎黄子孙,是龙的传人,我们拥有厚重的不断代历史记载的华夏文明,有文化自信的资本。	□	□	□	□	□
15. 我对我的国家感到自豪,为自己是一名中国公民而自豪。	□	□	□	□	□
16. 我读大学的目的,在于找到好工作。	□	□	□	□	□
17. 我和我身边的同学,能够承担好新时代大学生的责任。	□	□	□	□	□
18. 我认为,没有共同的文化和信念,就不能构成真正统一的国家。	□	□	□	□	□

认知认同现状调查（表二价值认知认同现状调查）

题项内容	非常不认同	不认同	中立	认同	非常认同
1. 我不会成为精致的利己主义者（屈从于利己本能，却经过头脑包装、高智商、更懂钻营、占有更多生产资料、过度追逐外部奖励，甚至还能把私己行为包装成美德，引发道义滑坡）。	☐	☐	☐	☐	☐
2. 我非常钦佩"我将无我，不负人民"的赤子情怀。	☐	☐	☐	☐	☐
3. 我赞同"以青春之我，创建青春之家庭，青春之国家，青春之民族，青春之人类，青春之地球，青春之宇宙"。	☐	☐	☐	☐	☐
4. 我认为国家的利益高于集体利益与个人利益。	☐	☐	☐	☐	☐
5. 在文化、价值多样化背景下，更需要通过加强和创新马克思主义意识形态教育来推进大学生对社会主义核心价值观的文化认同。	☐	☐	☐	☐	☐
6. 社会核心价值观的培育对于一个人、一个民族、一个国家都意义重大。	☐	☐	☐	☐	☐
7. 人是社会性的动物，社会主义核心价值观能够解决人与自身、他人、国家、社会、自然之间的矛盾。	☐	☐	☐	☐	☐
8. 我立志积极向党组织靠拢，希望有一天成为一名中国共产党党员。	☐	☐	☐	☐	☐
9. 我认为，世界上赞同马克思主义的人会多起来，因为马克思主义是科学。	☐	☐	☐	☐	☐
10. 中国特色社会主义文化，源自中华民族五千多年文明历史所孕育的中华优秀传统文化，熔铸于党领导人民在革命、建设、改革中创造的革命文化和社会主义先进文化，植根于中国特色社会主义伟大实践。	☐	☐	☐	☐	☐

续表

题项内容	非常不认同	不认同	中立	认同	非常认同
11. 法律是保护人民群众的工具，也是限制权力和防止权力滥用的武器。只有政府和领导干部真正遵守法律，法律本身才有权威，才能在社会形成诚信文化。	□	□	□	□	□
12. 基于公民权利之上的道德发展而言，中国的道德是在上升或处在"爬坡"阶段——"人们越来越自觉"地考虑人与人交往的规范或道德规则。	□	□	□	□	□
13. 我赞同"格物致知、诚意正心、修身齐家、治国平天下"。	□	□	□	□	□
14. 我认为，劳动是财富的源泉，也是幸福的源泉。	□	□	□	□	□
15. 我赞同"宁可在宝马车里哭，也不在自行车上笑"。	□	□	□	□	□
16. 人有没有信仰，都一样活着。	□	□	□	□	□
17. 传统社会更多的是无意识地被动接受既有文化，而不断变化的现代社会迫使我们思考自己的文化归宿和价值观选择。	□	□	□	□	□
18. 文化认同不仅仅是一种文化价值取向，它涉及人心的向背、政权的稳定和对民族国家的信念等问题。	□	□	□	□	□
19. 我热衷于日韩文化、西方文化，主张中国全盘西化。	□	□	□	□	□
20. 我认为全球化背景下，爱国主义已经过时了。	□	□	□	□	□

情感认同现状调查

题项内容	非常不认同	不认同	中立	认同	非常认同
1. 我对我们国家的发展方向表示认同。	□	□	□	□	□
2. 我对中国共产党从建立到带领亿万国人赢得国家独立、走向伟大复兴的历史，倍感自豪。	□	□	□	□	□
3. 看到五星红旗冉冉升起，听到国歌响起，我感到热血沸腾。	□	□	□	□	□
4. 我深信：中华民族具有很强的文化向心力。	□	□	□	□	□
5. 今日之中国，正如我所愿。	□	□	□	□	□
6. 我对十八大以来中国政府的工作感到满意。	□	□	□	□	□
7. 我爱你，中国。	□	□	□	□	□
8. 中国优秀传统文化是社会主义核心价值观的重要来源，我们不能够漠视或无感于优秀的文化传统。	□	□	□	□	□
9. 中华文明源远流长，我引以为傲。	□	□	□	□	□
10. 全球化进程推进或加深了我的文化归属感的危机，同时，也强化了我的文化认同感。	□	□	□	□	□
11. 我认为国民文化素养越好，国家的文明程度就越高。	□	□	□	□	□
12. 我讨厌说谎的人。	□	□	□	□	□
13. 我对"精日"（精神日本人，简称"精日"，指极端崇拜日本军国主义并仇恨本民族，在精神上将自己视同军国主义日本人的非日籍人群）言行深恶痛绝。	□	□	□	□	□
14. 我能够准确地说出社会主义核心价值观12个词的基本内容。	□	□	□	□	□

行为认同现状调查

题项内容	非常不认同	不认同	中立	认同	非常认同
1. 当前我有明确的目标，生活充实，积极提升各方面的能力，努力做好一个大学生的本分。	□	□	□	□	□
2. 我参加过升旗仪式或者祭扫烈士墓、参观爱国主义基地的活动，受到了精神洗礼。	□	□	□	□	□
3. 我帮助过同学或身边的人。	□	□	□	□	□
4. 我能够全身心地投入到我的工作或学习中。	□	□	□	□	□
5. 我总是按时归还所借之物。	□	□	□	□	□
6. 我从不乱扔垃圾、随地吐痰。	□	□	□	□	□
7. 我是社会主义核心价值观的积极践行者与传承者。	□	□	□	□	□
8. 我或者周围同学买到假货，会拨打12315或拿起法律武器维权。	□	□	□	□	□
9. 面对重大理论和现实问题，我能够始终站在党和国家的立场思考问题。	□	□	□	□	□
10. 实践表明，统一的教育是塑造有共同文化、共同价值观、共同行为的公民的主渠道。	□	□	□	□	□
11. 我对"中美贸易摩擦"事件非常关注。	□	□	□	□	□
12. 我有过考试作弊的行为。	□	□	□	□	□
13. 我周围的同学存在实用主义、消费主义、个人主义、享乐主义等行为。	□	□	□	□	□
14. 我接受的文史教育让我充分了解中国历史，知道其来处与发展的必然性，由此强化了我对社会主义核心价值观的认同感与践行力。	□	□	□	□	□

附录 B　新时代大学生社会主义核心价值观认同的访谈提纲

访谈对象学校层次：　　　□985 高校（985 同时是 211 高校仅填此项）
　　　　　　　　　　　　□211 高校　　　　□其他普通本科类高校
访谈对象（学生专业、年级／教师）：　　访谈对象性别：
访谈地点：　　　　　　　　　　　　　　访谈时间：　年　月　日

一、访谈员自我介绍及指导语

您好！现阶段我们正在进行新时代大学生社会主义核心价值观认同研究工作。青年是国家的未来，重视新时代大学生的社会主义核心价值观的培育工作，既是培养担当民族复兴大任的社会主义建设者和接班人的迫切需要，也是大学生自身发展的内在需要。党的十八大明确提出"三个倡导"的社会主义核心价值观基本内容以来，经过长期实践已经取得了阶段性的成效。今天的访谈是为了向您了解大学生社会主义核心价值观认同的现状，存在哪些问题，原因有哪些，其影响因素包括什么，应该采取哪些措施来进一步增强大学生对于社会主义核心价值观的认同等一系列问题，以此为本研究提供现实素材与方向性指引。

本人向您郑重承诺，今天访谈所涉及的所有内容将只会用作学术研究，我将严格为您保密，您直接如实回答即可。

二、访谈提纲

1. 您认为当前大学生社会主义核心价值观认同的现状如何？请举例说明。

2. 您认为当前大学生社会主义核心价值观认同存在的问题有哪些？具体表现是什么？问题背后的深层次原因又是什么？

3. 您认为从大学生主体角度看，当前影响大学生社会主义核心价值观认同的因素有哪些？其中，哪几个因素是您觉得尤其重要的？

4. 您认为高校作为大学生社会主义核心价值观认同的重要阵地，应该采取哪些举措来进一步增强大学生对于社会主义核心价值观的认同？

5. 您认为思政课作为大学生社会主义核心价值观认同的主渠道，应该采取哪些举措来进一步增强大学生对于社会主义核心价值观的认同？

6. 您对当前进一步增强大学生对于社会主义核心价值观的认同，还有哪些意见与建议？

后 记

习近平总书记在2018年9月10日全国教育大会上提出两个"绝不能":"我们的教育绝不能培养社会主义破坏者和掘墓人,绝不能培养出一些'长着中国脸、不是中国心,没有中国情、缺少中国味'的人!"教育的根本任务在于立德树人,培养一代又一代社会主义建设者和接班人,这就决定了我们要把立德树人融入教育各环节,贯穿教育全领域,把社会主义核心价值观贯穿国民教育全过程。因此,党的十九届六中全会审议通过的《中共中央关于党的百年奋斗重大成就和历史经验的决议》强调,"要坚持用习近平新时代中国特色社会主义思想教育人,用党的理想信念凝聚人,用社会主义核心价值观培育人,用中华民族伟大复兴历史使命激励人,培养造就大批堪当时代重任的接班人"。显而易见,如何增强新时代大学生对社会主义核心价值观的认同,培养造就新时代可靠接班人,这是关系党和国家事业发展的根本大计,也是一项紧迫性的时代课题。

2012年党的十八大以"三个倡导"明确了社会主义核心价值观的基本内容,时年,我正值博一,我的博士导师洪晓楠教授就指引我选定了"社会主义核心价值观"的研究方向,时至今日,我依然沿此方向行进着,已有近十个年头,先后撰写了《中国特色社会主义核心价值观内涵阐释》《论核心价值观在国家文化软实力建构中的地位与功能》《当代大学生社会主义核心价值观的培育研究——基于文化认同的维度》《大学生社会主义核心价值观的立体化教学体系构建》《大学生社会主义核心价值观认同实证研究》等多篇文章,研究过程中结合我的专业与工作实际，最终确定博士论文选题为"新时代大学生社会主义核心价值观认同研究"。本书是在本人博士论文的基础上修改而成。

值此著作出版之际，饮水思源，师恩终生难忘。

我要深深地感谢我的导师洪晓楠教授，从选题、论证到实证研究的设计、最终成果的修改，无不浸透着恩师的心血；从学术规范、学理依据到文件精神、前沿热点，老师事无巨细、一一打磨，感谢老师的辛勤付出与悉心指导。从读研、读博到从教，恩师洪晓楠教授对我的成长发展产生了深远影响，令我受益终身。这部著作能够出版，更是凝结着老师的心血与汗水。感谢老师在百忙之中审阅书稿，提出宝贵意见，并为之作序，为本书增添了很多光彩，更令学生倍感荣幸。

感谢魏晓文教授的殷殷教诲与温暖鼓励，感谢王延章教授、郑保章教授、杨连生教授、刘志礼教授、戴艳军教授、刘宏伟教授、荆蕙兰教授、杨慧民教授、王嘉教授、王新影教授、梁大伟教授、胡月教授、刘文宇教授、马万利教授、蔡小慎教授、刘鸿鹤教授、胡光教授、徐成芳教授、屈宏副教授等老师们，他们对本研究的框架结构、观点凝练提出了许多宝贵的修改意见，使我解开了很多学术上的"扣子"，理清了研究思路，深受启迪；感谢人文与社会科学学部的方明豪老师在调研部分给予的专业指导与悉心相授，为我打开了实证研究的大门；感谢侯庆敏处长、许剑副部长千方百计帮忙联系高校展开调研，才有了本研究翔实而广泛的调研数据。感谢大连海事大学与马克思主义学院的大力支持，感谢光明日报出版社。感谢这个伟大的时代，感恩所有的遇见，让从山区中走出的小小的我，在这个热闹喧嚣的大城市从不孤独，时时温暖；一路向前，力量满满。

本书亦获得辽宁省社会科学规划基金重点委托项目"坚持以社会主义核心价值观引领中国道路的文化方向"（L19WTA034）的资助。在撰写过程中，本书参考了国内外同行专家、学者的有关著述，吸收了许多有益的研究成果，难免挂一漏万，在此一并表示感谢！

由于本人研究水平有限，书中仍有疏漏与不足，敬请各位专家、学者和广大读者批评指正，期待学术界各位同仁对拙著提出宝贵的意见与建议。

何美子

2022年春节